受中南财经政法大学出版基金资助

人工智能背景下
服务好客性的技术补偿
与赋能机制研究

RENGONG ZHINENG BEIJINGXIA
FUWU HAOKEXING DE JISHU BUCHANG
YU FUNENG JIZHI YANJIU

李明龙 著

中国财经出版传媒集团
经济科学出版社
Economic Science Press

图书在版编目（CIP）数据

人工智能背景下服务好客性的技术补偿与赋能机制研
究/李明龙著．－－北京：经济科学出版社，2023.8
（中南财经政法大学青年学术文库）
ISBN 978 - 7 - 5218 - 5015 - 4

Ⅰ.①人…　Ⅱ.①李…　Ⅲ.①人工智能 - 应用 - 旅游
服务 - 礼仪 - 研究　Ⅳ.①F590.631 - 39

中国国家版本馆 CIP 数据核字（2023）第 151803 号

责任编辑：何　宁　王文泽
责任校对：王肖楠
责任印制：张佳裕

人工智能背景下服务好客性的技术补偿与赋能机制研究

李明龙　著

经济科学出版社出版、发行　新华书店经销
社址：北京市海淀区阜成路甲 28 号　邮编：100142
总编部电话：010 - 88191217　发行部电话：010 - 88191522
网址：www. esp. com. cn
电子邮箱：esp@ esp. com. cn
天猫网店：经济科学出版社旗舰店
网址：http：//jjkxcbs. tmall. com
北京季蜂印刷有限公司印装
710 × 1000　16 开　17.5 印张　278000 字
2023 年 10 月第 1 版　2023 年 10 月第 1 次印刷
ISBN 978 - 7 - 5218 - 5015 - 4　定价：75.00 元

序一 在数字化时代重建服务的温度

高质量的接待服务是旅游业的核心要素和关键支撑。从旅游者到达目的地的那一刻起，到结束行程并返回客源地，其间发生的所有活动和经历都是旅游地接待的一部分。鉴于旅游接待的极端重要性，越来越多的学者运用服务管理与营销、服务经济学、体验设计等理论来研究旅游接待的各个环节、流程、标准和质量控制，这对于旅游学科体系的建设具有重要意义。恩格斯说，"理论是发展着的理论"。实践发展永无止境，理论创新和学科建设任重而道远，需要一代又一代旅游学者殚精竭虑。

接待是细节的艺术，旅游接待的本质是贯穿于服务全过程中的温情好客。进入数字时代，"新基建"全面部署，信息化、数字化、智能化趋势加速形成。传统的旅游接待业正在受到以人工智能为代表的新技术的挑战。不管是出于需求侧的新生代消费者对智能技术的追捧，抑或是出于供给侧对人工成本压力的反应，越来越多的服务行业运用人工智能开展对客服务，进而不可避免地影响了服务业的资本有机构成，或者说数字化技术对人力资源的部分替代。在效率提升的过程中，我们也必须面对来自消费主体和旅游行业的提问：数字化时代的旅游服务是否还有人情味？面对标准化的技术界面，顾客能否依旧感到宾至如归？接待还是艺术吗？员工最终会被技术所替代吗？"穷理以致其知，反躬以践其实"，围绕新时代、新背景、新变化下的旅游接待业，李明龙博士在北京、武汉、成都等地开展了系统的调查研究，从理论上回答了时代之问，凝成此书。

旅游接待既有理论属性，更有实践色彩。好的旅游管理理论要承接传统需求，也要包纳新生变化。在系统回应旅行接待、住宿接待、餐饮接待、景区接待、会展接待等旅游接待诸环节和要素变革的基础上，《人工智能背景下服务好客性的技术补偿与赋能机制研究》建构了旅游业高质量发展的接待服务创新体系。在旅游理论越来越偏重于宏观叙事和定量研究的当下，精于质、匠于心的旅游接待学术著作确是难能可贵。一本用心编撰的书籍，更值得每位从业者用心阅读。

戴　斌

中国旅游研究院院长、教授

2023 年 3 月 1 日

序二　优化服务设计
和旅游体验的人工智能
Optimizing Service Efficiency and Customer Experience by Artificial Intelligence

We all live in a world controlled by information and communication technology. Technology has changed society, organizations, and individuals. As we all know and have experienced, we can't live a day without technology. Technology has become an essential fabric of our daily lives. In fact, our daily routine begins with it: we search for our phone even before we open our eyes in the morning. Our day ends with it: we not only check our emails but also surf on social media before going to bed. Our purchase and consumption behaviors are also driven by technology. We use a phone app or visit a website to get what we want: booking a hotel or restaurant or grabbing groceries. I can't imagine how to manage our lives once our phone is taken away…

Hospitality and tourism businesses use technology for various purposes. Technology has often been employed to manage operations, improve efficiency, and enhance the experience. If we look at the numbers, prior to the COVID – 19 pandemic, international tourist arrivals reached 1. 5 billion with US $1. 7 trillion in revenue in 2019, accounting for 29% of global service exports and 7% of overall exports of goods and services, according to UNWTO. Now we all know the industry has been devastated by the pandemic. Technology has become an essential tool that helps the industry survive the pandemic. Many forms of technology did exist before COVID, but the pandemic did accelerate the growth and implementation of these technologies. Everything needs to be contactless. Luckily, the world has begun to recover by keeping the pandemic under control. UNWTO also reports that international tourist arrivals reached 80% to 95% of pre-pandemic levels in 2022. As the world's largest outbound market in 2019, China has lifted its travel restrictions and will play a significant role in the full tourism recovery.

As an innovative technology, artificial intelligence (AI) is reshaping how the tourism industry operates. From service robots to chatbots to self-learning booking platforms to augmented reality/virtual reality/mixed reality, AI empowers service design and delivery and provides a unique digital experience to customers. While the tourism industry faces labor shortages, automation powered by AI has become a necessary alternative solution. The tourism industry is a people business. Both academia and the industry have constant debates on high-tech vs. high-touch. With the spirit of hospitality at the core of tourism services, there are many research questions that still need to be answered. For example, how does AI-powered technology affect customers' perceived service quality and their hospitality experience? How do frontline employees react to such technology when they are already challenged with the physical and psychological workload? Dr. Minglong Li set out to address these critical issues. He spearheaded a series of studies on this research stream from theoretical and empirical approaches. I was fortunate to have been involved in several research projects that would become part of the book. The research designs were vigorous, and the results were conclusive. Readers will find the content timely, insightful, and forward-thinking.

Technology will never stop evolving. Customers will utilize AI for travel planning and service consumption. Tourism enterprises must jump on the AI wagon to satisfy ever-increasing customer expectations and optimize their service experience. AI research on tourism impacts is still in its infancy. Metaverse and ChatGPT are among the least explored territory. I congratulate Dr. Li for publishing this work, which calls for more endeavors to continue exploring this changing landscape.

Billy Bai, Ph. D.
Professor and Associate Dean of Research
William F. Harrah College of Hospitality
University of Nevada Las Vegas

我们都生活在一个由信息和通信技术控制的世界中。技术改变了社会、组织和个人。众所周知，我们一天都离不开技术。技术已成为我们日常生活的重要组成部分。事实上，我们的日常生活就是从它开始的：我们甚至在早上睁开眼睛之前就开始搜索我们的手机。我们的一天就这样结束了：不仅会查看电子邮件，还会在睡觉前浏览社交媒体。我们的购买和消费行为也是由技术驱动的。我们使用手机应用程序或访问网站预订酒店或餐厅或购买日用品。无法想象一旦手机被拿走，我们如何管理我们的生活……

旅游企业将技术用于各种目的。技术经常被用来管理运营、提高效率和增强体验。根据联合国世界旅游组织的数字，在新冠疫情之前，2019 年国际游客人数达到 15 亿，收入为 1.7 万亿美元，占全球服务出口的 29%，占商品和服务总出口的 7%。现在我们都知道新冠病毒严重摧残了旅游行业。技术已成为帮助行业度过疫情的重要工具。在新冠疫情之前确实存在多种形式的技术，但疫情确实加速了这些技术的发展和实施。一切都需要非接触模式。幸运的是，通过控制新冠病毒的传播，世界经济已经开始复苏。联合国世界旅游组织报告称，2022 年国际游客人数达到了大流行前水平的 80% 至 95%。作为 2019 年全球最大的出境市场，中国取消了旅行限制，并将在旅游业全面复苏中发挥重要作用。

作为一项创新技术，人工智能（AI）正在重塑旅游业的运营方式。从服务机器人到聊天机器人，从自学预订平台，到增强现实/虚拟现实/混合现实，人工智能赋能服务设计和交付，为客户提供独特的数字化体验。在旅游业面临劳动力短缺的情况下，由人工智能驱动的自动化已成为必要的替代解决方案。旅游业是一个以人为本的行业。学术界和业界一直在争论高科技与高接触。以热情好客的精神为服务核心的旅游业，面临许多研究问题需要解答。例如，人工智能技术如何影响客户感知的服务质量和他们的款待体验？当一线员工已经面临身体和心理工作量的挑战时，他们对这种技术有何反应？李明龙博士着手解决这些关键问题。他以理论和实证方法对该研究方向进行了一系列研究。我很幸运参与了其中几个研究，这些成果将成为本书的一部分。李博士及其团队研究设计充满活力，研究结果是确凿的。读者会发现这些内容及时、富有洞察力且具有前瞻性。

技术永远不会停止发展。客户将利用人工智能进行旅行规划和服务消费。

旅游企业必须搭上人工智能的快车，以满足不断增长的客户期望并优化他们的服务体验。人工智能对旅游影响的研究仍处于起步阶段，元宇宙和ChatG-PT正是技术实践发展的最新例证。我祝贺李博士发表《人工智能背景下服务好客性的技术补偿与赋能机制研究》一书，期待继续探索这一不断变化的研究领域。

白秀成博士

教授、副院长（科研）

威廉·F. 哈拉酒店管理学院

美国内华达大学拉斯维加斯分校

前　言

　　"好客山东欢迎您""黄山迎客一青松"！各旅游地为在市场竞争中脱颖而出，争相展现自己的好客服务与精神。这种热情欢迎远方来客的好客精神正是旅游接待业的核心要素（Angelo and Vladimir，2004；Levy，2010）。好客性（Hospitableness）是指主人的积极态度、行为及人格特征为客人带来积极的情绪反应，使其感到受欢迎、被需要、被照料、被关爱、感觉自己安全与重要（Tasci and Semrad，2016）。服务的好客性是一个多维度的概念，表现出主人期望把顾客利益放在第一位，使顾客快乐、使顾客感到与众不同（Blain and Lashley，2014），从而使顾客产生暖心、放心、舒心的感知（Ariffin and Maghzi，2012；Pijls et al.，2017）。

　　同时，以人工智能（AI）为代表的技术越来越多地被介入到旅游接待业中。具备智能、自动化等众多优势且在不断发展的 AI 技术适应了数字时代旅游者的新需求，提高了服务效率，降低了人工成本。但也引发了一些疑问：这样的服务是否还有人情味？技术替代部分人工服务后，顾客还能否感到"宾至如归"？接待业中有人情味和有温度的服务，主要表现为服务提供者的殷勤好客（Chon and Maier，2009；Chen，2018），即服务好客性。正是基于此背景，本书拟对服务好客性的技术补偿与赋能机制进行深入研究，以回答"旅游接待业在 AI 应用下的服务好客性如何保持与提升"的问题。

　　一方面，好客性是旅游接待业服务的核心要素；另一方面，AI 在接待业的渗透是顺应趋势，对人工的部分替代不可避免。那么，技术的应用与服务的好客性是否矛盾、能否兼顾？这是已有研究尚未解决的问题。传统上，旅游接待业服务被认为具有高人际接触、低技术介入的特点（Kotler et al.，2016），其背后的逻辑是服务的

1

好客性完全依赖于服务人员（Golubovskaya et al.，2017）。然而，技术属性对旅游接待业服务的影响也不容忽视（Froehle and Roth，2004）。

AI 种类多样，在服务功能和表现上存在差异（Lee et al.，2011；Wirtz et al.，2018）。这种差异源于不同的技术本身所具有的特性或功用（Utilities），学者们称之为"技术属性"，是其被顾客所认知、评估或施加影响的基础（Barnett et al.，2016；Elliott et al.，2012）。以 AI 具象化的服务机器人为例，学者们陆续发现涉及拟人性、有生性、感知智能、感知安全、交互性等多方面技术属性（Waytz et al.，2014；Bartneck et al.，2009；Lee et al.，2018；Van Doorn et al.，2017）。这些研究发现说明，技术并不完全是"冷冰冰"的（Huang and Rust，2018）。服务技术可能也有其温情的一面，这是此前研究有所忽视的，也是本书展开的立论基础。

基于已有研究现状和理论，本书从技术、员工、组织三条路径研究技术属性对顾客感知好客性的影响，以回答"AI 技术部分替代人工后，如何保持和提升服务的好客性"的问题。这种影响表现为两大机制：（1）技术补偿机制：AI 技术属性直接影响服务好客性，即通过属性的提升补偿人工投入降低所产生的潜在好客性损失；（2）技术赋能机制：AI 技术通过赋能企业员工、组织两个层面影响服务的好客性。本书正是围绕着此两大机制（补充和赋能）、三条路径（技术直接、通过员工、通过组织）而展开（详见"摘要"）。

本书首次提出并论证了服务好客性的技术补偿理论。本书对心理学的代偿理论进行了迁移，结合技术应用、人机互动和好客服务相关理论，归纳出服务系统的技术补偿理论，并以 AI 技术为代表进行了检验，该理论框架阐释了 AI 技术的不同属性对好客服务体验的影响机制以及不同的边界条件（分两种情境）。另外，笔者还将媒介等同理论拓展到 AI 技术应用情境，具有重要的理论意义。

本书在 AI 技术属性的操作化和技术赋能的深化上具有理论价值。本书实现了对 AI 技术属性的概念化与操作化，加深了对接待业中 AI 技术应用的理解，为未来有 AI 介入的服务或一线工作相关的研究提供了衡量量表。本书对 AI 技术属性如何影响员工工作负荷并进一步影响服务好客性进行了实证研究，揭示了技术赋能机制，有助于 AI 应用与影响研究、资源保存理论和员工工作负荷管理理论的进一步完善。

　　对智能化服务场景的识别和界定也是本书的一大贡献。本书基于扎根理论，对智能化服务场景进行范畴的提炼和阐述，提出了智能服务场景下的顾客好客服务体验模型，拓展了服务场景理论，对服务管理与营销、AI 技术应用影响研究领域具有理论启示。

　　本书揭示了作为组织路径之一的"智能化服务场景"如何赋能服务好客性的背后机制，提供了关于服务场景中人与技术之间互动的新知识，对于深化服务好客度理论，尤其是对前导因素和场景赋能的认识也有理论贡献。

　　本书的开展得到了业界同行的宝贵支持，笔者已将相关研究发现进行了反馈。基于研究结果，笔者向行业管理者提供了四个方面的政策和建议，得到了支持和肯定：（1）采用合适的 AI 技术以优化服务接触的管理；（2）科学设计与管理 AI 技术以提高服务好客性；（3）合理安排人机分工与合作以改进服务流程；（4）构建智能化服务场景以增强顾客情感体验。

摘　要

　　"有朋自远方来，不亦乐乎？"两千多年前孔子的这句话是好客精神的集中表现，好客精神是中华文化的重要内容之一，而这种热情欢迎远方来客的好客精神正是旅游接待业的核心要素。尽管如此，学术界对好客性的研究仍较有限，学者们集中探讨了好客性的概念和影响，习惯将好客性预设为自变量，对好客性的前导因素研究相对不足。虽然少量研究提及好客性可能来自人员、环境、设备等多方面因素，但也仅停留在观点层面，并无实证研究。而在行业实践中，为应对员工流失等问题，管理者出于控制成本和提高效率的考虑，越来越多地将人工智能（AI）技术应用于旅游接待业，这一现象改变了好客服务的环境，尤其是替代了部分被认为是好客服务源泉的人力。一方面，好客服务是消费升级背景下所接待的顾客对优质服务追求的必然结果，也是旅游高质量发展的必然要求，而这依赖于员工提供的服务热情度。另一方面，AI 技术在接待业的渗透已成为必然趋势，而这些技术的应用将不可避免地对人工形成部分替代。那么，技术的应用与服务的好客性是否矛盾、能否兼顾？这是已有研究尚未解决的问题。

　　因此，本书研究在 AI 渗透旅游接待业后，其属性如何影响顾客感知到的服务好客性，以回答 "AI 技术部分替代人工后，如何保持和提升服务的好客性" 的问题。这种影响表现为两大机制：（1）技术补偿机制：AI 技术属性直接影响服务好客性，即通过属性的提升补偿人工投入降低所产生的潜在好客性损失；（2）技术赋能机制：AI 技术通过对企业员工、组织这两个层面进行赋能，从而间接影响服务好客性。

一、AI 介入下的旅游接待业好客服务接触

AI 技术在旅游接待业的渗透首先改变了服务接触形式，而这也是其影响好客服务结果的途径。服务接触最初特指员工与顾客间的接触和互动，后来拓展为顾客与服务系统的接触。接待业应用 AI 技术后，AI 成为服务系统的一部分，通过与顾客的互动来对感知服务的结果施加影响。因此，有必要深入探讨 AI 应用新情境下的服务接触，从而为后续技术补偿与赋能机制建模和实证分析提供理论准备。

对此，我们采用文献分析（结合行业资料）的方法，总结出基于技术的服务接触的 4 种模式、9 种表现形态：（1）模式 A：AI 补充型服务接触，包括社交媒体智能推荐带来的供需匹配和智能 VR 技术形成的沉浸互动两种典型形态。（2）模式 B：AI 生成型服务接触，包括机械智能（如自助入住）、分析智能（如智能家居）和直觉智能（如 AR）三类表现形态下的众多应用。（3）模式 C：AI 中介型服务接触，包括社交媒体在线服务和生产或配送机器人两种典型表现。（4）模式 D：AI 促进型服务接触，主要表现为智能化客户关系管理（CRM）系统和具有较完善性能的服务机器人。

在此基础上，我们通过资料分析，提出了一个 AI 介入下的服务接触影响因素及结果框架，该框架阐述了 AI 技术介入下的服务接触在受顾客、企业、环境三类非技术因素影响下，对接待业服务结果形成两个层次的影响。

二、服务好客性的技术补偿机制（上）——有员工参与一线服务的情境

AI 的应用替代了部分人力，给服务好客性带来某些方面的不利影响。那么，应该如何采取对应的解决措施？笔者认为可以利用 AI 技术所具有的独特优势并改善其属性，来维持和提升服务的好客性。这是一种解决问题的新思路，即在一个服务系统中，当某个要素不可避免地受到削弱时，通过技术强化其他要素性能的方式，实现同样的服务效果，即技术补偿。

我们分"有员工参与一线服务""纯 AI 服务"两种情境探讨了好客性的技术补偿问题。在有员工参与接待业一线服务的情境下，我们对北京、武汉和成都的 5 家酒店或餐饮集团的 14 名顾客和基层管理者进行了深度访谈，得到其对服务机器人的看法与态度、服务机器人应用情境下的互动与关系、服

务机器人的属性特征对好客体验的影响等三方面的启示，并找到了该情境下好客性技术补偿的关键：融洽关系与融洽构建。我们不仅确认了顾客－员工融洽关系，还发现了顾客－服务机器人融洽构建这种新形态。之后，我们通过模拟情景实验，发现服务机器人的两个属性（拟人性和感知智能程度）显著地导致顾客对服务机器人的融洽构建行为。最后，我们对曾在酒店或餐厅消费过程中被服务机器人服务过或与服务机器人接触过的顾客进行问卷调查，分析发现，服务机器人的两大属性（拟人性和感知智能程度）显著地影响好客服务体验，且顾客－员工融洽关系在其中扮演了中介角色，但顾客－服务机器人融洽构建并未起到中介作用。

三、服务好客性的技术补偿机制（下）——纯 AI 服务情境

技术补偿的另一种情形是 AI 在没有员工参与一线服务的条件下独立对顾客服务（员工在后台进行支持），这可以更为直观地评估技术补偿效果，因为顾客是单独接受 AI 服务并评价的。考虑到本书完成时的疫情背景，在纯 AI 服务情境下，我们考察了 AI 无接触服务的提升如何实现技术补偿。基于手段－目标链理论（MECT），我们得到属性－安全－价值－好客质量的技术补偿模型，阐释 AI 无接触服务如何通过顾客的心理安全、价值评估影响感知到的好客服务质量。基于线上线下（实地）两个数据集和 SEM 评估模型，我们发现，AI 无接触服务的互动性和响应性（而非感官特性）可显著增强顾客的心理安全感；AI 无接触服务的感官特性和响应性（而非互动性）可显著增强顾客对服务的控制感；AI 无接触服务的三个维度（感官特性、响应性、互动性）均对顾客的享乐价值感知存在积极而显著的影响；AI 无接触服务所带来的心理安全感、感知控制价值、享乐价值则进一步对好客服务质量产生积极的影响，实现了另一种形式的技术补偿。

在旅游接待业服务中的 AI 应用会表现出什么样的属性特征？这是一个尚未系统研究的问题，也是解析 AI 技术如何发挥其作用、如何赋能的前提之一。我们开发并验证了一个衡量 AI 技术属性的量表。我们基于以往的文献首先界定了 AI 技术属性的含义和领域，遵循分析规范从以往文献和深度访谈中筛选出 31 个测量题项，然后通过专家小组（共 7 位学者）优化了测量题库，并通过问卷预调研、探索性因子分析（EFA）进行了测量题项的精练，最后

基于正式调研完善了该测量工具。因子分析结果表明，包含 4 个因子（拟人属性、娱乐属性、功能属性和信息属性）、18 个变量的结构可以很好地解释 AI 技术属性的概念，具有较高的信度和效度。

四、服务好客性的技术赋能机制（上）——员工路径

赋能最初是一个心理学概念，指通过改变语言、态度、环境等赋予他人能量，此后被应用于管理学，表示通过一定手段提高他人的能力与潜力。基于赋能理论，我们从员工、组织两个层面探讨好客性的技术赋能。

我们首先着力于服务好客性的主要来源——一线服务员工，通过 AI 对其体力、脑力、情绪方面的赋能来维持、增进其资源，激发其好客服务热情。在员工路径下的技术赋能模型中，AI 技术以其特有属性通过减少体力疲劳、缓解脑力疲劳和增加积极情绪三种方式来赋能一线员工，从而以间接作用的形式提高接待服务的好客性水平，这与技术补偿下的顾客视角形成互补。由于工作要求与一线服务员工的资源消耗直接相关，我们还考察了工作心理要求的潜在调节作用，从而丰富了该技术赋能机制。基于课题组成员在 15 家酒店调研所得到的主管 - 员工匹配数据（342 名一线员工），我们发现，AI 技术的拟人属性、功能属性、信息属性对一线员工的体力疲劳、脑力疲劳均有显著的缓解作用（娱乐属性则效果不显著）；AI 技术的拟人属性、娱乐属性、功能属性、信息属性对一线员工积极情绪都存在积极而显著的影响；而体力疲劳缓解、脑力疲劳缓解、积极情绪提升都对员工最后的服务好客性存在显著的提升作用，从而支持了 AI 技术赋能的研究假设。当然，企业对员工的工作心理要求也不能忽视，AI 对工作要求高的员工赋能效应可能更明显。

五、服务好客性的技术赋能机制（下）——组织路径

AI 在组织层面的赋能更为复杂。课题组重点考察了服务场景的智能化问题，认为服务场景的构建为顾客感知服务好客性提供了条件。例如，智能化的客控可以为手脚不便的残疾人提供方便，使其感受到温暖和热情。AI 技术具有可储存、可回溯、易更新、操作简单等属性，可以为组织赋能，从而构建更具支持性的服务场景。我们基于文献和行业资料首先对接待业服务场景智能化进行了界定，然后基于 1085 条网络评论数据，我们初步分析发现，相

比于传统的服务场景，顾客对智能化服务场景的好客服务评价相对略高。基于扎根理论，我们得到智能化服务场景的 4 个抽象维度（场景氛围、技术交互、员工服务补救、场景规则）和 16 个细化特征，并提出了智能化场景顾客好客服务体验模型。

在定性分析和文献基础上，本书采用情景实验法对服务场景智能化下的好客性技术赋能模型进行实证。通过"2×2"组间实验设计，就服务场景智能化、顾客自我一致性、技术就绪度等构念设计实验，研究不同情境下的服务好客性感知。我们先通过预实验进行操作性检验和分析，以确保操控的实验材料（服务场景智能化）具有良好的区分效度。然后以此为基础开展实验 1，以测量服务场景智能化对服务好客性的主效应以及顾客技术就绪度在其中的调节效应。再通过实验 2 收集另一批数据以增强稳定性和有效性，这些数据用于分析顾客自我一致性在服务场景智能化影响中的中介作用，以及其与顾客技术就绪度等对服务好客性的综合影响。实证分析结论支持了智能化服务场景对好客性的赋能作用。

目　录

| 第一章 |

绪 论

第一节 研究背景与意义

一、研究背景

(一) 实践背景

1. 服务好客性是旅游接待业核心竞争力来源

在旅游接待业高质量发展的时代背景下，优质服务成为可持续发展的必然要求。改革开放以来，经过四十多年的发展，中国旅游业实现了由国民经济重要产业向战略支柱产业转变，成为世界上重要的旅游客源市场和目的地。当前，我国正处于经济转型发展期，基础设施建设、教育、社会保障制度不断完善，居民收入水平不断提高。在满足了基本的物质需求后，人们开始追求更高层次的精神消费，对美好生活的向往永无止境。随着全面建成小康社会、决战决胜脱贫攻坚和党的第一个百年奋斗目标的实现，旅游早已不再是少数富裕家庭独享的休闲方式，而是走进了千千万万普通大众的生活，中国旅游业已进入真正意义上的大众旅游时代。新时代的高收入、高质量特征在激发大众消费意识、水平升级的同时，也使旅游需求开始朝着个性化、品质化的方向发展；优质的旅游服务、非凡的旅游体验逐渐成为旅游者选择的新方向。为迎合旅游需求的转变，旅游接待业管理者努力提升自身产品品质和服务方式，以激发游客参与和体验，从而在激烈的市场竞争中取得优势。通过这些努力，旅游产品和服务逐渐变得多样化，其设计也越来越突出游客导向性。旅游接待业企业的产品设计不再仅停留在浅层次的观光、游览层面，而是反映更高层次的品质内容。他们推出体现个性与彰显自我的体验式产品，使游客在消遣娱乐、求知审美及自我提升等方面获得难忘的旅游体验。在服务传递方式上，旅游接待业企业鼓励游客参与到服务过程中，甚至将自身的生活理念、生活方式与消费需求等个性化标签融入到旅游产品和服务中，并增强服务人员与游客的互动，以实现与游客的情感共鸣，赢得游客的满意和认可。这些做法在本质上是一种好客服务，它是旅游接待的核心要素之一（李天元、向招明，2006）。

优质旅游服务的重要特征是好客。在体验经济时代，顾客不再仅仅强调企业提供了什么服务，而更为关注服务是如何提供的；他们要求所需服务必须以一种热情、友好的方式提供，以达到他们所期望的体验。这在学术上被称为好客（Hospitableness），它描述了服务提供者（作为主人）通过真诚、积极的态度和行为让客人感觉受到尊重、接纳和优待（Ariffin and Maghzi, 2012）。好客是款待的核心和不可或缺的元素，它展示了有条件或无条件的慷慨捐赠（Munasinghe et al., 2017），因而受到了酒店、餐厅、休闲俱乐部甚至医疗保健和金融服务行业的关注和重视。旅游接待业融合了现代以营利为目的的商业活动和在传统上对陌生访客带有文明礼仪色彩的招待；它们为游客提供住宿、食物、娱乐和各种便利，试图以优质的服务获得最大化的商业利益。而优质服务要求服务行为是发自内心的，要提供真正能让顾客难以忘怀的优质服务，员工必须具备并表现出高水平的、自然的、来自内在的热情好客（Lashley，2015）。

好客服务是做好旅游接待、赢得顾客、保持企业核心竞争力的关键。如果旅游接待业企业没有提供热情好客的服务，顾客就会用脚投票，把缺乏好客性的服务提供者淘汰出局。正因如此，好客是旅游接待企业核心竞争力来源之一（Mody et al.，2019）。而要达到高水平的服务好客性，正如上述例子所反映的，需要进行综合的考虑和管理。行业管理者需要找到企业各要素与好客服务的内在联系，从而采取针对性的措施。因此，有必要了解以下这些问题：哪些因素会引发顾客的服务好客性感知？其中的影响机制是什么？管理者应该如何对此进行管理？

2. 人工智能技术在旅游接待业的介入已成趋势

传统的旅游接待业好客服务正在受到以人工智能（AI）为代表的新技术的挑战。从 2020 年开始，我国正式从国家层面提出加快新型基础设施建设（简称"新基建"）进度的战略。新基建重点涉及七大领域，其中就包括大数据中心、人工智能等数字化、智能化科技成果和基础设施（刘艳红等，2020）。在此政策导向下，AI 技术被越来越多地应用于旅游接待业。2017 年以来，我国旅游接待业企业纷纷引用 AI 设备，希望借此满足顾客对电子化、智能化的需求，提升竞争优势。例如，携程基于大数据，通过具有场景化 AI 能力的客服机器人推进对客服务的智能化；阿里巴巴推出菲住布渴酒店，依托云计算、AI 等技术，为顾客提供刷脸入住、智能点餐等服务；希尔顿酒店推出名为"康妮"的机器人礼宾员，用于与客人互动并提供所需信息；在旅游景区，人工智能驱动的机器人可以作为导游，提高游客参与度，等等。这都提高了服务效率，降低了人工成本（Marinova et al.，2017）。但这也引发了如下的疑问：这样的服务是否有人情味？AI 技术替代部分人工服务后，顾客还能否感到"宾至如归"？旅游接待业中的人情味和"宾至如归"，其重要表现就是服务提供者殷勤好客。回答这两个问题非常重要，因此，在 AI 技术日益渗透到行业的背景下，我们需要回答"旅游接待业在 AI 应用下服务好客性应如何保持与提升"的问题。

3. 行业决策制定依赖 AI 技术与人类主体的互动管理

探讨旅游接待业 AI 技术应用对好客服务的潜在影响，必须分析 AI 技术的互动及其管理问题。在旅游接待业工作场所（例如酒店、机场、景区服务中心和其他休闲服务区域）中应用的 AI 技术往往在一个共享的、非工业化的环境中与人类保持频繁的、直接的物理接触。因此，不同于制造业采用的机器人，旅游接待业应用的 AI 仅仅提供工程解决方案是不够的；与结构化环境中的工业机器人发挥作用的传统模式相比，旅游接待业以人为中心的好客体验需要一种不同的模式。尽管从工程角度来看，编程算法和软件架构对不同行业的机器人来说都必不可少，但旅游接待业应用的 AI 设备成功与否更取决于有效的人机互动（HRI）（Tung and Law，2017）。例如，人类使用者必须具有适当的培训和技能水平才能成功地与 AI 设备进行互动。从 AI 技术与设备设计的角度来看，旅游接待业应用的 AI 需要与所处情境相适应并传达以人为中心的体验，包括温柔、能与人有效沟通和对人类伙伴（包括顾客和员工）的适应性，以及技术本身的易用性，甚至在某种情形下有人形外观和行为。这些 AI 设备还努力通过预装的语言、适当的"手势"和"表情"来实现自然交流（Chi et al.，2020）。AI 设备的这些性能、特征在应用于接待服务后最终体现出来的正是人机互动，它直接影响着顾客所感知到的服务结果（Li et al.，2021a）。由于 AI 的引入不可避免地替代了部分人力，所以通过 AI 的这些特征或属性的完善来更好地与人类伙伴互动，在某种意义上是对顾客好客体验的补偿。一是由于技术导致了人力的部分减少，通过 AI 的人情味属性的增强使其在提供服务时让顾客感知到更高水平的温情和好客。二是通过 AI 性能的提升和对工作任务的有效分担，使未被替代的人力有更好的服务状态，以人力的高质量补偿数量的下降，维持整体服务系统所产生的好客性水平。

如果说 AI 与顾客的互动是技术补偿的重要组成部分，那 AI 与员工、组织的互动则可视为技术的赋能。旅游接待业的行业管理者采用 AI 等新技术并不是出于单纯地追求潮流，而是希望 AI 的采用能使接待服务和管理获益。例如，机场的巨大人流对信息、导航等提出了较高的要求，所以一些机场使用智能设备来辅助管理者来保障机场安全，提供信息和向导服务，协助办理登机手续、运送行李和其他一些服务。一些酒店和餐馆则使用 AI 技术回答客人问询、记录顾客信息和偏好、帮助厨师进行消毒和配菜、辅助员工处理客人投诉、营造良好氛围等。AI 的应用在疫情期间尤其明显，智能无人机就被频繁地使用以收集相关信息以辅助抗疫。一些旅游景区都依赖于智能监控和管理系统来检测和控制他们接待的访客数量，这些 AI 设备有助于减少人际的接触，减少新冠疫情暴发的潜在风险，避免压垮景区的生态系统。所有这些都是通过发挥 AI 的优势对旅游接待业员工、管理者、组织进行能力提升，也就是赋能。因此，旅游接待业要用好 AI 技术，使其为优质服务助力。若想达到组织的目标，就必须了解技术赋能的逻辑和机制。正是基于以上实践基础与问题，本书拟对服务好客性的技术补偿与赋能机制进行深入研究，这是找出旅游接待业在 AI 应用上进行科学决策、管理方法的前提。

（二）学术背景

"有朋自远方来，不亦乐乎？"两千多年前孔子的这句话是好客精神的集中表现，是中华文化的重要内容，而这种热情欢迎远方来客的好客精神正是旅游接待业的核心要素（Chon and Maier，2009；Levy，2010）。好客性（Hospitableness）是指主人的积极态度、行为及人格特征为客人带来积极的情绪反应，使其感到受欢迎、被需要、被照料、被关爱、感觉自己安全与重要（Tasci and Semrad，2016）。服务的好客性是一个多维度的概念，表现为主人期望把顾客利益放在第一位、使顾客快乐、使顾客感到与众不同（Blain and Lashley，2014），从而使顾客产生暖心、放心、舒心的感知（Ariffin and Maghzi，2012；Tasci and Semrad，2016；Pijls et al.，2017）。

好客性在旅游接待业中起重要作用，影响着服务的结果和顾客的行为。旅游目的地的酒店、餐馆等旅游接待业主体正是通过其好客服务为游客创造难忘的体验（Tasci and Denizci，2010；Osman et al.，2014）。尽管如此，学术界对服务好客性的研究仍较有限。表 1－1 梳理了对服务好客性研究的主要文献，从中可以看出，学者们探讨了好客性的概念和影响，但大多将好客性预设为自变量，对好客性的前导因素研究相对不足；虽然少量学者提及好客性可能来自人员、环境、设备等多方面因素（Brotherton and Wood，2008；Pijls et al.，2017），但也仅停留在观点层面，并无实证研究。

表 1－1　　　　　　　服务好客性（Hospitableness）主要文献梳理

研究主题	文献来源	主要观点/结论
内涵与测量	Baker and Magnini，2016 Pijls et al.，2017 Tasci and Semrad，2016 Filimonau and Brown，2018	好客性是指友善的服务使顾客感到受欢迎、有陪伴、安全、舒服； 好客性是旅游接待业服务的内核，是旅游接待体验的关键要素； 好客性是一种社会心理现象，可以从开放与欢迎、照料与共情、放松与自在等维度进行衡量
影响结果	Ariffin et al.，2013	研究了酒店服务好客性对顾客满意的影响及服务场景的调节效应，支持了好客性对顾客满意的积极关系

续表

研究主题	文献来源	主要观点/结论
影响结果	Ariffin，2013	好客性的各方面（个性化、使舒适、热忱欢迎等）在一般酒店和高端酒店之间的表现存在差异，也影响顾客服务的感知和满意
	Osman et al.，2014	探讨了商业性的好客服务如何在与感知空间互动过程中影响游客的旅游及消费体验
	Mody et al.，2019	以好客性作为核心要素构建体验场景，并论证了好客性对顾客的体验消费和忠诚的积极影响
情境条件	Coulson et al.，2014	从文化符号与社会交换视角解析好客性，好客性依赖于文化交流
	马红丽，2010	通过对我国热点旅游城市入境游客对居民好客度感知的研究，探讨了文化背景、人口统计特征等方面的好客度感知差异
	Golubovskaya et al.，2017	好客性取决于一线员工，目前的实践多依赖于服务流程管理，但员工对好客性的理解有待提高
前导因素	Bethmann，2017	在大众旅游度假的情境下讨论了旅游接待业企业组织转型（通过员工能力与服务氛围）对服务好客性的影响
	Ramdhony and D'Annunzio－Green，2018	研究了如何在人才管理过程中有效提高服务好客性及如何使好客的品质核心在商业化中避免弱化

AI 应用于旅游接待业改变了好客服务的环境。人工智能（AI）是通过普通计算机程序实现的某些类人智能技术（Russell and Norvig，2016）。本书中的技术特指在旅游接待业对客服务中的 AI 技术，不讨论生产、工程类技术。受人口老龄化、员工流失等影响，一些旅游接待业企业开始使用 AI 来服务顾客（Tung and Law，2017）。这些 AI 种类多样，在服务功能和表现上存在差异（Wirtz et al.，2018；Li et al.，2021a）。这种差异源于不同的技术本身所具有的特性（features）或功用（utilities），学者们称之为"技术属性"（Technology attributes），是其被顾客所认知、评估或施加影响的基础（Steensma and Corley，2000；Elliott et al.，2012）。例如，AI 辅助技术的自动化程度属性可使顾客尽可能少地投入劳动，享受更周到的服务（Larivière et al.，2017）。以 AI 具象化的服务机器人为例，学者们陆续发现其涉及拟人性、有

生性、感知智能、感知安全、交互性等多方面技术属性（Bartneck et al.，2009；Waytz et al.，2014；Van Doorn et al.，2017）。这些研究发现说明，技术并不完全是"冷冰冰"的（Huang and Rust，2018）。AI服务技术也有温情的一面？这是一个需要进一步研究的问题。

综上，已有文献回答了以下两个问题：（1）好客性是旅游接待业服务的核心要素；（2）AI为代表的智能技术在旅游接待业的渗透是必然趋势，而其对人工的部分替代将不可避免。那么，技术的应用与服务的好客性是否矛盾、能否兼顾？这是已有研究尚未解决的问题。也是本书要深入讨论的问题。传统上，旅游接待业服务被认为具有高人际接触、低技术介入的特点，其背后的逻辑是服务的好客性完全依赖于服务人员（Golubovskaya et al.，2017）。然而，技术属性对旅游接待业服务的影响也不容忽视（Froehle and Roth，2004）。根据已有研究现状和理论基础（见图1-1和图1-2），我们认为需要从技术、员工、组织三个维度研究AI技术属性对顾客感知好客性的影响。

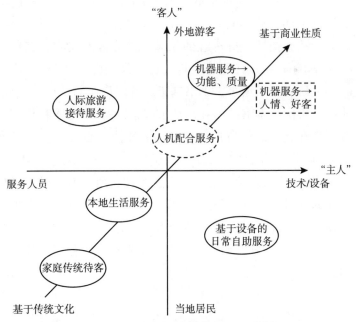

图1-1 服务好客性的前因与结果研究

注：椭圆表示已有研究，矩形表示没有研究，实线表示有实证，虚线表示简单提及但并未系统实证。

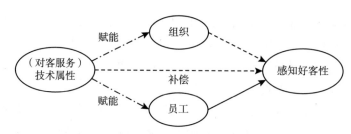

图 1 – 2　技术对服务好客性影响的三个维度

注：实线表示已有研究，虚线表示简单提及但并未实证。

二、研究意义

　　通过对旅游接待业服务好客性的技术补偿与赋能机制研究，本书首先对旅游接待业好客服务研究具有理论贡献。好客性作为旅游接待业的核心要素，目前的研究大多停留于概念与发展历史探讨，且不自觉地强调员工作为好客性的唯一来源（然而并不是），强调员工自身品质特性具有的好客因素，而忽视了环境的影响。本书认为技术及其影响的环境也会影响顾客的好客感知，从而拓展了好客性的来源与前导因素研究。其次，本书对AI技术应用的影响研究具有理论贡献。近年来，由于AI在行业的应用越来越广泛，相关研究不断增多，本书基于旅游接待业的实证，拓展了AI影响的相关研究。再次，本书提出和总结了好客性的AI技术补偿理论，弥补了技术管理研究在这方面的空白。虽然经济补偿、心理补偿在经济和心理领域有广泛的认同，但技术补偿却鲜有研究。本书以服务好客性为对象，提出了新的AI技术补偿理论和思路，对技术相关研究有贡献。最后，本书深化了好客性的AI技术赋能理论，对技术和管理赋能等领域在理论上都有边际贡献。在实践管理方面，本书的分析和实证对旅游接待业行业管理者在AI技术应用与设计、好客服务管理、员工管理、服务场景设计等方面有一定的启示。

第二节 研究思路与方法

一、研究内容与基本思路

本书研究了在 AI 渗透旅游接待业背景下，智能技术应用、属性如何影响顾客感知的服务好客性，以回答"AI 技术部分替代人工后，如何保持和提升服务的好客水平"的问题。这种影响表现为两大机制：（1）技术补偿机制：AI 技术属性直接影响服务好客性，即通过技术属性的提升补偿人工投入降低所产生的潜在好客性损失；（2）技术赋能机制：AI 技术通过对企业员工、组织这两个层面进行赋能，从而间接地影响服务好客性。

（一）AI 介入下的旅游接待业好客服务接触

AI 技术在旅游接待业的渗透改变了服务接触形式，而这也是其影响好客服务结果的主要途径。服务接触最初特指员工与顾客间的接触和互动，后来拓展为顾客与服务系统的接触。旅游接待业应用 AI 技术后，AI 成为服务系统的一部分，通过与顾客的互动来对感知服务的结果施加影响。因此，有必要深入探讨技术应用新情境下的服务接触，从而为后续技术补偿与赋能机制建模和实证分析提供理论准备。对此，我们采用文献分析（结合部分行业资料）的方法，总结 AI 介入下的旅游接待业好客服务接触模式。

（二）服务好客性的技术补偿机制（有员工参与一线服务）

AI 的应用替代了部分人力，给服务好客性带来某些方面的不利影响，那么，如何采取对应的解决措施？通过对 AI 技术属性的设计和管理，这种不利影响可以得到某种补偿。

技术补偿普遍存在。例如，19 世纪末，汽车快速替代马车时，其在交通事故、有毒气体排放等方面的弊端引起了关注。但后续这些问题从技术补偿上得到了部分解决：一是汽车便利、维护成本低等优势属性对马车所产生的马粪遍地、马匹死亡等劣势形成了替代性补偿；二是汽车技术属性在环保、快捷等方面不断提高，用迭代的方式对其潜在不利影响进行了补偿。

AI 技术也可通过属性的提升来实现服务好客性的技术补偿。例如，一些 AI 所展现出的人性化和社会化属性，使顾客产生一种面对某种社会实体的感受，从而增加服务好客性的感知。事实上，不少关于智能技术属性的研究已部分支持"技术也有人情味"的观点（Van Doorn et al.，2017）。

AI 技术属性发生改变后，其对服务好客性的补偿依赖于 AI 在服务接触三角模式中的角色。具体来说，AI 设备是与员工一起配合进行对客服务，还是 AI 直接服务于顾客（员工不在一线）？因此，我们分两种情况来讨论技术补偿。第一种情况是在有员工参与一线的背景下 AI 设备通过属性的提升来补偿人情味的损失。在这里，AI 可能部分替代了人力，但保留下来的人力资源因为相关常规业务被分担等原因，其投入到综合素质、对客服务能力、与顾客建立融洽关系等方面更多，从而在好客服务上表现更好，实现了对服务好客性的技术补偿。其中，融洽构建（Rapport-building）是指服务互动主体之间通过一定的行为、过程等达到相互理解、和谐、一致和联系。它依赖于人际接触与互动，在 AI 应用的背景下则表现为与 AI 的互动，而这依赖于 AI 属性。在研究思路上，我们分析 AI 属性如何通过员工 – 顾客融洽关系、顾客 – 机器人融洽构建等中介来实现好客性的技术补偿（详见第四章）。

（三）服务好客性的技术补偿机制（纯 AI 服务）

技术补偿的另一种情形是 AI 在没有员工参与一线服务的条件下独立对顾客服务（员工在后台进行支持），这可以更为直观地评估技术补偿效果，因为顾客是单独接受 AI 服务并评价的。在新冠疫情的影响下，AI 相对于人类员工服务的某些优势被突出显现，如通过无接触服务增强顾客的心理安全感，从而使其有更高的获得感和更好的好客体验。因此，本书将在疫情背景下研究 AI 无接触服务对顾客好客服务的影响机制（详见第五章）。

（四）AI 技术属性的操作化

在旅游接待业服务中的 AI 应用会表现出什么样的属性特征？这是一个值得深入研究的问题，也是解析技术如何发挥其作用、如何赋能的前提之一。

目前学术界对 AI 技术的研究多从功能、工程角度出发，较少探讨 AI 应用于接待服务的属性特征（Russell and Norvig，2016）。已有的部分研究主要讨论 AI 的某个属性（如拟人性、智能程度等）及其对服务结果的影响，因此本书将在探讨服务好客性的技术补偿机制时先对其进行初步分析和实证。但由于对旅游接待业服务中 AI 技术属性的系统研究尚缺乏，而这又是评估其综合影响、赋能机制等必需的资料之一，因此，本书将严格遵循丘吉尔（Churchill，1979）等推荐的量表开发步骤，系统开发旅游接待业服务中应用的 AI 技术属性，为后续技术赋能机制的实证研究提供基础，也为未来相关研究提供可操作化工具。

（五）服务好客性的技术赋能机制（赋能员工）

赋能（Empowerment）最初是一个心理学概念，指通过改变语言、态度、环境等赋予他人能量，此后被应用于管理学，表示通过一定手段提高他人的能力与潜力。根据赋能理论，技术赋能可以从员工、组织两个层面展开。

AI 技术发展的本意并不是要替代人类，相反是为了给人类拓展能力范围，技术赋能员工就是这个思路。旅游接待业顾客至上的理念强化了对员工专业、职业化的追求，例如，曼谷文华东方酒店就因其记住客人名字与偏好、提供针对性服务等服务场景营造而成为旅游接待业好客服务的一个传奇。而这种个性化和专业化对服务组织提出了巨大的挑战，也是人工难以负荷的。但 AI 技术可以承担旅游接待业服务中标准化、重复性的任务（如传菜、引领等），提供需要耗费精力记忆的顾客信息（如消费偏好），还可通过娱乐化设计（如卖萌、讲笑话等）来缓解员工的压力，使其有更多的精力、情绪与顾客进行直接交流，满足了顾客对旅游接待业人情味的需求。因此，本书研究了 AI 技术属性如何通过为员工体力、脑力、情绪赋能，推动员工好客服务的主动性和实际表现（详见第六章）。

（六）服务好客性的技术赋能机制（赋能组织）

技术为组织赋能有利于服务场景构建。服务场景（Servicescape）是服务业的核心概念，反映了顾客接受服务时所处的环境，包括有形的物理环境和抽象的社会环境等。服务场景的构建为顾客感知服务好客性提供了条件。例如，智能化的客控可以为手脚不便的残疾人提供方便，使其感受到服务的温暖和好客。AI技术具有可储存、可回溯、易更新、操作简单等属性，可构建更具支持性的服务场景，从而实现组织层面的赋能。因此，本书将关注AI技术所构建出来的服务场景，分析其组织赋能如何影响顾客的好客性感知（详见第七章）。

二、研究方法与实施方案

基于上述研究内容与思路分析，我们得到如图1-3所示的本书研究框架。针对上文提及的研究内容与基本思路，我们将采取适当的研究方法。

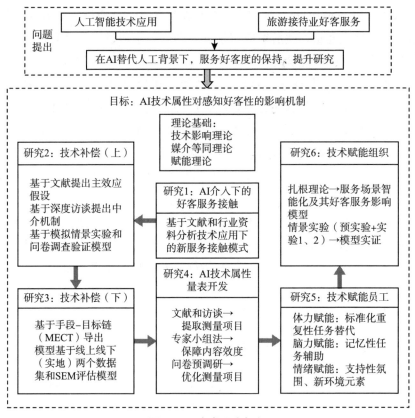

图1-3　本书研究框架

（一）针对"AI 介入下的旅游接待业好客服务接触"的方法——文献分析法

AI 技术在旅游接待业的应用中不会自动产生好客服务，这中间产生好客服务的过程有赖于技术、员工、顾客等多种利益主体的接触和互动。因此，在揭示服务好客性的技术补偿与赋能机制之前，必须先分析 AI 介入下的旅游接待业好客服务接触，为后面更深层面的实证分析打下基础。对此，我们采用文献分析法，该方法比较适合于理论准备和构建阶段的内容分析。

本书根据麦金尼斯（Macinnis，2011）提供的概念性分析具体化的八个目标（识别、修正、描述、总结、区分、整合、提倡、反驳），对 AI 技术介入下的旅游接待业服务接触进行系统的审查和综述。（1）"识别"：结合背景，确定文献分析的目的（提出概念性框架）和意义，并对核心主题进行澄清和概念化。我们首先确定了研究文献被纳入和排除的标准。为掌握关于 AI 技术方面研究的国际前沿信息，我们从 Web of Science（WOS）、Taylor，Francis 和 ScienceDirect 三大综合数据库搜索文献，并适当以谷歌学术数据库作为资料补充，进行包含标题、关键词的高级检索（按"service encounter/service contact/service interaction" + "AI/artificial intelligence/intelligent technologies"来进行）；如果有行业选项，就选择服务业和旅游接待业。然后在对所获文献进行分类、归纳整理的基础上，我们识别出有哪些现存的知识和发现，进行领会和理解。（2）"修正"：以一种新的方式来看待已被识别的主题和发现，对主题和知识进行重新组织、视角转换。（3）"描述"：详细地研究文献资料中的对象是如何与周围概念相联系的，如描述旅游接待业的员工 – 顾客 – AI 服务接触与服务感知、款待体验、行为意向等相关结果的逻辑关系。（4）"总结"：根据已知的内容，推出关键内容可能存在的关系和该关系的意义所在，及其在 AI 技术应用管理中的位置。（5）"区分"：查看文献研究对象的类型以及它们的不同之处，区分、解析或查看构成整体的各元素或维度，如对 AI 应用下不同的服务互动模式进行比较和分类探讨。（6）"整合"：从以往研究不同的片段中找相似点，通常是根据一个统一的整体来看其组成部分之间的联系，从而进行合成、合并或协调，形成研究框架，并说明里面的元素如何联结在一起形成这个框架的。这表现为第三章中得到的概念性模型。(7)"提倡":基于我们所得到和总结的结果,来认可一种看问题的方式,支持、证明或建议一条适当的分析路径。基于文献分析结果,我们加深了对 AI 介入下的服务形态的认识和分析,并预估 AI 技术的介入对旅游接待服务产生的影响方向和路径。(8)"反驳":基于我们所得到和总结的结果,来反驳一种看问题的方式,挑战、反驳、质疑可能行不通的思路。例如,基于服务接触的角度看,旅游接待业企业不应该把 AI 技术看作人类员工的完全替代者,而应该将其视为服务改善的促进者,并考虑 AI 与员工的合作(后台或前台)问题。

(二)针对"AI 对服务好客性的技术补偿(有员工参与一线服务)"的方法——访谈 + 实验 + 问卷调查

AI 技术部分替代了劳力,这是技术应用的客观结果之一,但旅游接待业能否通过 AI 属性的提升来补偿由其替代人力对好客性所造成的潜在不利影响?我们分有员工参与一线服务、没有员工参与一线服务(即纯 AI 服务)两种情况来讨论。在讨论前一种情况时,由于 AI 种类和表现的多样性,我们以目前旅游接待业应用广泛、顾客最易感知的服务机器人作为对象来分析技术的补偿机制。为此,我们综合采用了深度访谈、模拟情景实验、问卷调查三种方法来探讨服务机器人属性对顾客好客体验的影响机制。我们首先进行了深度访谈,对服务机器人可能产生的影响进行初步了解。服务机器人所带来的影响及背后的机制需要进行分析,然而,服务机器人在旅游接待业的应用还处于初级阶段,顾客如何看待服务机器人?机器人应用会如何影响他们的体验?这是管理者非常关心的问题,也仍然是学术界有待回答的问题。针对初期、探索性的研究,深度访谈这一定性研究方法比较适合,可以尽可能多地挖掘潜在信息(Corbin and Strauss,2008)。访谈后我们进行理论总结,再结合文献,可形成更具体可行的概念模型,用于实证。这是定性与定量研究相结合的常用思路之一(即先用定性导出研究假设,之后定量验证)。

基于文献、理论基础和深度访谈分析而产生的概念模型还需要进一步实证。为此,我们设计了一个基于酒店/餐馆情景的模拟实验来考察服务机器人属性对顾客感知和行为的影响。随着服务机器人引入旅游接待业企业服务,其影响过程比较类似于刺激 – 响应模型(SOR),而这种方式又特别适合采用实验方法研究（Christensen et al.，2011）。当然，受限于现实条件，我们没有直接用服务机器人在酒店或餐厅等旅游接待业场景进行实验，而是精心设计了发生于现实场景的机器人参与服务的视频，组织被实验对象按照一定程序来进行模拟情景实验。

模拟情景实验的主要目的是验证服务机器人这种 AI 技术与顾客关系构建的可行性问题，通过此方法对这种关系构建进行支持之后，我们便进一步对有员工参与一线服务的技术补偿进行整体评估。为此，我们采用问卷调查、结构方程模型方法对所形成的完整研究假设和理论模型进行实证检验（详见第四章）。

（三）针对"AI 对服务好客性的技术补偿（无一线员工、纯 AI 服务）"的方法——问卷调查＋结构方程模型

在纯 AI 服务的讨论中，我们将本书执行的大背景——新冠疫情纳入考虑，探讨了心理安全、感知价值等因素在好客性的技术补偿中的地位和作用。我们同样选择了 AI 技术进行一线服务的酒店企业作为调研情境，并对纯 AI 服务的对象——顾客进行调查。酒店作为旅游接待业的典型，追求为顾客提供优质的好客服务。而我国的酒店企业在 AI 技术的应用方面近年来呈不断上升的趋势，尤其是在新冠大流行期间，不少酒店企业为减少疫情传播风险，相继采用了 AI 无接触服务完成部分对客业务。因此，这些酒店为我们提供了丰富的实践基础，调查并分析他们的 AI 服务实践也可以为其他类似环境提供启示。在问卷调查数据的基础上，我们采用结构方程模型分析纯 AI 服务如何通过影响顾客心理安全、感知价值，进而影响好客服务质量，揭示无员工参与一线服务下的技术补偿机制。

（四）针对"AI 对服务好客性的技术赋能（员工路径）"的方法——质性研究＋量化研究方法

由于有关 AI 技术影响的相关研究绝大多数采用顾客视角（如技术接受、顾客感知等），而立足于员工视角的研究比较缺乏，因此，我们将通过技术赋能员工的分析，补齐现有研究关于 AI 技术在员工视角上的不足。而要实现这一点，还需要系统地分析 AI 技术应用于旅游接待业服务后所表现出的属性

特征，从而与员工的服务工作进行呼应，完善技术赋能机制。为此，我们将系统地开发 AI 技术属性的量表，参考丘吉尔（Churchill，1979）的建议，采用表 1-2 所列方法。

表 1-2 AI 技术属性量表开发的方法和步骤

Churchill（1979）建议的量表开发步骤	Churchill（1979）建议可用的分析方法	本书在对应步骤上所采取的方法
1. 概念的领域、范畴界定	文献研究	文献研究
2. 构建对象概念的初始测量项目池	文献检索 经验调查 启发洞见的案例 关键事件法 深度访谈 焦点小组法	文献检索 深度访谈 专家小组法
3. 初始数据收集		问卷预调研
4. 精练测量项目	因子分析 信度系数 α	探索性因子分析 信度系数 α 因子载荷均值
5. 主要调查数据收集		主管-员工配对调查
6. 信度评价	信度系数 α 分半信度	构念组合信度
7. 效度评价	多重方法矩阵 效标效度	内容效度 收敛效度 区分效度
8. 制定规范	均值及其他总结数据分布的统计工具	平均值 标准差

我们将使用了 AI 技术来辅助员工的酒店企业作为探讨员工路径技术赋能的研究情境。酒店企业强调一线员工的重要性，鼓励其为顾客提供热情、高质量的服务（Chon and Maier，2009）。近年来，我国越来越多的酒店也基于提高工作效率等考虑引入了 AI 技术。这都使我们可以很容易地观察到 AI 对这个劳动密集型行业一线员工的影响（Chon and Maier，2009；Zhou et al.，

2020)，研究结果对其他服务部门或领域也会有一定启示作用。

鉴于一线服务员工可能会夸大接待服务工作的要求，夸大自身服务的质量和好客度，我们邀请主管对这种服务的结果进行评估，以减少共同方法偏差。因此，我们采用主管-一线服务员工的配对样本来收集数据。我们为一线服务员工及其主管设计了两套单独的问卷，通过匹配数据分析，可以更客观地分析 AI 技术的赋能效果。

（五）针对"AI 对服务好客性的技术赋能（组织路径）"的方法——扎根分析（Grounded theory）+ 情景实验

作为技术赋能的组织路径，我们试图分析和比较旅游接待业企业在使用 AI 技术前后服务场景的变化，以及顾客所感知到的好客服务的改变。为此，首先，我们使用扎根理论阐述"服务场景智能化"问题。鉴于服务场景智能化理论的缺乏和现实的重要性，扎根分析非常适合本部分的研究。用于定性分析的样本通常由有目的地选择的文本组成，可以为正在调查的研究问题提供信息（Corbin and Strauss，2008）。在本书研究中就是这种情况，因为将 AI 这种智能技术上升到组织层面的最显著的表现是场景化，而对于做到这一点的为数不多的旅游接待业企业来说，对 AI 的应用与管理过程仍处于探索中，而且这些探索的结果分散于顾客评论等文本之中。同时，关于服务场景智能化的理论研究也很少。为此，我们选择了使用数据爬虫工具抓取海量评论文本的形式，通过实行编码方案来为研究问题提供信息，基于文本数据提炼得出服务场景智能化的范畴、维度和其好客服务影响模型。

其次，在定性分析和文献基础上，我们采用情景实验法对服务场景智能化下的好客性技术赋能模型进行实证。我们通过"2×2"组间实验设计，就服务场景智能化、顾客自我一致性、技术就绪度等构念设计实验，研究不同情境下的服务好客性感知。我们先通过预实验进行操作性检验和分析，以确保操控的实验材料（服务场景智能化）具有良好的区分效度。以此为基础，我们开展实验 1，以测量服务场景智能化对服务好客性的主效应以及顾客技术就绪度在其中的调节效应。再通过实验 2 收集另一批数据以增强稳定性和有效性，这些数据用于分析顾客自我一致性在服务场景智能化影响中的中介作用，以及其与顾客技术就绪度等对服务好客性的综合影响。

第三节　研究的重点、难点和创新点

一、研究重点

(一) 研究重点一：服务好客性的技术补偿机制

作为研究 AI 技术属性对好客性的直接影响，补偿机制研究意义重大。传统的技术理论，比如技术接受模型（TAM）、整合型科技接受模型（UTAUT），都强调主观规范、技术焦虑等外在因素通过有用性和易用性两个中介变量影响顾客的技术接受与使用情况，而有用性和易用性都强调技术的功能方面。但旅游接待业顾客除了服务功能还有情感或者精神方面的需求，这也是好客服务的内在要求，而 AI 技术属性和其影响的情感面往往被研究者忽略。针对此研究空缺，本书深入研究 AI 应用于旅游接待业后所展现的服务属性特征，并考察其与服务好客性的联系，试图解析以 AI 为代表的服务技术的温情面。

(二) 研究重点二：服务好客性的技术赋能机制

"科学是第一生产力"，这已被绝大多数人所接受。但科学技术如何转化为生产力是一个复杂的问题，也是当 AI 技术应用于旅游接待业时需要回答的问题。回答此问题实际上是要揭示 AI 技术如何对旅游接待业有所增益，这种增益的一个重要表现就是它能为其他主体（如员工）有效赋能。服务好客性的技术赋能机制包括 AI 技术对旅游接待业组织的赋能和对员工的赋能。从这个意义上说，技术赋能机制实际上回答了 AI 技术的角色和价值实现途径，不仅推动了技术应用和服务管理相关理论，也响应了国家政策号召，对 AI 的产业应用有启示意义。

二、研究难点

（一）研究难点一：AI 技术服务属性的界定

AI 应用于旅游接待业之后会表现出什么样的属性特征？用户（主要是员工和顾客）又如何对此进行感知的？回答两个问题是探讨 AI 技术对服务好客性影响的前提。然而，在旅游接待业中采用的 AI 技术种类繁多，应用场景多样，要深入而精准分析认识其属性有一定的难度，使其成为本书的研究难点之一。对此，我们采取以下措施来解决此难点：（1）在探讨有员工参与一线服务的技术补偿机制时，先以服务机器人这种最典型的 AI 技术为例，通过文献梳理和深度访谈来了解其应用表现，并进行实证研究。经过这一过程和分析，我们选取了拟人性、智能程度两种属性进行了深入分析，增强了对 AI 技术的认识（见第四章）。（2）在探讨没有员工参与一线服务的技术补偿机制时，以现有文献为基础，分析 AI 技术介入旅游接待业后纯 AI 服务中所表现的特征，突出顾客感知的服务特性，并揭示其对好客性的影响（见第五章）。（3）在前两点基础上，我们系统地总结和开发了 AI 技术属性的量表，这不仅为本书技术赋能路径的科学分析创造了条件，也为未来相关研究提供了量表基础（见第六章）。为了提高该量表的科学性，我们采取了以下措施：扩大深度访谈的对象范围（包含顾客、员工等）和数量；在深度访谈的基础上增加专家小组法，保证专家的数量和反馈次数；做好问卷的预调研与改进。

（二）研究难点二：情境性因素的设置与衡量

服务好客性的技术补偿与赋能是有条件的，如何考虑各种复杂的情境因素（业务类型、顾客动机等）是一个难点。例如，旅游接待业众多的顾客在 AI 技术的知识储备方面存在差异，导致其对 AI 技术的认知和态度不同；不同的顾客在接受和使用新技术来实现自身目标的倾向性也有所不同（这种倾向性被学术界称之为"技术就绪度"，Technology Readiness）。因此，不同顾客对于同一项 AI 技术可能存在不同的反应，从而影响技术应用的结果。在通过提升 AI 技术属性来实现技术补偿或赋能的过程中，技术就绪度高的顾客可能会与机器人进行更多的接触和互动，而技术就绪度低的则相反，这便使技术补偿或赋能效应在后者中的作用可能更弱。因此，要科学揭示技术补偿与赋能机制，这类因素就必须加以研究。同样的道理，AI 技术对员工进行赋能的效果，也依赖于员工所承担的工作类型和任务。如果旅游接待业员工所在岗位对其工作强度和要求较高，他（她）有更大的动力利用好 AI 技术设备，从而（比工作强度和要求低者）更有可能受益于技术赋能。出于理论的简约性和解释力考虑，我们必须从众多因素中选取出最低数量的且有效地进行考察，这便成了难点。针对此研究难点，我们采取以下措施来选取并测量情境性因素：（1）依托专业文献和成熟理论，例如，我们通过文献梳理，并对比不同研究的影响效应，发现技术就绪度是一个技术应用效果评价中至关重要的因素，因此将其纳入了技术赋能模型；（2）做好实践调查，我们深入旅游接待业一线，做了不少资料收集和整理工作，并听取行业管理者的意见，使理论研究更贴近实践，一些难点迎刃而解。

（三）研究难点三：服务好客性技术赋能的组织路径

服务好客性的技术赋能有员工和组织两条路径，前者有明确的对象和实体（即个体员工），后者则不同，因为组织包括的要素繁多而复杂，并无具体的指向性，这便为技术赋能机制的研究增加了难度。针对此研究难点，我们采取了以下措施：在复杂的组织要素中选取对顾客好客性感知影响最直接的服务场景来分析，聚焦 AI 技术应用后的智能化服务场景问题；采用相对综合的研究方法，在海量评论大数据的基础上，采用内容分析、实验法等结合了定量与定性分析的方法分析 AI 如何通过赋能场景增强服务好客性的。

三、研究创新点

（1）已有研究强调技术的功能与效率，对于技术的情感因素关注较少，本书探究旅游接待业情境下的 AI 技术属性（包括主要特征和系统量表开发），并将其与服务的好客性联系起来，丰富了技术的情感维度，在某种程度上论证了"技术也可以有人情味"，对技术影响理论有边际贡献。

（2）目前尚未发现服务好客性前因变量的实证研究。本书探讨了好客性的前因（技术属性、服务环境、顾客心理、员工工作负荷等），丰富了服务好客性的研究体系，对服务营销和顾客关系管理具有理论价值。已有研究将好客性预设为外生变量，认为是服务人员自带的属性，本书则增加了 AI 技术属性、智能化场景等好客性的前导因素，深化了好客服务的研究。

（3）本书阐述了技术、员工和顾客等多方互动的模式，并构建了技术属性对服务好客性影响的三维度（技术、员工、组织）和双机制（补偿与赋能机制），对旅游接待业服务技术应用、技术赋能理论、服务接触理论（员工 – 顾客 – 技术多维互动）等有推进作用。

第二章

现有文献综述与理论基础

第一节　服务好客性

一、服务好客的内涵与外延

好客（Hospitableness），通常指的是热情友好的待客态度和行为。在 20
世纪 70 年代末，好客一词开始引起服务业的热切关注，成为致力于满足酒
店、旅游等服务业需求的标签。

学者们对于待客与好客的认识随着旅行的发展逐步清晰。待客主要是指
为离开家的旅行者提供基本的产品，如食物、饮料、住所和卫生设施（Cla-
viez，2013）。它最初反映了本地人应对远方到来的陌生人的一种方式，试图
对带有"神奇"和"神秘"气息的陌生人释放善意，以避免彼此受到威胁和
伤害（李正欢，2009）。雅克·德里达将热情好客广义地定义为文化本身，
代表着一种美德和哲学，体现出当地人尊重上帝并将陌生人变成朋友的观念
（Claviez，2013）。因此，好客内在地决定了主客之间的关系，从而避免了冲
突以保护彼此（Munasinghe et al.，2017）。

在旅游接待商业化的背景下，好客主要取决于服务员工的态度和行为。
因此，后来的学者们逐渐将员工的态度和行为视为"好客"的重要评价指标

（O'Gorman，2009）。好客之道与待客之道逐渐被区分开来，一般而言，待客之道指的是为客人提供食物、饮料和住宿，而好客之道则是热情好客之人所拥有的一种取向，两者的区别强调了在没有提供待客的情况下也可以存在好客（例如接待员以热情的方式欢迎顾客，以示友好）（彭兆荣，2012；Lashley，2015）。当然，二者的联系更为密切，若想达到真诚的待客，好客是必不可少的。在服务好客的内涵中，"取悦他人的欲望"是一个显著的特征和条件（Lashley，2000）。学者们强调，好客行为是出于真正想要取悦和关心客人的需要激发出来的，而不是刻意练习如何给客人留下深刻印象或以期望得到回报为目的去取悦顾客（Lashley，2015）。这些观点也得到了相关实证、实验研究结果的支持，即为了创造更好的款待体验，让顾客满意，微笑是必要的，但是相比于不真诚的"表演反应"，客人对真实的、自然的微笑表现出更高的积极性（Grandey et al.，2005）。在旅游接待服务中，好客之道不仅是问候和帮助客人，还表现为问候和真诚的"温暖"性以及提供帮助时的"全力以赴"程度（见表2-1）。由此可见，好客在很大程度上依赖于员工的态度和行为表现出来的诚意。在商业环境中，好客体现在顾客的款待服务消费的关键感官和享乐元素上，以及员工在温馨、安心和舒适上的表现（Pijls et al.，2017）。换句话说，热情好客是由行为和经验定义的，而服务人员至关重要，因为它依赖于主客的互动（Hemmington，2007；王宁，2007）。虽然管理学者们强调服务导向的重要性，但是它与好客还是存在不同：服务导向需要有技巧、注意力和经验，这些都可以随着时间慢慢培养而获得，而真诚地待客，要求员工必须具备并表现出高度的真诚好客性（O'Connor，2005）。虽然学者们对好客性的定义和理解可能存在一定的差异（见表2-1），但一般来说，殷勤好客的特征通常可以用娱乐、快乐和幸福等类似词汇来表达（Hemmington，2007），是一种积极的心理和社会现象。

综合已有的研究和理论，我们将好客界定为这样一种现象：主人通过展现真诚、友好、慷慨的态度和行为，让客人感觉受到欢迎、被尊重和得到优待。相对应地，本书中的服务好客性指在商业化背景下，服务提供者为满足客人需求而开展服务过程中所体现出的好客特性，例如，"真诚""温暖性""全力以赴""自然性"等（见表2-1）。其中，服务提供者既可以是人，也可以是非人的组织、机器等。

表 2-1   不同学者对"待客"与"好客"的理解

文献来源	主要观点
Lashley，2000	好客包括"取悦他人的欲望"
O'Connor，2005	真诚的待客要求员工必须具备并表现出高度的真诚好客性
Grandey et al.，2005	好客之道不仅是问候和帮助客人，还是问候和真诚的"温暖"性以及所提供帮助时的"全力以赴"的程度
王宁，2007	好客是游客从与东道主的互动和关系中获得的自然性和本真性
Hemmington，2007	殷勤好客的特征通常可以用娱乐、快乐和幸福等类似词汇来表达
彭兆荣，2012	好客是游客融入到目的地的社区和家庭中，在深度的参与和互动中获得当地的文化体验
Claviez，2013	待客是为离开家的旅行者提供基本的产品，如食物、饮料、住所和卫生设施
Lashley，2015	若想达到真诚的待客，好客必不可少；好客行为是出于真正想要取悦和关心客人的需要激发出来的，而不是刻意练习如何给客人留下深刻印象或以期望得到回报为目的去取悦顾客

二、服务好客性的表现与范围

好客是主要应用于旅游接待业的一个抽象概念。目前，学术界对服务好客性的理解仍未形成统一，不同学者对其表现和范围存在不同的看法。总体上，服务好客性主要表现在服务场所的物理环境、员工行为和态度方面。早期对好客进行研究的学者认为好客是一种人类特质，他们认为真正的好客不会随着时间的推移而发展或成长，而是印在我们出生时的性格或个性上，几乎是遗传的特性（Derrida and Dufourmantelle，2000；O'Connor，2005）。后来好客不再仅仅被认为是一种固定的人格特质，而更多地指向某种态度或行为。例如，布拉泽顿（Brotherton，2005）认为好客是由主人热情、友好、好客、谦恭、开放、慷慨的行为所形成的社会关系。从客人的角度感受，好客则表现为舒适、安全或有保障（Sim et al.，2006）。部分学者在好客相关研究中提到员工礼貌地问候他人，表现出友好、有礼貌、开朗、满足客户需求、有耐心、花时间、善于沟通，能够让客户感到自己很重要、有安全感，以及

"受到国王或王后般的对待"的感觉，进而使顾客在服务中感到更舒适、放松（Sim et al.，2006），这都加深了对服务好客性具体表现的认识。

随着认识的加深，服务好客性所包含的范围逐渐扩展为向顾客传递有形或无形服务的整个过程，包含服务提供者的人格特征、服务态度、行为、服务环境、服务流程、设施等。塔斯奇和塞姆拉德（2016）认为好客性包含三个方面，即能为客人带来积极的情绪反应，使其感到受欢迎、被需要、被照料、被关爱、感觉自己安全与重要的一系列主人所表现出的积极态度、行为、人格特征。服务好客性体现出服务提供者期望把顾客利益放在第一位、使顾客快乐、使顾客感到与众不同（Blain and Lashley，2014），从而使其产生暖心、放心、舒心的感知（Ariffin and Maghzi，2012；Tasci and Semrad，2016）。在服务环境方面通常表现为整洁和舒适的环境，在行为方面通常指的有礼貌的、热情的、温暖的服务行为（Brotherton and Wood，2008）。

在商业化背景下，好客服务在银行、通讯、保险、零售等众多重视顾客体验的服务行业均具有重要的意义。尽管银行的专业服务主要针对顾客的财产，但顾客与银行服务人员仍存在一定程度的接触；而已有研究也表明接待人员的好客行为会积极影响顾客对银行的满意度，并从长远角度来看将为银行带来好的声誉和持续的利润（Çelik，2015）。金融服务收益往往与风险并存，而顾客对风险的认知依赖于对金融服务提供主体的态度和行为（Chang et al.，2020）。尤其是对保险行业而言，顾客是基于风险来进行其人身或财产的保障决策，而好客服务作为供需双方交互关系质量的重要衡量指标，被实证可以积极影响顾客对保险商的信息真实度、专业水准感知和可信任程度的感知（Gera，2011）。好客服务对业务可持续发展与行业竞争力的意义同样适用于以联结人与人为核心的通信行业（Blain and Lashley，2014）。另一个服务业的典型代表——零售业，作为在解决社会就业上有广泛影响的行业，也重视服务的接触与主客关系。相关研究表明，真诚好客的服务对于顾客具有特别的吸引力，相对应的服务人员则被顾客认为在能力、品性甚至审美劳动（aesthetic labour）方面具有独特的优势（Warhurst and Nickson，2007）。

当然，在众多服务行业中，旅游接待业在好客服务方面是最具典型性和代表性的。好客最初的含义是在本地的"主人"迎接远道而来的"客人"的一种友好方式，在形式上是伴随着旅行、旅游而产生的现象，属于旅游接待业的范畴（Lashley，2000）。从好客的原因来看，好客起源于当地人表现出对陌生来客的主动和尊重，受到对其旅行意图、行为等不确定因素带来的不安和恐惧驱使，内在地根源于彼此文化的差异，而这也与探寻异域文化、行动于非惯常环境的旅游一致（李正欢，2009）。国际上通行的做法是把旅游与款待联系在一起，合称 Tourism and hospitality industry，被教育部高校旅游管理类专业教学指导委员会翻译为"旅游接待业"，而 hospitality 本身就包含殷勤好客的意思。旅游接待业是围绕着游客往返旅游目的地和在目的地逗留期间所产生的饮食、住宿、交通、游览、购物、娱乐需要而产生各种服务供给所构成的行业总称，包括但不限于景点景区、酒店、餐厅、主题公园和休闲俱乐部（马勇，2018）。例如，游客到达目的地后，在一个陌生的环境中需要当地的接待，而酒店可以提供住宿、饮食等多方面的服务，因而酒店业是旅游接待业的重要组成和代表。塔斯奇和塞姆拉德（2016）通过总结以往的文献，梳理出旅游接待业服务内涵的四个层次：第一层是最基本的待客之道，主要指提供一些有形的产品，如食物、饮料、住所和卫生设施；第二层是娱乐服务，如游泳池、体育设施、社交活动和操场，针对性地满足更高层次的社交、学习和自我实现的需求；第三层体现在一些任务中，如入住、退宿、客房服务等，用于提供支持性和娱乐性产品；第四层是旅游接待业服务的最高层次，即好客服务，此层次突出以人为中心的概念，它决定了顾客体验的成败。好客体现了服务传递的风格，真正的好客能让消费者感到受欢迎、安全、被关爱、受尊重、有成就感（Tasci and Semrad，2016）。相关研究发现，旅游接待业好客体验与服务人员的好客礼节、恰当的服务行为、情感上的舒适体验、信任、融洽的关系等紧密相关（李天元、向招明，2006；Pijls et al.，2017）。除了员工方面以外，服务流程、设备、环境等也可能会影响好客服务，但相关观点多停留在理论探讨层面，缺乏实证研究。

三、服务好客性的维度与衡量

服务好客性作为一个抽象概念如何进行衡量、包含哪些维度，是一个很重要的问题。学者们从不同角度阐述了各自的看法（见表 2 - 2）。例如，海明顿（Hemmington，2007）将好客服务的重要维度概括为主客关系、慷慨、许多小惊喜、安全和保障等。他认为旅游接待业企业必须努力提供令人难忘的服务，专注于刺激客人感官的体验，想方设法为客人创造真实的"令人惊讶的时刻"。比如酒店的前台需要表现得像舞台上的演员一样，慷慨地招待客人。布拉泽顿和伍德（Brotherton and Wood，2008）探究了酒店顾客对接待服务方面的评价，其研究提出与人际方面的好客服务行为紧密联系的词汇是热情、友好、礼貌、愉快、温暖；与物理环境方面的好客服务紧密相关的词汇是舒适和清洁。艾里芬和麦赫兹（Ariffin and Maghzi，2012）等用"理解客人"或"取悦客人"来描述服务好客。在将服务好客视为一种对顾客友好行为这点上，学者们是存在广泛认同的（Ariffin et al.，2013）。总体而言，目前有关服务好客性的研究以定性研究为主，量化研究较少。已有实证研究主要从服务提供者和接受者两种视角来对服务好客性进行衡量。

表 2-2　　　　　　　　　　　不同学者对好客维度的划分

文献来源	好客维度
Derrida and Dufourmantelle，2000	理解需求
Lashley，2000	关怀、愉悦他人的欲望、安全
Brotherton，2005	关心、友好的、慷慨的、快乐、有礼貌的、温暖、热情款待的
Sim et al.，2006	舒适、有礼貌的、使被接待者觉得自己很重要，亲切的、安全的、理解需求、温暖、热情款待的
Hemmington，2007	娱乐、慷慨的、安全
Brotherton and Wood，2008	服务行为方面（关心、关怀、舒适、友好的、慷慨的、温暖、热情款待的）；物理环境方面（舒适、清洁）
Ariffin and Maghzi，2012	关心、舒适、愉悦他人的欲望、觉得自己特别、有礼貌的、理解需求、温暖、热情款待的
Blain and Lashley，2014	舒适、舒适、觉得自己特别、有帮助的、高兴的
Tasci and Semrad，2016	暖心（欢迎的、有礼貌的、恭敬的、宽容的）、安心（可靠的、成熟的、可信赖的）、舒心（慷慨的、友善的、无偏见的）
Pijls et al.，2017	受邀请（感觉被邀请、感受开放等）、受照料（体验支持、体验了参与）、舒适（感觉轻松自在、感觉轻松等）

从服务提供者角度衡量服务好客性的研究主要有艾里芬和麦赫兹（Ariffin and Maghzi，2012）、布兰和拉什利（Blain and Lashley，2014）、塔斯奇和塞姆拉德（Tasci and Semrad，2016）等。艾里芬和麦赫兹以101位本地和国际酒店客人为调研对象，开发了一份调查问卷来衡量酒店的好客态度和行为。此量表中包含个性化（如"酒店的工作人员知道我的名字或国籍"）、热情欢迎、特殊关系（如"了解我在酒店的特殊要求"）、发自内心（如"好客的行为似乎是真诚地取悦和关心他们的客人，而不是故意给客人留下深刻印象"）和舒适（如"确保房间对我来说是舒适的"）五个测量维度。艾里芬从三个维度衡量了酒店的好客服务，分别是：个性化、舒适和热情欢迎。布兰和拉什利在此量表基础上改编，形成三个新的测量维度：优先考虑顾客的欲望、让顾客高兴的欲望、让顾客感到特别的欲望。塔斯奇和塞姆拉德以酒店、目的地、餐厅为调研地，让被调研者对好客目的地、酒店和餐厅员工几个特征的重要性进行评分，其结合文献研究和问卷调研开发了一个测量酒店员工好客态度和特征的量表。此量表包含暖心（体现了"主人"能够让客人产生被需要感觉的特征和因素，如礼貌的、欢迎的、友好的、乐于助人、尊重的和善良的）、安心（体现了"主人"带给客人安全感的特征和因素，如诚实的、可信赖的、一致的）和舒心（体现了"主人"能够让客人体会舒心的特征和因素，如舒缓的、平静的、无偏见的）三个维度。

基于服务提供者视角的好客量表意在测量其好客态度或行为在多大程度上是由真诚地取悦和关心他人的愿望所激发并表现出来的，以及主人"理解和迎合客人需要"的程度。近年来，也有学者从服务接收者视角对服务好客性进行衡量。派勒吉等（Pijls et al.，2017）采用定性与定量研究相结合的方法，选取商业、医疗、酒店、餐厅、旅游、娱乐和设计等多类背景的人员为调查对象，从顾客体验视角开发了一个适用背景较广的服务好客性量表，测量顾客对好客服务的评价，包含受邀请的体验、受照料的体验、舒适的体验三个方面。因此，在不同时间、空间下，好客的定义及衡量标准可能有所差异，且受多种因素的影响，进行系统和专门的研究十分必要。

四、旅游接待业中的服务好客性实证

作为旅游接待业服务的内核以及服务体验的关键要素，服务好客性近年来逐渐受到学者们重视，并产生了一些研究成果。有较多学者探讨了服务好客性对企业的影响，如顾客品牌忠诚、顾客满意、经济效益等。拉什利（Lashley，2008）研究发现员工的工作表现和好客的品质是产生积极情感的关键来源，因此好客服务利于获得顾客满意度和长期顾客忠诚度。服务提供者应该有一定的情商来预测和满足客人的情感需求，尤其是在酒店和旅游服务的相关组织中（Lashley，2015）。对于服务性产品的消费，好客是关键的感官和享乐维度，其显著影响消费者满意度（Ariffin，2013），因此，具备服务好客的能力，可为酒店保持或提升自身竞争优势。塔斯奇和塞姆拉德（Tasci and Semrad，2016）提出在现代商务酒店的背景下，好客服务有利于品牌差异化竞争，并积极影响长期竞争绩效和品牌忠诚度。莫迪（Mody，2019）的研究表明好客服务会积极影响顾客的愉悦感和兴奋感，进而影响顾客的体验记忆、品牌忠诚度；顾客对好客服务的良好感知会积极促发服务体验的愉悦感和唤醒感。

除了酒店这个主要提供款待服务的领域外，旅游目的地的服务好客性也较受关注。对旅游地的相关研究较多从营销模式、品牌定位、品牌构建等角度出发，大多以定性讨论为主，缺乏相关实证研究。目的地服务好客性指的是游客在当地旅游中，所体会到的友善的态度和情感。这种情感是对当地所传递的行为和态度的综合感受，这种好客主体可能来源于与服务人员、当地居民、从业者等人群的交往。旅游者期望在旅游过程中寻找本真性，而当地好客形象是吸引游客的重要因素之一，甚至可以在一定程度上弥补当地有形旅游资源的不足，这种好客精神可能受当地经济、文化等因素影响，也与来访者素质、当地居民对旅游发展的态度等相关（李天元、向招明，2006）。对于旅游目的地来说，好客是一种社会现象，不同人口特征的游客、居民都可能存在差异，反映了目的地的发展、管理水平和居民综合素质（马红丽，2010）。个人的好客带来亲和力，会凝聚成国家总体的旅游地印象，影响国家旅游品牌形象的构建（陈麦池，2018）。根据符号理论，游客所感知的好客性与旅游地（尤其是少数民族地区）的地方文化、民族资源、生活情景存在密切关系（郑向春，2012）。基于好客服务的视角，王宁（2007）阐述了旅游互动本真性的性质与特征，及其在旅游者体验中的地位和作用。好客在旅游服务结果中的积极影响也得到了相关实证研究的支持，例如，陈志钢等

（2017）从主客交往视角出发，以西安市为例，探究了游客对环境好客的感知与旅游满意度、推荐意愿、重游意愿的关系，支持了好客服务的积极作用。杨钦钦和谢朝武（2019）则基于冲突情境，证实了旅游地好客性感知对旅游形象感知的促进作用。

总体上，服务好客性的研究主要探讨其概念、范围、衡量，与其他因素的关系研究相对较少，主要集中于好客性对于顾客满意、旅游接待地或企业形象的影响等。旅游接待业的服务好客性依赖于服务人员，学者们主要研究其作为给定的外生变量对企业带来的影响和结果，而较少探究影响好客服务的前导因素，如员工为何会表现出好客态度和行为，服务环境、技术是否会给顾客好客的感觉等，这些都缺乏相关实证研究。

第二节　好客服务中的员工工作

好客服务是一项复杂的工作，不仅涉及体力和脑力劳动，还需要员工投入积极情绪。因此，深入剖析员工服务好客性，需要了解员工的体力、脑力、情绪状况。旅游接待业的服务工作面对复杂的客人，往往使员工在体力、脑力、情绪等方面产生极大的消耗，从而影响其好客服务的提供。因而，目前对于员工的体力、脑力、情绪状况研究，主要集中于体力疲劳、脑力疲劳和员工工作情绪等方面。

一、员工工作状态与疲劳

好客服务需要一线员工展现良好的工作状态，并调整好自身情绪。但是，旅游接待业对客服务工作繁杂，且时间长，不可避免会带来疲劳。疲劳是由于身体、精神或情绪上的消耗而导致的身体和/或精神能力下降；疲劳作为一种复杂的、多方面的现象，反映个体最大限度工作效率能力的下降，以及无法在相近的时间范围内完成曾经能够完成的任务（Tian and Hong, 2011）。疲劳会导致个体认知资源减少（Fang et al., 2015），常常伴随疲倦感、缺乏活力等特征。疲劳导致的工作能力和身体机能的下降是暂时的，通过一定措施就能复原，如适当休息能够帮助缓解疲劳，甚至帮助个体达到新状态。虽然有一些学者认为疲劳本质上是一维的，但大多数将其描述为身体和精神疲劳的组合：长时间的体力工作后出现的体力疲劳会降低个人有效执行体力工作的能力；同样，精神疲劳发生在长时间的脑力劳动之后，并可能导致行为和认知能力下降（Aryal et al.，2017）。疲劳可分为体力疲劳、脑力疲劳和精神（心理）疲劳等多个方面，体现在一般疲劳、体力疲劳、情绪疲劳、动机疲劳、活动疲劳等多个维度（Smets et al.，1996），它们都直接影响着员工的服务工作结果。

（一）服务工作与员工体力疲劳

好客服务工作不可避免会产生员工的体力疲劳。体力疲劳，也可称为身体疲劳或生理疲劳，是机体或其一部分由于长时间或高强度的工作、运动或反复受到刺激而出现的应答能力或组织、器官甚至整个机体工作能力暂时下降的现象（Gullo et al.，2019）。鉴于旅游接待行业的工作性质，身体疲劳在服务人员中普遍存在，这通常涉及长时间和高强度的体力工作、重复性任务和顾客变动性需求的应对，其对员工健康和安全的不利影响在文献中已有记载。例如，长时间的身体疲劳可能会降低免疫力并导致慢性疲劳综合征等（Anwer et al.，2021）。因此，要对员工工作和疲劳进行有效管理，就需要知道如何衡量体力疲劳。这不是一个简单的问题，因为疲劳要进行直接观察较为困难。例如，疲劳的研究和测量需要有效区分急性疲劳（轮班结束时出现的正常疲劳水平）、慢性疲劳（或精疲力竭）和轮班之间的疲劳恢复过程（轮班间恢复）（Andrei et al.，2020）。学者们一般对被调查者采用评分制来判断其疲劳状况，从"是的，这个描述是符合的"到"不是，这个描述是不符合的"，分数越高，代表体力疲劳程度越低。急性疲劳状态的衡量主要通过询问其是否有足够的精力去与同事、亲友交谈、用于业余爱好或放松活动等（Smets et al.，1996）。当然，除了测量员工对疲劳状态的主观评价之外，还可以收集与加班相关的任务负荷和感知数据，作为疲劳的间接衡量指标（Tsao et al.，2017）。当然，现实的挑战往往是被调研者无法明确区分一般疲劳的题项与身体疲劳的题项（Tian and Hong，2011）。为此，基于严格医学指标的测量方法可能更为准确。高星等（2015）学者针对白领人群疲劳程度进行问卷调研，其中，身体疲劳测量指标主要指的是颈部、腰部、背部、肘部、腕部、肩部、手部、臀部等局部肌肉疲劳指标，数据显示白领人群的不良坐姿会影响身体疲劳水平。另外，睡眠状况也经常被用来反映员工的体力疲劳水平，即睡眠困难、混乱者显示了一定程度的疲劳水平（Andrei et al.，2020）。

工作场所中产生的体力疲劳主要与工作环境、工作资源、工作任务及压力等工作因素相关。国内外较多学者对员工产生疲劳的主要因素进行了研究，其主要包括工作设备、工作环境、企业因素、个人因素等（Andrei et al.，2020），例如，服务设备不符合操作者的工作习惯。工作环境还包含工作制度及约束员工与人交往的程度，舒适、安全的工作环境能有效避免服务人员产生身体损伤、身体疲劳；封闭的工作环境不利于员工的心理、生理健康；不良工作环境如光照弱、高温、噪音等不利于个体生理健康（Ariza‐Montes et al.，2018）。从企业方面而言，企业制定的工作规则与员工休息时间、工作任务量紧密相关，很多企业为提升生产效率，压缩休息时间使得员工长期处于超负荷工作状态，造成过度疲劳（Yung，2016）。除了工作时长外，工作负荷同样会影响员工疲劳程度（Dorrian et al.，2011）。不合理的工作安排和不恰当的工作需求往往是造成员工疲劳的主要因素（Tsao et al.，2017）。安德烈等（Andrei et al.，2020）在研究中探讨了不同类型工作需求和工作资源对员工慢性疲劳的影响，其中，社会性支持能够有效防止员工疲劳；为了提升员工工作参与度，需要减少员工工作量。在工作场所中，除了工作相关因素，造成个体身体疲劳的因素还与个人健康状况、体育锻炼、生活习惯等相关（Sedighi et al.，2017）。个体因素如个人酗酒、熬夜、吸烟等不良生活习惯会造成身体素质降低，使个体对疲劳更敏感，更易产生身体疲劳。

现有文献对工作场所中身体疲劳造成结果的研究主要体现在工作绩效、工作投入、工作质量等方面。已有研究表明体力疲劳和个体抑郁紧密相关，它导致身体机能受损，可能不利于员工展现出良好工作表现（Anwer et al.，2021）。例如，探究身体疲劳与训练周期和恢复关系的相关研究表明，体力疲劳不利于个体员工的工作投入，因而其与工作绩效之间存在负向相关关系（Kellmann，2010）。在服务运营工作中，体力疲劳会影响运营人员的工作表现，除了注意力和认知功能的一般损伤外，还会减慢其对安全警报的反应时间，并且对员工遵守运营要求产生不利的影响（Rudin‐Brown et al.，2019）。古洛等（Gullo et al.，2019）通过实验研究表明，高强度体力疲劳组的人员的疲劳程度对其移动性、心理健康、关系建立、参与性等生活方面的负向影响要高于低疲劳强度组。塞迪基等（Sedighi et al.，2017）研究指出身体疲劳是长期工作状态的结果，会降低工作绩效。从短期来看，身体疲劳会导致不适、睡眠质量降低、运动控制能力和力量能力下降等，这会导致个体性能下降、生产力降低、工作质量下降，并使得意外事故和人为错误事件的风险增加（Sedighi et al.，2017）。如果这种状况没有得到解决，在更长的时间范围，体力疲劳会导致精力耗竭、健康恶化，包括慢性疲劳综合征、免疫功能下降等，并最终造成员工工作事故、旷工率增加、出勤率降低、工作不满、失业、生活质量下降等，并对个人社会关系产生破坏性影响（Yung，2016）。因此，员工体力疲劳产生的一系列不利影响很自然地传递到其服务表现上，包括服务好客性。

（二）服务工作与员工脑力疲劳

旅游接待工作涉及与顾客的直接互动，往往需要进行持续的脑力劳动，这就可能导致脑力疲劳。作为三大疲劳形式之一，脑力疲劳主要是由于长期参与脑力活动引起个体的疲劳感。脑力疲劳的人往往伴有工作效率低、注意力不集中、反应时间变长、精神状态差、睡意增加等特征（Yung，2016）。劳丽斯特等（Lorist et al.，2009）基于认知任务提出脑力疲劳的概念，其通过研究发现智力促进系统与个体认知相关，该系统的激活程度会影响个体行为，即积极影响个体维持和改善任务的表现；若个体参与大量、单一且频繁的任务，会导致其抑制系统激活，对个体认知任务表现产生消极影响，即脑力疲劳（Ishii et al.，2013）。脑力疲劳大体可以分为两类：一种是短时间大量工作引发的脑力疲劳；另一种是长时间工作引发的脑力疲劳。前者是由于短时间内需要高注意力完成工作任务产生的急性脑力疲劳；后者是由于长期从事认知活动，脑力促进系统过度激活以及抑制系统的兴奋导致认知水平、思考水平和注意力下降（Lorist et al.，2009）。

目前对脑力疲劳的测量主要分为主观、客观两类方法，以主观方法为主。查尔德等（Chalder et al.，1993）设计的简易脑力疲劳量表应用最为广泛，其信效度已经得到检验。该问卷通过问句的形式调研被调查者脑力疲劳状态，共有 6 个条目，如"您在集中精神方面是否有困难?"等。每个条目有 4 个答案，分别是比平常好、不比平常好、比平常差、比平常差很多。也有学者从不同维度衡量脑力疲劳，例如，斯利马尼和布拉加齐（Slimani and Bragazzi，2017）使用主观测量方法，从调研对象的嗜睡程度、情绪状态等维度评估其脑力疲劳程度。其中，比较常用于调研被调查者脑力疲劳状况的是卡罗林斯卡嗜睡量表（KSS）；KSS 采用 1~9 分制测验被调研对象的睡意程度，从非常警觉到非常困倦，数字越高，睡意程度越高，脑力疲劳越明显（Slimani and Bragazzi，2017）。客观的测量方法主要指采用实验方法，根据心理行为学或生理学指标判断被试者的脑力疲劳程度，如 FFG（脑电图）信号检测的神经生理是测量疲劳感的可靠指标（Ishii et al.，2013）。

　　诱发个体产生脑力疲劳的原因主要包括睡眠不足、认知疲劳、工作压力等，而工作场所中的脑力疲劳主要与长期高负荷工作相关（Aryal et al.，2017）。酒店从业人员、白领、学生等是脑力疲劳的多发人群。服务环境中脑力疲劳与服务能力、服务投入、服务表现、服务态度和行为紧密相关。长期从事脑力活动，不利于健康的大脑状态，脑力疲劳的人很难集中精神，并且影响情绪调控能力（Gullo et al.，2019）。在服务工作中，脑力疲劳的人会表现出工作积极性低、情绪自控能力差、工作失误风险高的特征，这不利于员工展现良好的服务状态（Ishii et al.，2013）。杨等（Yang et al.，2013）的实验表明，相较于非疲劳组，脑力疲劳组的用户很难从消极情绪中恢复；同时，疲劳实验组监控指标显示被调研者对外感知和自动调节能力受损，这说明脑力疲劳会消极影响个体对外界变化的迅速感应并作出反应的能力。相关研究发现，脑力疲劳还会降低一个人的警觉性和动机，而在工作中，动机的降低不利于员工的工作投入（Brown and Bray，2019），这种疲劳不利于员工工作投入的关系已被工作资源－需求的理论所支持（Häusser et al.，2010）。正是由于此，脑力疲劳对员工工作表现存在负向影响；若长期处于脑力疲劳状态，会极大降低个体幸福感，并可能诱发心理疾病（Rudin－Brown et al.，2018）。因此，减少员工脑力疲劳成为提高接待服务质量的重要途径，也是探讨服务好客性必须考虑的因素。

二、服务中的员工情绪及其影响

除了身体和脑力状况之外，员工的情绪状态在旅游接待服务中也具有重要作用。根据情绪认知理论，情绪是由个体对之前事件的理解和人与环境的关系组成的，涉及主观体验、行为和生理变化的多方面现象（Bailen et al.，2019）。情绪的核心心理表征涉及在积极情绪情况下的愉悦感和在消极情绪情况下的不愉快感；不同于双极量表的两端，消极和积极情绪是独立的结构，且可以进一步区分为更复杂的情绪表征，包括悲伤、愤怒、平静和喜悦（傅小兰，2020）。这些复杂的情绪可能在许多方面有所不同，包括这些情绪的唤醒方式、外在表达和不同情境下的含义等。员工的工作情绪也可分为积极情绪和消极情绪。早期的学术研究将二者作为同一概念（"情绪"）的两端，后来学者们往往将二者视为不同的概念进行区分。

由于服务好客性更多地与积极情绪相关联，因此，我们侧重积极情绪的概念探讨。通常而言，积极情绪意味个体获得了某些支持或享受到积极的结果，如个人的特定需求被满足，它往往会促进个体在环境中展现出更积极的态度或行为（傅小兰，2020）。积极情绪可以视为一种特质或状态，从特质角度而言，它指能激发人们产生正向情感或接近性行为的一类情绪；从状态而言，它展现人们在特定时间或情况下的状态和感受；从直观表现而言，它是在当事情进展得顺利时，个体想微笑时产生的那种好的感受（Yang et al.，2020）。积极情绪作为一种使人乐观、充满自信、精力充沛的一种心态，是一种在短时间内进化或表现出来的有意识或无意识的一种多成分反应的倾向（Bailen et al.，2019）。这种对所发生的有价值的事情产生的一种瞬时的喜悦之情（如高兴、兴趣、满足等）能够扩展个体的反应思维和行动能力，建构持久性的个体资源，使个体更容易适应社会，增加个体与社会之间的联系（Yang et al.，2020）。由此可知，虽然已有研究并未对积极情绪的概念形成统一定义，但不同学者对积极情绪概念的解释或理解均在不同程度上表明它能够让个体感受到愉悦。基于此，本书所涉及的积极情绪是员工在工作场所中产生的积极的情绪和感受，它利于员工更积极地思考、服务、投入工作、与人建立友好的关系，有利于员工在对客服务中呈现更好的服务状态（Chi and Grandey，2019）。

由于研究背景和目的不同，学者们对积极情绪的测量也不尽相同。沃森等（Watson et al.，1988）编制的积极消极情感（PANAS）量表被学术界广泛认可和应用，该量表分积极和消极两个维度测量个体情绪，各有 10 个题项。积极情绪测量题项包括充满热情、充满兴趣、积极活跃、兴奋、富有灵感、自豪、骄傲、强大、警觉性、注意力等，后来积极情绪或消极情绪相关研究中采用的量表大多是在此基础上修改的版本。例如，尼菲德卡等（Nifadkar et al.，2012）通过开心、激情、愉快、乐意和欣喜 5 个题项测量企业员工的积极情绪，曹和库尔（Tsaur and Kul，2019）则在此基础上新增快乐、放松、愉悦 3 个题项测量游客的积极情绪。张征和闫春（2020）以太原、郑州等地企业中的团队为对象，采用沃森等（Watson et al.，1988）编制的积极情绪量表中因子载荷较高的 5 个题项来测量积极情绪并进行实地调研，具体为开心、充满热情、积极活跃、自豪和充满兴趣，该量表的内部一致性得到很好验证，呈现较好的信度和效度。

已有文献常把积极情绪作为自变量和中介变量研究，将其作为结果变量的研究相对较少。事实上，积极情绪往往是环境刺激的产物，如社会关系、生活日常事件、服务资源等；在工作场所中，员工的积极情绪可能会受到领导风格、工作任务、工作环境等因素影响（Shani et al.，2014），这已经得到相关实证的支持。例如，邹益民和林佑贞（2008）通过对 20 家酒店的 100 多名一线员工的采访得出，创造和谐的工作氛围、必要的个性空间、清晰的指导制度等是影响员工积极情感的重要因素。魏华飞等（2018）的研究提到在一种仁慈型的工作环境下，员工会倾向于表现出更积极的情绪反应。邓海生（2019）的研究则表明幽默领导风格与下属的积极情绪密切相关。

人的态度和行为往往受到其所经历的情绪的影响，拥有积极情绪的个体会在精神状态及其外显行为方面与群体中其他成员产生明显差别。工作场所中积极情绪对员工的影响主要包含主动行为、工作投入、工作满意度、人际关系等方面。在工作场所中积极情绪更高的人会更愿意与他人友好、真诚沟通、促进愉快的交流体验、加强彼此信任以促进友好的人际关系，并且积极情绪的人在工作中倾向表现出更高的效率和创造性（Xu et al.，2020）。从社会交往的视角和理论出发，以往研究表明员工的积极情绪会积极影响顾客的积极情绪，两者之间的关系受顾客个体特征调节（Kern et al.，2021）。一般而言，积极情绪处于高水平的员工往往具有较高的工作投入，进而表现出较高水平的工作敬业度（李旭培等，2013）。在工作中，积极情绪能够调动员工的主动性，在这种状态下的员工也会做出更多的主动服务行为，抑制服务破坏行为，并带来高服务绩效（Chi and Grandey，2019）。从社会功能视角以及心理学角度看，积极情绪通过增强个人与社会的联系，增强了个体的心理承受力，并对个体的主观幸福感有正向的影响（Szczygiel and Mikolajczak，2017）。综合已有研究可以发现，处于积极情绪（相比于消极情绪）的员工往往会表现出更高的服务热情，提供更高好客性的服务，产生更高的服务绩效。

第三节　人工智能（AI）及其在旅游接待业的应用

要探究人工智能（AI）对服务好客性的技术补偿与赋能情况，首先要了解 AI 及其应用，因此，梳理目前已有文献对 AI 及其在旅游接待业的应用研究非常重要。

一、人工智能（AI）的含义、特征及其影响

"人工智能"最早由斯坦福大学教授约翰·麦卡锡在 1956 年提出，它是指在计算系统中模拟人类或动物的智能，以便它们被编程为像智能生物一样思考并能够模仿智能实体的动作（Ertel，2018）。学者们将人工智能视为人类智能到机器上的一种迁移，是多种技术的集合——从机器学习到自然语言处理，这些技术组合允许机器感知、理解、行动和学习（Haenlein and Kaplan，2019；Borges et al.，2021）。目前对人工智能的研究多集中在机器人领域。我们在中国知网（www.cnki.net）的学术期刊数据库中以"人工智能"为主题关键词进行论文的检索，时间设定为 2017 年 7 月 1 日～2021 年 12 月 31 日。2017 年 7 月，国务院印发《新一代人工智能发展规划》，正式将人工智能的未来发展上升为国家战略。2021 年 12 月 31 日则为本书全部子研究的

完成时间。同时，将"来源类别"设定为"中文社会科学引文索引（CSS-CI）"，并按相关性排序，根据标题和摘要筛选属于 AI 应用于服务领域的学术论文，最后得到 288 篇文献。在 CiteSpace 软件中对这些文献进行可视化分析后的结果如图 2−1 所示。其中，"大数据""图书馆""知识服务""数字出版""机器学习""养老服务""政务服务""人机协同""机器学习""智慧服务""应用""互联网"等是人工智能研究的主要内容，也反映了 AI 的原本内涵。

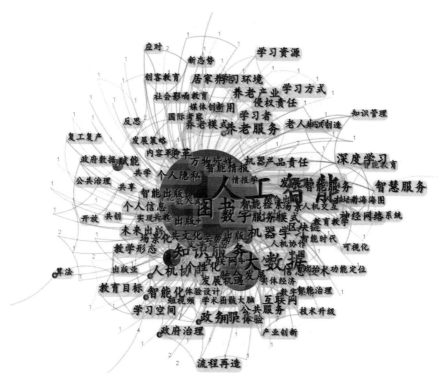

图 2−1 "人工智能"相关文献可视化分析结果

注：圆圈表示相关文献主题中的关键词，各关键词用文字表示，相邻的圆圈颜色有细微变化，以突出彼此区别，圆圈越大、关键词的字号越大表示关联提及的频次越大（最大圈为"人工智能"）。图内线条联结的两个关键词意指它们在文献中关联出现，端点处的数字表示该关键词被关联提及的次数。

作为 AI 最具代表性的设备，机器人被视为一种具有物理实体的人工智能体，它可以采取对物理世界有影响的行动。这种界定强调：（1）机器人被具体化；（2）它是具有某些人类智能的。具体化表现在机器人可以是人形（拟人化）；可以是动物的形态（兽形的）；可以是具有代表性的对象的形式，如餐厅桌上的菜单；或者它可以是功能性对象的形式，如自动驾驶汽车（功能性）。智能化意味着机器人能够感知周围环境，并基于它的感知，思考它的下一步行动是什么，然后采取行动（Simon，2019）。在机器人与顾客互动研究中经常出现的概念为"社交机器人"或"服务机器人"。国际机器人联合会（IFR，2016）将服务机器人定义为"为人类或设备执行有用任务的机器人，不包括工业自动化应用"。服务机器人能力大致可概括为常规移动（移动、飞行等）、任务移动（打开、推动等）、交流、社会性、记忆（储存、保留、检索信息等）、知觉处理（感知、识别等）、符号处理（理解、推理等）等（Murphy et al.，2017）。基于已有文献资料，我们将 AI 技术定义为基于计算机程序使机器能模拟人类的智力和行为，在没有人类直接介入和参与的条件下，自行进行信息或知识的获取和应用、自我控制完成既定的动作和任务，它有机器学习、图像与视觉识别、语言与语音识别、服务机器人、大数据处理、智慧决策、物联网等众多具体的技术表现形式（Simon，2019）。

相比于传统的技术，AI 因其性能的优势而受到关注。顾客对服务效率、效果以及服务个性化需求的期待越来越高，特别是对于技术主导型需求的顾客。为了较好实现服务顾客的功能性目标，企业对员工获取知识的层次、深度也提出了更高的要求（Marinova et al.，2017）。企业非常希望通过提升员工培训力度、缩小一线员工比例的方法来提升服务的效率和有效性，而使用智能技术就是一种重要的手段（Marinova et al.，2017）。例如，在日本的零售银行分支机构中，协作机器人与银行出纳员并肩工作，一同为顾客服务。这些多语言机器人可以用多种语言回答客户查询的问题，并实时访问每个顾客的历史咨询记录。另外，顾客和一线员工都必须学会如何与这种面向顾客的先进智能技术共同创造服务交付，两者从互动中得到学习，共同创造价值（刘欣等，2021）。在互动中，用户根据社会认知的维度（能力和热情）来评价社交机器人的价值共创和共毁潜能；社交机器人则通过感知情绪、解读人类情感来采取行动，基于同理心、融洽关系等情感资源来表达温情，通过理性决策、演绎逻辑、实时大数据处理等认知资源来表达能力，进而以逻辑上一致的方式行动（Chi et al.，2020）。

人工智能（AI）展现了类人智能（HI）的各个方面，在服务中得到越来越多的应用，如今是创新的主要来源之一。例如，家用、医疗、酒店和餐馆的机器人已经将我们生活的许多部分自动化（Huang and Rust，2018）。同时，人工智能（AI）的发展逐渐地影响着顾客、员工以及其他参与者之间的关系。具体来说，AI 逐渐具备了分析、感知和同理心的技能，使服务企业考虑新的互动形式，以开展新的商业战略。在抗击新冠疫情过程中，AI 技术也发挥了关键的作用：无人机监控、AI 机器人社区巡查等成为国家社区治理的有效方式和医疗防控手段（Shaw et al.，2020）；在医院应用 AI 机器人配送药品、智能体温监测、疾病预测（Allam et al.，2020）等。在服务业中，航空公司开始投入使用智能自动驾驶手推车；很多酒店推出智能化的"无接触"服务如机器人送餐、智能监控，AR、自助服务台助力顾客自主完成入住手续等（Li et al.，2019）。在疫情防控常态化的背景下，适当减少服务人员面对面的引导与互动，为顾客提供无接触或低接触的服务，具有重要的意义。因此，AI 技术成为众多业界的选择。目前，对于投资组合经理、医生和高级经理等高薪工作人员执行的任务，有很大一部分可以通过使用当前的技术实现自动化，且这种趋势随着技术的发展越来越明显。然而，对于 AI 带来的威胁同样是学者在不断讨论的话题。例如，AI 设备代替人工劳动力对经济方面带来了哪些影响？AI 设备的使用对服务业又会有什么影响？从经济方面来看，AI 对就业很可能造成不好影响，如引发失业问题等（Zhou et al.，2020）；而在服务业，多数学者倾向于关注 AI 带来的积极影响（Yoon and Lee，2019）。

二、AI 在旅游接待业的应用研究

近年来，AI 在旅游接待业的应用呈不断增多的趋势，成为了一种潮流。学者们也在不断观察与分析人工智能技术在旅游接待业的应用状况。从物联网、大数据、云计算、语音识别、面部识别到社交媒体、移动应用、VR/AR、智能服务台、服务机器人，AI 常作为一种"降本增效"的技术进步被介入到社会工作中。AI 技术一方面基于数据和算法改善了人类决策；另一方面又替代了部分人类工作，从而产生"降本增效"的结果（Simon，2019；Zhou et al.，2020）。

旅游接待业使用 AI 技术基于成本和效率的考虑。使用人工智能设备可以为企业带来一定智能绩效（即一线互动的效率和有效性的乘积），包含顾客满意、降低成本、经济收益等（Marinova et al.，2017）。早期对于智能技术应用的研究主要侧重企业成本，即通过 AI 技术的应用以减少员工开支（Santofimia et al.，2008；谢萌萌等，2020）。如 Caliburger 公司创造了一个能制作汉堡的机器人，机器人感知汉堡完成后自动将其放在托盘上，再由员工接替。另外，一些酒店应用的机器人性能则更加灵活，它们能够按照严格的标准切割蔬菜，可以将顾客指定的调料夹在面包中间，而且能处理和过滤制作过程中产生的烟雾等（Li et al.，2021a）。这都在一定程度上减少了生产成本，进而构成旅游接待业企业的竞争优势。

随着 AI 技术的不断成熟，智能设备、应用能执行的任务从重复性工作内容逐渐扩展到创造愉快的服务、定制化服务、有价值的服务交互等方面。AI 技术产品形态主要有两个维度——存在性（Presence）与具身化（Embodiment）。前者指 AI 技术是以虚拟形式存在（如 Siri），还是有能被顾客看见的物理载体（如前台问询机器人）；后者指 AI 技术所展现的各种具体形态，如人形机器人 Pepper、卡通数字形象的机器人等（Tung and Law，2017）。基于此，目前在旅游接待业应用的 AI 技术产品形态大体可分为四大类：（1）智能设备。智能设备可以感知周边环境的变化，并采取相应的措施以增强目标服务的功能。例如，智能恒温器可以监测房间温度的变化和顾客偏好，并自动对温度进行个性化控制；智能灯控、智能安全摄像头也被应用于旅游接待业服务中（Chi et al.，2020）。这些设备往往整合于智能家居系统中，比较常见的包括（小米集团）米家 MIJIA、美的全屋智能家居、海尔智家 U-home 和华为全屋智能等。智能音箱也被广泛应用于旅游接待服务，常见的应用有阿里集团的天猫精灵、百度集团的小度和小米集团的小爱同学等，顾客可以通过语音、手机 APP 或其他方式对智能设备进行控制，满足其个性化服务需求（Tung and Au，2018）。（2）自助服务技术。该技术使顾客在没有员工直接介入的条件下自行完成服务。在旅游接待场景下，常见的基于 AI 的自助服务技术有自助售票机、自助登记与结账系统、自助商品售卖机、自助网络应用（如智能推荐、智能订单）等。在美国，自助服务技术产生的市场价值从 2016 年的 544 亿美元增长到 2019 年的 703 亿美元（Lee and Cranage，2019）。

国内为旅游接待业提供技术支持的有擎朗智能科技、睿沃科技、广电运通、峰凌科技等，几家企业各自根据自身定位进行有限的差异化竞争。（3）聊天机器人（Chatbots）。聊天机器人能与用户进行有效的沟通，能处理人类语言并模拟人类语言进行回复，所以往往以虚拟形式存在（Chi et al.，2020）。在旅游接待业，聊天机器人具体表现为旅游推荐系统、酒店预订系统、服务咨询系统等众多形态。科大讯飞语音交互智能系统、SaleSmartly 聊天机器人、Tidio 聊天机器人等在该 AI 产品形态上表现突出，且市场发展潜力可观。（4）服务机器人。服务机器人是有形化的，其内在的 AI 系统使它能在一定范围内自主行动、自我调试以适应环境（Wirtz et al.，2018）。旅游接待业常用的服务机器人有社交机器人和递物机器人等，承担着信息问询、路线指引、递送物品等任务（Li et al.，2021a）。例如，有的酒店出于安全考虑，不允许外卖员进入客人房间，因而频繁地使用服务机器人将外卖送到客房。目前，使用服务机器人的旅游接待业企业往往规模较大甚至是连锁集团，为它们提供服务机器人的头部企业包括云迹科技、擎朗智能科技、普渡科技。以酒店业为例，云迹科技（官网网址：www.yunjichina.com.cn）是此类企业中的佼佼者，其服务机器人客户覆盖 40 多个国家和地区，服务包括万豪、希尔顿、开元等在内的 20000 多家酒店，服务人次超过 1 亿（云迹官方数据，详见 https：//www.yunjichina.com.cn/about.html）。有学者预计，到 2030 年，约有 25％ 的旅游接待业工作岗位可能交由基于 AI 技术的自动化设备来完成（Chi et al.，2020），这也在一定程度上反映了其未来市场应用空间。

旅游接待业对 AI 技术的应用管理非常重要。AI 之所以能够在旅游接待业被企业和顾客接受并采用，是因为其工作效率和操作便捷性功能突出。当然，顾客使用智能机器人的影响因素还包含易用性、便利性、享乐动机、情感、用户的人口特征、社会关系等（Gursoy et al.，2019；Li et al.，2021a）。研究表明，AI 产品的社交影响越高（这里的社交影响是指顾客的相关社会群体如家人、朋友等认为在享受服务时使用 AI 设备是合理的且符合群体规范的程度），顾客对服务机器人的绩效期待越高，顾客使用意愿就越强（Gursoy et al.，2019），因为 AI 设备的应用也受到口碑传播的影响。当顾客消费的享乐动机越高，顾客感知需要的投入越低，顾客使用 AI 设备的正向情感就越强（Li et al.，2021b）。这也是旅游接待业作为享乐动机突出的行业越来越多地采用 AI 技术的原因之一。旅游接待业管理者要考虑如何利用 AI 工具比竞争者更有效、快速地完成特定任务，首先需要考虑到用户界面的设计，即如何能够激发用户良好印象或情感；其次，可参考已有服务规则启发性地激发顾客使用；最后，管理者要开发 AI 工具定制化服务的能力以满足特定细分市场的需求（Cain et al.，2019）。当然，AI 和机器人的设计要与服务环境融合，并能处理服务情景所要求的针对性任务。例如，对于前台的服务机器人，顾客希望它能听懂不同语言的内容并给予回复，这既依赖于智能语音技术的完善，也需要加入情景化的信息内容，并采用高水平的共情回复，以达到"以情补智"的效果（Bowen and Morosan，2018；吕兴洋等，2021）。企业也可以利用 AI 工具所采集的用户的沟通习惯（如客人针对特定情况的忌讳词语）、已知的偏好（如客人表达特定的偏好或当这种偏好不解决就会变得不开心）、决策模式（如一个消费者总是在到达一个酒店前一个星期内下单）等记录，作出调整策略以优化企业服务（Borges et al.，2021）。

三、AI 应用与服务结果

AI 技术的应用改变了服务的形态。在过去的 10 ~ 15 年里，有许多基于 AI 技术的系统被消费者使用，以帮助他们作出更好的经济决策，并获得良好的服务体验，如购物助理、聊天机器人等（Gretzel and Jamal，2009）。这些技术的使用部分通过具体化的物体（如机器人），部分通过智能软件（如为顾客发送提醒信息、发送账单信息等），对服务和顾客相关信息进行记录，使服务更好地匹配顾客的旅行习惯，提升为顾客决策的效率（Hoyer et al.，2020）。鲍文和摩罗姗（Bowen and Morosan，2018）认为机器人等 AI 技术使酒店能够提供以前成本高昂的服务，如使用基于机器人的自动驾驶服务在机场承担部分接待功能。如果顾客还没有入住酒店，智能汽车还可以自动为他们办理入住手续，并将他们的智能手机设置为客房钥匙。

考虑到服务等级的细分，旅游接待业企业应用 AI 的策略也不尽相同。价格敏感、价值意识强的顾客会欣赏那些通过使用机器人来降低成本的服务酒店和餐馆，这些企业将能够以较低的价格提供良好的产品；而豪华酒店的客人可能认为酒店的价值在于他们想要的某种服务能快速得到满足，他们大多数人习惯了被人服侍（Bowen and Morosan，2018）。因此，豪华酒店仍然需要在服务中突出人与人之间的互动特色以维持其目标顾客的优越感。虽然不同档次旅游接待企业的顾客都能感受到 AI 设备带给他们较高的智能感受以及感知（印象）的品牌经历，但是中低档酒店顾客较奢侈酒店顾客而言有较深入的服务互动和参与经历；而不同档次酒店的顾客对 AI 技术应用于情感服务上的表现和经历的评价和打分都较低（Chan and Tung，2019）。总体而言，旅游接待业应用的 AI 技术在提高顾客情感经历方面还有待加强。

不同的顾客对于 AI 的要求存在差异，大多数顾客对旅游接待业应用的服务机器人没有理想的或特定的特征、形状要求。当然，在特定场景需要考虑不同的服务机器人的设计需求，如标准、安全、自主性等因素，否则可能会引发伦理和道德问题。德·凯韦诺埃尔等（de Kervenoael et al.，2020）调查顾客对六个类型的机器人的评价，发现排在第一受欢迎的是耳机形状的机器人，紧接着是垃圾桶形状，类人形状的机器人仅排在第四，最后一名是类似蜘蛛形状的机器人。而之前有学者的研究结论为类人性越高的机器人越容易被顾客接受（Gursoy et al.，2019）。而恐怖谷理论（Uncanny Valley）则表明，在特定值之前，类人性会有效促进顾客接受机器人，而当类人性到了几乎接近人的特征时，人对其的感受是怪异和恐惧的，因此，人对机器人的情感反应与机器人类人性之间呈非线性的关系（Broadbent，2017）。不同特征的机器人对顾客的使用意愿和行为的影响仍需进一步考证（Murphy et al.，2019）。

旅游接待业企业通过 AI 和其关联设备的使用创建新的服务交付系统，如通过 AI 和相关技术替代部分前台员工，将会影响到服务的实现形式和结果。一些业内专家预测，AI 技术缓慢地引入即将变成一场大爆炸。日本一家酒店的首席执行官曾预计，在失业率低于 3% 的日本，未来酒店将有超过一半的工作由机器来完成，而 AI 技术是这些机器的重要组成部分（Semuels，2018）。麦肯锡全球研究所（McKinsey Global Institute）估计，到 2030 年，将有 4 亿至 8 亿个工作岗位将在 AI 技术的支持下实现自动化[①]。甚至有部分学者认为机器人等 AI 技术并不是简单高效的机械设备，它们在自动化的服务领

---

① McKinsey Global Institute. Jobs Lost, Jobs Gained: Workforce Transitions in a Time of Automation [EB/OL]. http://hdl.voced.edu.au/10707/444873, 2017.

域具有优势（如酒店的食品准备和服务过程），因而会逐渐成为旅游接待业发展高价值服务的重要要素（Ivanov and Webster, 2019）。同样，由于旅游接待业劳动力缺乏，拥有服务机器人肯定有助于减轻员工的工作量、增加员工服务顾客的时间；当员工能够为更多的客人服务时，酒店的服务效率也会相应提高，有助于减少顾客对服务速度慢的抱怨（Prentice et al., 2020）。但是，AI 的使用很大程度上仍需要依赖顾客参与，否则容易引发服务失败，这就需要员工进行二次服务。如曾出现酒店的服务机器人将饮料送到顾客门前，而顾客不愿开门取货的情景，这就需要员工再次为其服务（de Kervenoael et al., 2020）。

一段时间以来，技术交付系统的转变已经达到了一个临界点，并引发了对数字转型和机器人技术的质疑，尤其是在旅游接待业（de Kervenoael et al., 2020）。在传统服务中，管理员工与机器人互动是复杂的，因为传统上人们期望通过员工来维护营销关系；员工被认为是旅游接待业服务的基石，也是企业评价顾客信任、服务质量、关系管理和反映社会价值的重要指标（Tussyadiah, 2020）。机器人的出现引发了人们对其替代人类劳动力的担忧（Li et al., 2021a）。黄明蕙和拉斯特（Huang and Rust, 2018）预测 AI 代替人类智能的发展路径将依次遵循五个层次：代替机械式智能（自行活动与移动）、代替分析式智能（信息和数据的处理与分析）、代替直觉式智能（基于理解、深度学习来适应环境和决策）、代替情感式智能（辨别顾客的情绪、表情并表达情感）、完全替换或整合，完全取代人工只有发展到最后一个阶段才有可能。虽然机器人有助于提高服务质量，但是员工将一直在传递企业的好客、与顾客信息分享等方面保持主导地位。旅游接待业企业期待找到服务顾客时能保持热情的员工，以更好地欢迎顾客、表达企业的好客，但是 AI 代替员工也许会给企业的好客形象带来挑战（Bowen and Morosan, 2018）。而德·凯韦诺埃尔等（de Kervenoael, 2020）等认为在一些服务模式中，前台的功能（如客人身份验证、安全协议、支付等）将由 AI 技术来完成，而且新的服务模式很可能会适应自动化和消费者的反应，不一定会给客人缺乏热情的印象，因为热情的感知本来就因人因时因地而异。因此，在探讨 AI 对好客服务的影响时，需要综合考虑 AI、员工、顾客等多方主体因素，而这也是本书试图揭示的。

四、AI 应用与服务好客性

旅游接待业具有信息密集型的特点（如游客的决策需要处理大量信息），因而有利于 AI 技术和自动化设备的应用，而近年来，自动化和机器人技术在旅游接待业中的使用频率的确在不断增加。当 AI 技术进入旅游接待业服务并取代个人互动和接触时，顾客在服务好客感知和体验等方面会随之发生变化（Tussyadiah，2020）。作为旅游接待业服务的关键情感元素，传统的热情、好客正面临着 AI 技术应用的挑战。在体验经济时代，人民对美好生活向往的动力在不断增强，使消费需求和实际水平在不断升级，相应地，旅游接待业的消费者不仅要求吃好、住好、游好等满足直接功能需求的服务，还强调服务必须以友善、热情、令人舒适的方式提供，从而获得精神上的愉悦和体验（Ariffin and Maghzi，2012）。好客已经成为旅游接待业服务中核心和不可或缺的元素，而它传统上依赖于人类员工的服务环境保障，以及他们与顾客的人际互动（Munasinghe et al.，2017）。然而，在技术和旅游供需双方力量推动下，如今的服务提供商越来越依赖于 AI 技术来提供服务，以适应时代发展、满足顾客新需求、营造话题、提高口碑和销售业绩（Fan et al.，2022）。随着 AI 技术融入到接待服务系统中，许多任务逐渐由 AI 驱动的机器人承担，一线员工的角色因此被重塑（Li et al.，2021a），其服务的好客性水平将如何变化，需要专门的研究。

针对这一问题，许多研究人员认为，AI 机器人可以被视为用户的朋友，而不仅是一台机器，它们可以给旅游消费者带来好客性的感觉。首先，旅游消费者与 AI 机器人互动过程中，可以释放一些情绪，得到部分情感慰藉，进而产生服务好客的感知（Bagozzi et al.，2022）。例如，一些旅游接待业企业开始使用最新的 AI 技术——ChatGPT，来丰富其服务形式，这种行为本身就部分反映了企业的好客。ChatGPT 是基于深度学习的自然语言处理模型，它通过大规模的预训练数据集和生成式学习的方式来模拟人类的对话。情感智能是 ChatGPT 的重要组成部分之一，它使得 ChatGPT 能够识别、理解和表达情感，因而在与用户交流的过程中能够理解和表达各种情感，如喜悦、欢迎、尊重等，这对于部分不愿或恐惧社交的顾客尤其有吸引力（Dwivedi et al.，

2023）。其次，一些行业实践显示，基于 AI 的服务性能比基于人类的服务更可靠，因为它不太容易受到有限理性和疲劳等因素造成的人类失败的影响（Huang and Rust，2018）。具体来说，人工智能能够提供一致的、高质量的、自动化、情感化的性能，这种稳定的情感化性能一定程度上能够产生服务好客性。最后，AI 技术的应用有利于提升服务和管理决策，通过优化服务设计和传递改善服务体验，促进顾客参与价值共同创造，进而增强服务好客体验（Zhang et al.，2021）。具体而言，AI 技术可以通过以下方式提升服务好可性：（1）根据用户需求和用户画像提供实时信息，以便根据具体情况的消费活动提出更明智的建议；（2）改善和促进现场获取实时信息，提供定制、直接和互动的服务，以协助旅游消费者探索目的地，促进价值共创；（3）提供系统或平台，使旅游消费者重温并分享他们的经历，并向他人提出建议（Bastidas‐Manzano et al.，2021；Yin et al.，2023b；Xiang et al.，2021）。

然而，另外一部分学者则提出了相反的观点，即 AI 技术的使用会损害旅游接待服务的好客性。首先，一些旅游消费者在与类人服务机器人互动后会有一种不舒服和怪异的感觉（例如前文所提的"恐怖谷"效应），从而降低了其对服务好客性和体验的评价（Solnet et al.，2019）。同时，部分客人觉得由机器人所提供的服务会使得服务消费更昂贵，感觉自己是营销噱头下的牺牲品（Hou et al.，2021）。其次，随着 AI 机器人在行业中的使用增加，旅游消费者担心会失去与人类员工互动的机会。服务提供者过度使用 AI 技术会减少社交互动的机会，从而导致消费者产生孤独和焦虑感，这可能会影响他们对服务体验及服务好客性的感知和满意度（Tussyadiah et al.，2020；Knani et al.，2022）。最后，利用 AI 设备提供功能性服务是可以接受的，但在提供享乐性服务时使用 AI 设备可能会适得其反，即会降低顾客对享乐服务的体验感知，而旅游接待业恰恰是很看重享乐服务的行业（Li et al.，2021b；马勇，2018）。消费者对由 AI 介入下的服务的好客性感知可能受到个人因素、技术因素、环境因素、工作因素的影响（Goel et al.，2022），而这些因素都可能表现不佳。例如，一些消费者认为 AI 在为他们特有的问题提供适当的解决方案方面是低效的，并且在动态环境中是不适应的；由于训练数据的有限可用性，机器算法可能无法精确和准确地工作，从而使部分消费者面临机器人、智能自动化故障或失控相关的风险（Grundner and Neuhofer，2021）。

由此可见，关于旅游接待业消费者对使用 AI 机器人提供服务的反应，学术界存在争议。一些研究揭示了消费者对使用 AI 机器人的疑虑和潜在担忧，而其他研究则支持了对使用 AI 技术/设备提供服务所产生的良好评价、态度和再次使用意向。这说明深入和系统研究 AI 应用如何影响服务好客性的必要性，也为本书提供了理论基础。

第四节　媒介等同理论

一、媒介等同理论概述

应用于旅游接待服务的 AI 技术本质上是一种媒介。AI 技术——无论其直接服务顾客，还是与员工配合提供服务——能否为顾客带来好客体验，实际上是"AI 技术完成任务能不能达到类人的效果"的问题。媒介等同理论对此问题的回答具有启示意义。

"媒介等同"一词主要是指媒介等同于现实生活，这种等同意味着：人们（或受众）以处理非中介体验相同的方式，处理以技术为中介的体验，因为个人与计算机、电子显示屏、新媒体等的互动从根本上来说是社会性的和自然的，就像现实生活中的互动一样（Lee，2008）。AI 技术发展到一定阶段后会出现以下情形：用户对计算机及其软件代理的社会特征进行回应，计算机则承担了社会活动者的角色（Computers are social actors，CASA）；当面对具有与人类基本特征相关的拟人化线索的机器时，个体会自动作出社会反应，被其中虚假的人类特征所左右，并且不会困扰于"该机器不是人类"的事实。一些重要的线索，例如，词语输出、人机交互、扮演传统上由人类担任的角色、发出声音等，会自动唤起类似于人际间互动的模式，而无须在心理上构建一个相应的人（Złotowski et al.，2018）。

媒介等同理论可以粗略地分为两个阶段。第一个阶段的研究侧重于用户对计算机社会方式、个性和社会角色三大社会特征的反应。在用户对计算机社会方式的反应方面，以往的研究发现，当计算机表现得礼貌、恭维用户和批评自己（而不是责备他人）时，用户会积极评价计算机，就像他们平常喜欢礼貌、奉承别人和自我批评的人一样。在计算机的个性方面，研究人员发现，用户可以很好地识别计算机或软件代理所展现的个性；同时，当用户与表现出特定个性的计算机（或软件代理）进行交互时，用户会应用复杂的基于个性的社交规则，例如相似－吸引现象（物以类聚）和一致性－吸引规则；另外，用户也喜欢计算机通过调整它的个性来模仿用户自身的个性（Lee，2008）。关于计算机的社会角色，学者们发现用户能很容易识别他们正在与之交互的计算机的性别、语音身份和所属群体性；在确定计算机的社会角色的基础上，用户在与计算机的互动中会应用各种社会规则（如性别刻板印象、群体偏爱等）（Reeves and Nass，1996）。第二个阶段的媒介等同理论将研究领域扩展到电子商务、语音用户界面和人机交互。在电子商务领域，相关研究发现，根据用户个性定制计算机的消息模式可以增加计算机对用户的社会影响；消费者在电子商务网站上的自我披露可以通过让计算机首先自我披露来实现，因为人们会无意识地对计算机的"付出"进行回报（Balakrishnan and Dwivedi，2021）。在语音用户界面的情境中，学者们发现，即使有意识地了解到合成声音的本质，人类也会继续对合成声音作出反应，就好像它是真实的人类声音一样，并将各种社会规则（如多源效应、个性认同、种族和性别导致的刻板印象、一致性偏好等）应用到与合成语音的互动中（Nass and Brave，2005）。在人机交互领域，学者们通过研究人类与机器人的交互发现，当机器人表现出引人注目的个性和在人类认知上的持续发展时，人们会感受到明显的社会存在感并对机器人作出社会反应（Klowait，2018）。

二、媒介等同理论对本书的指导意义

媒介等同理论回答了"为什么人类的大脑没有注意到计算机中介或人造刺激的虚拟性，而将相关有拟人性特征的技术视为社会实体"的问题，对于本书的有指导意义。

在本书中，AI技术即是媒介等同理论中媒介的典型代表。人类大脑在一个所有感知对象都是真实物理对象的世界中进化，只有人类拥有"类人"的形状和"类人"的特征，例如，语言、快速互动、情感、个性等。因此，在人的心目中，任何看似真实的事物都是真实的，任何似乎具有人类特征（如语言）的物体都是真实的人（Lee，2008）。当人们使用 AI 技术这种高度接近人类智能的媒介时，人们同样无法克服这种进化限制，会从表面上接受技术媒介上的事物。结果，人们对 AI 技术的模拟（类人特征）作出反应，就好像它们实际上是社会的和自然的一样。人类有一种强烈的倾向，即迅速接受任何传入的刺激，就好像是真的一样，除非存在强有力的反证（Złotowski et al.，2018）。在整个人类进化过程中，对情况的迅速反应比准确但延迟的判断对生存更为重要，因为，虽然对情况的不准确和不必要的反应会导致能量的浪费，而准确但延迟的反应则可能会导致死亡或严重伤害（Klowait，2018）。因此，在受到仔细审查之前，媒介中介或人造对象会优先被当作真实对象进行处理。总之，媒介等同理论成功地证明了人类大脑中的信息处理机制如何持续影响我们对现代 AI 技术的反应，支持了具有类人特征的 AI 技术也能像人一样影响人类，这便为旅游接待业服务好客性的技术补偿和赋能提供了理论基础。

第五节　技术补偿

在考虑技术的情境中，人类员工、顾客、有形环境、信息和技术等共同构成了服务系统（Fitzsimmons et al.，2015）。服务系统的最终结果是通过顾客的服务体验实现价值增值。一方面，服务一线员工流失率高和人员紧缺是伴随全球人口结构变化、技术发展和就业结构性矛盾出现的客观问题。由此导致员工与顾客直接接触减少，进而使服务系统结果受损成为必然。另一方面，技术的不断演进、技术的性能改进、其与人类的互动关系共同为服务系统中的技术补偿创造了可能。

一、补偿与技术补偿

补偿的概念在多个学科领域有基于具体学科背景的不同解释。在经济学、法学等以社会治理为目标的视域下，"补偿"的含义是重新配置资源，以弥补已经发生的损失，使其尽可能恢复到原来的状态。例如，"生态补偿"在中国的政策语境下是指采用包括经济、行政在内的手段，来修复或者改善受到影响的生态系统（吴健、郭雅楠，2018）。在法律语境下，"补偿"的概念与"赔偿"在含义上相似，指对不法行为所造成的损害和损失进行物质赔偿（李浩培、王贵国，1996）。

另一种对"补偿"概念的解释是，当缺陷或损失是不可逆的、无法补救回原来的状态时，采取其他方式进行代替，或采用与原先不同的手段实现总体目标的优化。在心理学领域，最早提出"补偿"概念的是奥地利心理学家阿德勒。他认为，当个体因生理或心理的缺陷而不能达成某种目标时，会采用其他方式来弥补这些缺陷，以减轻自卑感，建立自尊。这种通过其他方式克服缺陷的心理机制即为"代偿机制"（Mosak and Maniacci，2013）。生理学中也有类似的代偿机制：当有机体出现损伤或功能障碍，会以有效的方式进行补偿以维持机体正常功能的一种适应现象。例如，当中枢神经系统受损，神经结构本身将不能再生，但它的功能会被纳入其他组织以弥补该缺陷（阿德勒，2018）。

代偿或补偿机制可以细化为"感官代偿"和"心理代偿"等（张萍、丁晓敏，2018）。感官代偿是人体的一种自我调适机制，指当一种感官受损甚至缺失时，其他感官的功能会相应增强以替代补偿（张钰曌、陈洋，2017）。感官代偿机制最先应用于传播和教育领域，为特殊人群创造补偿教育环境，开发其他敏感、本能的感官效用。近年来，设计领域也开始对"人机交互"的感官代偿产品进行研究。他们利用人体器官对信息感知方式的互通性和补偿性，灵活选择合适的信息编码方式和传递方式以优化交互绩效（Steensma and Corley，2000）。企业可以根据感官代偿设计理论，在技术应用背景下的产品设计中探索质量提升方法。例如，从人的感官体验出发，行业管理者应用通感设计、感官代偿等方法实现多通道交互，为用户创造优质的体验（王亦敏、焦斐，2013）。心理代偿则是一种通过替代物或想象方式去补偿因自身生理、心理或外界客观原因导致的无法满足某种功能或情感需求的保护性机制（张萍、丁晓敏，2018）。由此延伸，服务中的某些情感与体验，作为一种重要心理结果与表现，也可以通过代偿机制得以实现。

技术补偿是运用技术手段弥补整体效果缺陷的一种代偿机制。从系统论的观点来看，补偿机制可以被看作是系统的自我调适功能，是系统维持动态平衡的一种策略；当系统的某个向度出现缺失或不足时，为达到系统整体的优化目标，补偿机制的策略是通过对系统其他维度的调整适应来满足原有维度的功能（张萍、丁晓敏，2018）。代偿机制为解决因整体的某些部分缺失所导致的功能下降提供了新的思路，它不同于传统的直接填补缺失的做法，是在承认缺陷不可逆的前提下，另辟蹊径，用其他部分补偿的方式达到总体效能提升的目标。技术补偿与生物有机体自身的代偿机制有相似之处。当该系统的一部分有所弱化时（如员工数量不足），利用技术能力的强化和属性的提高弥补该缺陷，维持原有的服务系统所达到的产出水平，即技术补偿。

服务系统中的技术补偿机制分为两个方面。一是技术对服务系统中其他要素（员工和顾客）进行赋能，对服务结果进行补偿；二是技术本身作为服务系统的一部分弥补员工减少带来的潜在效能损失，对服务结果进行补偿（Keyser et al.，2019；Li et al.，2021a）。

二、本书中的技术补偿理论

社会进步引起的一些福利损失是因为发展而不可避免的，比如设施设备的采用或人工红利减少使温情服务中的人情味有减弱的迹象。因此，本书所探讨的 AI 技术在旅游接待业应用背景下使人工被部分替代，进而对服务好客产生潜在的不良影响，这需要对服务好客性进行补偿。

AI 技术不同于传统对客服务技术的重要一点是：它们具有较强的交互属性。顾客在与 AI 设备发生互动的过程中，不仅表现出人的自然倾向，同时会激发出社会化互动感知。技术补偿带来的启示是，技术不仅能满足任务所需的工具属性，也能部分实现对人的情感关怀。如此，当人工服务不可避免地减少时，顾客从整体服务系统中仍能得到舒适、愉悦的体验。员工、顾客和技术的三方互动最终能使顾客的服务体验得以补偿。

AI 技术应用于接待服务后所表现的属性对旅游接待业顾客服务体验的补偿机制表现为：一方面，AI 技术可能通过高效的交互，辅助员工服务；另一方面，AI 技术的感知属性可能激发顾客的社会化感知，从而提升顾客的好客体验。

第六节 赋能理论与技术赋能

一、赋能理论概述

赋能（Empowerment）最初是一个心理学概念，指通过改变语言、态度、环境等赋予他人能量，此后被广泛应用于社会政治学、教育学和管理学等领域。社会福利学者将政治活动作为掌控自己生活的前提，他们采用基于过程的方法分析"赋能"，强调动员社区团体和集体参与政治活动作为获得赋能的手段（Aghazamani and Hunt，2017）。这些学者从三个方面理解赋能：提高被统治者对影响他们的权力动态的认识，提高他们控制自己生活的能力，以及支持他人赋权的能力（Chronister and McWhirter，2003）。因此，被赋能的个人往往会表现出以下特征：采取行动应对感知到的问题，并拥有采取计划和主动的权力。在教育领域，关于赋能的观点和结论侧重于觉悟启蒙，或培养对社会不平等的批判性意识。国际教育学家对于教育相关的赋能的看法表明，受过觉悟启蒙的个人能够更好地激励他人、提高自信，实现社会平等，从而解放其他个人（Hur，2006）。相比之下，关于健康的赋能研究更加关注由众多个人构成的集体行动，以创造克服药物滥用、减肥等健康问题的途径（Hur，2006）。这些群体层面的赋能过程提高了人们对问题或疾病的认识，建立了一种关于所面临挑战的共同体意识，培养了人们对医疗保健优势和资源的批判性意识，并帮助个人和群体通过坚持不懈的方式不断控制局面，从而提高生活质量（Peterson and Reid，2003）。

在管理学领域，赋能表示通过一定手段提高他人的能力与潜力。由于其对员工和组织的意义，赋能一直受到许多管理研究者和行业从业者的关注。大多数赋能研究主要通过考察管理者和下属员工之间的关系来进行。因为减少组织等级制度的影响、创建强调员工集体利益的自我指导型团队，有利于提高员工的幸福感。所以，为了增强员工的权能，企业鼓励管理者提供准确的商业和工作信息，激发员工的主人翁意识，并提供其参与决策的机会（Crawford et al.，2009），总体来说，学术界通过三种比较典型的视角来看待管理中的赋能：将决策委托给较低级别的层次结构、一个提高自我效能的过程以及增强的任务动机。第一种视角表明赋能是一种管理实践，它将决策委托给组织层次结构中较低级别的成员。该视角下管理者赋予员工权能的基本原理是：在更接近实际执行的地方作出决策更具有优势，并为管理者将决策权力下放提供了经济动机（陈晨等，2020）。第二种视角观点认为赋能是通过识别导致无力感的条件来增强组织成员的自我效能感的过程（Vauth et al.，2007）。这些条件可以通过正式的组织实践和非正式的信息或情感支持来消除。在这个视角下，当个人的自我效能感提高时，他们会感到自己被赋予了管理权能。受此启发，企业通过正式或非正式的方式消除使员工产生无力感的环境因素，以此激发个体的自我管理责任感，从而调动个体的积极性，来达到改变个体行为的目的（Krishnan et al.，2002）。一般说来，自我效能视角的员工赋能主要来自四个方面：绩效成就、替代经验、口头说服和情绪唤醒。在组织环境中，员工个人能够通过自身的工作经历建立起自我效能感。成功的工作经历和高绩效成就可以自我赋能，让员工感觉自己更有能力（Edwards et al.，2002）。员工的赋能也可以来自替代经验，比如通过观察同事成功地完成类似的工作，可增强其顺利完成工作的自信。来自上司和同事的鼓励话语、口头反馈和其他形式的社会说服也可以减少自我怀疑，从而赋能员工，提高其自我效能水平。一个人的自我效能感也受到他们由压力、恐惧、焦虑和抑郁引起的情绪唤醒状态的影响。组织正式的制度和工作安排、非正式的生活和情感支持可以减少不利唤醒状态的负面影响并增强自我效能的信念来实现员工的赋能过程（Huang，2017）。第三种视角下的研究人员将员工赋能视为增强的内在任务动机（Al Harbi et al.，2019）。内在任务动机涉及个人直接从任务中获得的积极的经验和反馈，这是工作任务本身对于员工的赋能。赋能是一个积极的过程，自然也会形成积极的结果。从员工角度上看，赋能有利于促进员工工作效率、激发工作热情；从企业角度来看，赋能促进员工自身价值有效地转换为企业资源，有利于完善企业人才储备制度（王鑫，2014）。因此，企业管理者非常关心如何对员工、组织进行有效赋能。

二、赋能理论对本书赋能研究的指导意义

企业赋能员工的方式有多种，包含工作培训、营造公平和安全的工作环

境、合理的工作设计、提供技术工具来减少体力投入等。从理论角度看，任何能提高个人的认知和心理能力、潜能的手段都是赋能的前导因素，而赋能的对象也并不局限于员工个人，还可以是顾客、由个人组成的团队或环境等。因此，以 AI 为代表的技术由于其优越性能也可以对员工或组织进行赋能（单宇等，2021）。技术赋能可以理解为借助 AI 技术增强个人解决问题的能力，如提升个体或组织在意识、技能、知识、经验等方面的能力。

在工作场所中，赋能理论提倡发挥员工的主观能动性，即调动员工积极性。根据文献和行业实践，AI 技术的应用有利于员工对相关工作资源的获取和储存，在外部环境中为员工提供赋能所需要的内容，即保持员工在体力、脑力、情绪方面的积极认知，从而积极提升员工体力、脑力、情绪等多方面服务顾客的能力。根据赋能理论，这样的资源和环境有利于员工改变自己的工作态度和行为，有助于呈现出良好的服务效果，而这在本书中，则具体表现为促进员工在旅游接待中提供好客服务。本书在资源保存理论和赋能理论的指导下提出了"服务好客性的技术赋能——员工路径"的整体框架（详见第六章），即 AI 技术应用有利于缓解员工体力、脑力疲劳，并激发员工积极情绪；AI 技术通过这三方面赋能员工，提升员工好客服务的工作能力，进而提高旅游接待服务的好客性。资源保存理论解释了为什么需要利用好 AI 技术的问题，赋能理论则解释了为什么 AI 技术能让员工有所增益的问题。

赋能理论中有关内在任务动机的观点则对本书中 AI 技术赋能组织的研究具有指导意义。旅游接待业企业通过一个个服务系统为顾客创造价值，让其感受到服务提供方的热情好客。由此可见，包括服务场景在内的企业整体环境和系统本身的积极提升和反馈也是一种赋能。传统的服务场景处于一个容易被忽略的地位，只有主动的顾客才可能与场景有所互动。而 AI 技术被引入之后，服务场景朝着更加智能化、个性化的方向发展，顾客与其互动的内在动机被激发，可能促使互动水平和深度得到加强，进而增强好客体验。因此，本书基于赋能理论，聚焦于服务场景这个重要因素（AI 还可以通过数据库等其他形式赋能组织，本书受篇幅和研究精力所限，不一一讨论），探讨服务好客性的技术赋能问题（见第七章）。

| 第三章 |
AI 介入下的旅游接待业好客服务接触

第一节　AI、员工、顾客的互动：技术
补偿与赋能的实现条件

　　技术在旅游接待业中的应用不会自动产生殷勤好客的行为，这中间的过程有赖于技术、员工、顾客等多种参与主体的互动。事实上，绝大多数的服务提供都会伴随着员工和顾客的参与，而反映主人对于客人热情招待的好客服务更是建立在彼此之间的接触和互动上。以无形性、易逝性、异质性、生产与消费同时性为特征的旅游接待服务高度依赖于不同参与主体之间的互动，这在学术上被称为"服务接触"（Service Encounter）或"关键时刻"（Moments of Truth）（Fitzsimmons et al.，2015）。学者们普遍认同款待是旅游接待业企业、员工、顾客间的接触、行为表现等的结果（Pijls et al.，2017）。在引入 AI 技术之后，这种带有人格化特征的特殊技术也作为一个主体在服务接触中承担一定的角色。AI 技术在没有员工参与一线的条件下直接对客服务，其好客体现在 AI 与顾客的有效互动上；AI 设备在员工参与和配合的背景下服务顾客，则是通过 AI、顾客、员工的三角互动实现技术补偿；AI 技术通过赋能员工来创造好客服务体验，同样是三方主体互动的结果；在 AI 技术的场景赋能中，旅游接待业企业作为服务场景的设计和创造者也以间接的方式参与到服务接触中（谢礼珊等，2016）。

尽管 AI 技术在服务组织环境中的应用研究在不断推进，在旅游接待业背景下，关于不同类型 AI 技术如何对服务接触中不同角色施加影响，以及其如何进一步影响顾客体验和行为意向的文献却比较少。凯泽等（Keyser et al.，2019）对一线服务技术进行了分类，并考察了会话代理（Conversational Agents）、扩展现实（Extended Reality）、区块链技术（Blockchain）对于顾客、一线员工和服务组织各自的影响。这篇文章虽然分别分析了技术对三者各自的增强和替代作用，但是并未将其整合，也未综合考量技术在对各个人际角色产生作用的同时如何共同影响顾客体验。在全球新冠疫情背景下，整体服务环境和顾客首要服务需求已发生改变，面对所催生的"无接触"或"低接触"服务需求，AI 技术能否作为后疫情时代下的生产要素选项，满足顾客"健康"的服务需求，构建新环境下的高品质服务体验成为当下旅游接待业非常关心的问题。

因此，在正式探讨 AI 对于服务好客性的技术补偿和技术赋能机制之前，本章首先阐释一个基本的问题：当 AI 技术渗透到旅游接待业服务之后，服务接触的形式会如何变化？为此，我们分类解析不同特征的 AI 技术介入接待服务后所展现的人机交互，总结不同的服务接触模式，并概括性分析其可能形成对顾客体验和行为意向的影响结果，为后续的实证研究提供基础。本章我们采取文献分析法，具体已在第一章中的"研究方法与实施方案"做了说明。

第二节　服务接触与 AI 技术

一、旅游接待业一般服务接触

服务接触是一种社会交换形式，在起初对服务接触进行定义的时候，一些学者将服务接触视为顾客与员工的面对面的二元交互（Solomon et al.，1985）。后来的学者们更倾向于认为服务接触是由顾客、服务组织及员工组成的三元交互，包括顾客所接触到的企业各个方面如管理人员、服务设施、服务氛围、服务环境等（Beatson et al.，2007；Riley，2007），随着技术在服务业的应用，很多学者提出了基于人机交互的服务接触，即将机器也纳入了服务接触主体之列（Froehle and Roth，2004；Massad et al.，2006）。按参与主体的接触程度，其可分为高接触性服务、低接触性服务和两者的混合（Chase，1978），它们对顾客满意度有着不同程度的影响（Ghantous，2015）。服务接触与其他社会交互不同的是它具有特定的起因、角色分工较明确和更遵循利己主义原则（Lundberg，2011）。顾客根据自己的消费目的和需要，经过外界的刺激开始服务接触与消费，并进行服务评估（效率、个性化、卓越性等）（Keng et al.，2007）。因此，服务接触是影响顾客体验、顾客评价服务质量的"关键时刻"，是决定顾客满意度和行为意向的重要因素（Keng et al.，2007）。

对于旅游接待业而言，它是一个以高接触和体验为中心的产业（Chon and Maier，2009）。在旅游接待业环境下，成功的服务接触受服务环境、员工特征与行为、顾客特征等因素的影响。例如，服务人员对角色诠释的灵活性和一致性（Riley，2007）、对顾客满意情绪的识别能力（Solomon et al.，1985）、顾客在服务中投入的时间和精力（Prebensen et al.，2013）、企业信息的透明化（Mustelier - Puig et al.，2019）、顾客感知的一致性（Lin and Mattila，2010）等直接影响着服务接触的结果。很多研究都强调了一线员工在服务接触中对顾客款待体验的重要性（Noone et al.，2009；Lundberg，2011）。在服务主导逻辑下，服务接触是价值共创的重要途径，而当服务员工有强烈的服务导向时，顾客会与服务提供者积极合作，从而创造价值、实现预期服务目标（Mustelier - Puig et al.，2019；Wei et al.，2020）。服务接触的不同类型、数量、质量、频率会积极影响顾客体验（Ghantous，2015；Wei et al.，2020），而独特的、高质量的顾客体验会进一步显著影响顾客对旅游接待服务的满意度和重复购买意愿（Kuppelwieser and Finsterwalder，2011；Lee et al.，2016）。此外，与高水平服务接触相关的结果还有服务质量、满意度、忠诚度、情感承诺、服务补救等（Lundberg，2011；Lee et al.，2016）。本书主要关注 AI 引入后的服务接触对于顾客感知旅游接待服务的热情好客性的影响机理。

二、AI 技术介入下的服务接触

随着 AI 技术的不断深入开发和广泛应用，越来越多的工作实现了自动化和智能化，AI 技术正在以多种形式快速渗透到人际互动中（Marinova et al.，2016），改变了旅游接待业中原有的服务接触模式（Larivière et al.，2017）。随着 ChatGPT 的发布，2023 年已成为通用 AI 技术的爆发元年，这一轮技术的爆发必将对 AI 在旅游服务行业的应用产生深远的影响：（1）作为一种强大的自然语言处理技术，ChatGPT 等 AI 技术可以为旅游服务企业提供实时、高效的客户服务，例如，为旅游消费者提供即时的问答、翻译、导航等服务，提高顾客体验和满意度；（2）ChatGPT 为代表的 AI 技术可以通过对用户输入信息的智能解析和分析，为旅游消费者提供基于个性化需求的旅游产品推荐。例如，AI 系统可以询问用户的预算、目的地、旅游时长等信息，并根据这些信息推荐符合用户需求的旅游产品，提高产品分类和推荐的准确性；（3）ChatG-PT 为代表的 AI 技术可以对游客在旅途中的反馈进行整理、分析和归纳，并及时向旅游服务企业提供反馈意见，改善服务质量和用户体验；（4）ChatG-PT 为代表的 AI 技术的应用可以降低旅游企业的运营成本。例如，服务机器人代替人力进行常见的问询服务，可以节省资源，并大幅度提高服务效率和精准度（Carvalho and Ivanov，2023）。

在此背景下，旅游接待企业纷纷开始在一线服务中引入各类 AI 技术，以寻求改善顾客体验、提高企业竞争力（Kuo et al.，2017）。AI 技术在一线服务的应用呈现复杂性（Giebelhausen et al.，2014），不同 AI 技术下的交互类型存在差异，对顾客体验的影响也有所不同（Marinova et al.，2016；Keyser et al.，2019）。弗罗伊勒和罗斯（Froehle and Roth，2004）总结了五种技术介入下的顾客接触类型：与技术无关的顾客接触、技术辅助员工－顾客接触、技术－员工－顾客三元接触、技术中介型顾客接触、技术－顾客接触（自助服务）。池更清等（Chi et al.，2020）基于 AI 技术在旅游接待业的四类应用——智能设备、自助服务技术、聊天机器人和服务机器人，分别讨论了 AI 技术对服务接触的影响。拉里维埃等（Larivière et al.，2017）和凯泽等（Keyser et al.，2019）根据 AI 技术在服务业应用的增强和替代作用差异，对技术介入后的服务接触类型进行了更新，扩展为七大类。在本章，基于本书的研究目标（和时间精力局限），我们主要探讨和比较 AI 技术与顾客发生直接交互的四种接触类型对好客服务的影响，即技术－顾客－员工（由 AI 技术刺激，如通过智能推荐，促使顾客消费）、技术－顾客（自助服务技术，如自动售货机、智能语音助手等）、员工－技术－顾客（技术充当服务中介，如即时通信、云服务等）、技术、员工和顾客三元交互（服务价值共创，如人与服务机器人共同表演）。

相对于传统技术，AI 创造了一个更高技术层的服务接触（Ivanov and Webster，2019），但由于我们仍处于弱人工智能时代，多数 AI 目前并不能达到人类水平的综合认知（Bringsjord，2011），不能很自然地与顾客进行语言和行为上的交流（Rieder et al.，2020）。在强调"温情服务""关键时刻"的服务企业中，管理者想要利用 AI 技术提高企业利润就必须作出权衡。因此，许多研究人员开始对服务环境中 AI 技术应用相关的实际问题进行研究（Gursoy et al.，2019）。例如，部分学者结合案例分析 AI 技术参与下的人机交互（Giebelhausen et al.，2014），他们认为 AI 技术渗透下的服务接触是顾客参与价值共创的重要途径（Keyser et al.，2019），是企业评估是否需要引入 AI 技术、AI 如何对企业绩效产生直接或间接影响的关键因素（Belanche et al.，2020）。综上，伴随 AI 应用及相关研究的迅速发展，及时总结当前实践和研究，逻辑梳理旅游接待业应用 AI 技术的服务互动问题，对于构建旅游接待业 AI 应用的知识架构、优化旅游接待业 AI 技术应用管理具有重要意义，这也是本书实证研究的前提条件之一。

第三节　AI 技术介入下的旅游接待业服务接触模式

基于学术文献和行业实践资料的内容分析，我们使用 AI 技术－情境矩阵列出了在各种情境中的服务接触所涉及的 AI 应用。将类似的 AI 应用归为同一类，得到了九个典型的 AI 介入下的服务互动形式（见表 3 - 1 中的"示例"）。我们对每一种互动形式从顾客、员工和 AI 技术三方主体所扮演的角色和具体表现的活动方面进行分析，并总结了各方之间潜在互动的属性特征。

由于服务接触中的顾客－员工间互动已受到学者们的广泛关注和深入研究，因此，我们在本部分更多地关注 AI 技术。根据服务互动的特点和 AI 的作用，我们最终确定了基于 AI 技术的服务接触的四种模式：AI 补充型服务接触、AI 生成型服务接触、AI 中介型服务接触和 AI 促进型服务接触。表 3－1 展示了四种模式的图式、AI 角色、典型示例和特征，更详细的解释见以下四个部分。

表 3－1　　　　　　　　基于 AI 技术的旅游接待业服务接触模式

模式	模式图式	AI 角色	示例	特征	文献来源
A：AI 补充型服务接触	AI↕顾客↔员工	指引或网络促进	● 社交媒体智能推荐； ● 智能虚拟现实（VR）技术	其他技术与 AI 融合，服务预评，互动灵活，需求精准，可视化，沉浸式学习，互动参与，体验创新	Gavalas et al., 2013；Yeh et al., 2017 Bogicevic et al., 2019；Tussyadiah et al., 2018；Yung and Khoo‐Lattimore, 2019
B：AI 生成型服务接触	AI↕顾客　员工	替代	● 机械智能：自动驾驶汽车、自助入住机、自动售货机、智能电话客服； ● 分析智能：智能家居、智能监控； ● 直觉智能：增强现实（AR）技术、聊天机器人	方便，迅速，（顾客）更大自主权，积极参与者，任务响应，创新性，内容或信息及时呈现，环境作为互动的载体，用户友好	Cohen and Hopkins, 2020；Kelly et al., 2017；Beatson et al., 2007；Ahn and Seo, 2018 Tussyadiah, 2020；Kontogianni and Alepis, 2020 Jung and tom Dieck, 2018；Lu et al., 2019；Choi et al., 2019
C：AI 中介型服务接触	AI↙↘顾客　员工	媒介	● 社交媒体在线服务； ● 生产/送货机器人	用户友好，易于操作，快速反应，功能简单，精准定制	Froehle, 2006；Massad et al., 2006 Ivanov and Webster, 2019；Tung and Au, 2018；Gursoy et al., 2019

模式	模式图式	AI角色	示例	特征	文献来源
D：AI促进型服务接触		增强	● 客户关系管理（CRM）系统； ● 服务机器人	人格化，自主权，深度学习，复杂性，互动性，以人为本，美学问题，情绪化，创新	Prentice et al.，2020；Li et al.，2017；Froehle，2006 Choi et al.，2019；Wirtz et al.，2018；Tung and Au，2018；Belanche et al.，2020；Tung and Law，2017

一、模式A：AI补充型服务接触

AI补充型服务接触多发生于顾客抵达服务现场前，AI技术在其中主要发挥引导作用，多作为一种服务营销方式，以刺激顾客对需求的个性化感知，增强顾客与服务企业的接触程度。在这种服务接触模式中，顾客被技术增强，同时与AI技术发生直接接触（Keyser et al.，2019）。一方面，随着不断提高的计算效率和快速改进的机器学习技术，智能手机、可穿戴设备的广泛应用，为顾客和企业的交流提供了平台。企业可以根据消费者浏览记录（基于搜索引擎、在线旅游网站、社交媒体等）和交易记录，进行适当的数据处理，并基于定量计算结果对顾客进行智能推荐（Paschen et al.，2019）；顾客可以及时地根据自己的需求，通过设备（如智能手机、语音机器人等）的智能推荐迅速、准确地找到心仪的产品（Robinson et al.，2020），企业则实现了精准营销的目的。另一方面，为了拉近顾客与服务企业的距离、降低由于服务现场性带来的风险，智能虚拟现实（VR）技术也在旅游接待业中得到应用。顾客可以通过VR技术营造得更加真实的临场环境提前预览酒店的服务设施，并在线选房（Kandampully et al.，2019；Cranmer et al.，2020）。

社交媒体可以说是全世界最受欢迎的在线活动工具（Kontogianni and Alepis，2020）。它作为一种高效的沟通工具（Novelli et al.，2018），极大地改变了消费者购买旅游产品/服务的需求和方式（Buhalis and Law，2008）。消费者可以在社交媒体上向朋友甚至是陌生人分享他们的旅行经验，很多消费者都会根据这些经验分享和推荐来制订自己的旅行计划（Fang et al.，

2020）。因此，社交媒体是了解消费者行为的宝贵资源（Wu and Chang，2020），是提高旅游目的地竞争力（Navío – Marco et al.，2018）、影响跨地区旅游需求的重要因素（Zhang et al.，2020）。

社交媒体的智能推荐是一种客户集成技术（Makridakis，2017），它通过连接服务领域中的多个实体——包括人的和技术的（Larivière et al.，2017），为移动设备用户量身打造，根据顾客以往的行为方式、市场和经济现状，为顾客提供个性化的旅游推荐（Gavalas et al.，2013；Yeh et al.，2017）。从这个意义上说，社交媒体协助顾客参与了价值共创。社交媒体的智能推荐直接增强了旅游者的能力（Gretzel and Jamal，2009），顾客可以据此调节旅游行为和情绪（Wang et al.，2012），这便使得其游玩效率得以提升。通过这种（在信息质量和数量上）积极的互动，顾客可获得更高的认知价值、功能价值、情感价值，从而提高顾客的体验和满意度（de Kervenoael et al.，2020）。另外，社交媒体智能推荐可能刺激顾客的新奇感知、怀旧情绪（Hwang and Hyun，2013）、利他主义（Wang et al.，2012）、社会嫉妒（Liu et al.，2019）等心理的产生，激发潜在顾客的出游和消费意愿。社交媒体分享者与消费者本身的关系强度、顾客的参与强度则常作为影响顾客行为意愿的调节变量，与智能推荐发生交互作用（Viglia and Dolnicar，2020）。

VR 是一种立体的对现实进行模拟的集成技术，通过互动使用户沉浸在虚拟的世界中。在旅游接待业，VR 在旅游市场营销和推广中扮演着重要的角色，极大地改变消费者在交易前阶段的体验（Hoyer et al.，2020），这已得到相关理论和研究的支持。根据认知契合理论，心理意象是记忆形成中的重要信息（Bogicevic et al.，2019），而当消费者接触产品的视觉和听觉特征与记忆线索一致时，其营销效果会更显著（Salazar，2012）。顾客通过高质量的、细致的 VR 预览能够更加清晰地感知企业提供的产品/服务与顾客期望的距离，能够降低顾客在选择酒店、餐厅时的心理不确定性（Hoyer et al.，2020）。也就是说，VR 的存在提高了旅游服务的可预测性和可达性，从而使顾客能够轻松旅行，获取更优的顾客体验（Tussyadiah et al.，2018；Bogicevic et al.，2019）。与传统服务形式相比，VR 技术以其新奇性吸引着游客参与（Cranmer et al.，2020）。VR 作为一种视觉媒体，其内容展现质量、观众参与度、来源可信度会对顾客感知产生影响（John and De'Villiers，

2020），顾客身处虚拟环境的感觉增加了 VR 体验的乐趣和对目的地的喜爱程度，也直接影响顾客对旅游目的地、接待企业的访问意愿（Tussyadiah et al.，2018）。当然，以 AI 为基础的服务接触并不必然地带来注意、兴趣、欲望和行动，其互动影响也受顾客自身因素（如积极的情感）的调节（Yeh et al.，2017）。

二、模式 B：AI 生成型服务接触

在 AI 生成型服务接触模式中，技术 – 顾客服务接触发生于顾客抵达服务现场后，且顾客与 AI 技术直接接触。在此种模式下，AI 技术可以替代简单的人力劳动和决策，不需要人际交互，AI 技术便能够以更快、更个性化的方式服务顾客（Froehle and Roth，2004；Keyser et al.，2019）。当然，其实现程度取决于 AI 的发展水平。黄明蕙和拉斯特（Huang and Rust，2018）曾提出服务业人工智能工作替换理论并总结了四种智能类型：机械智能、分析智能、直觉智能和情感智能。如今我们仍处于弱人工智能时代，旅游接待业技术 – 顾客交互主要表现为前三种智能类型（Keyser et al.，2019；Chi et al.，2020），AI 生成型服务接触也大体可分为以下三类。

（一）机械型智能主导下的服务接触

具体表现为自动驾驶汽车、自助入住机、自动售货机、智能电话客服等被用于提供简单的、标准化的、重复性的商品或服务，这些 AI 技术的应用简化了服务流程、节省了时间和成本。例如，顾客可以乘坐自动驾驶汽车抵达或离开目的地酒店（Cohen and Hopkins，2020）；在酒店服务前台，顾客可以受到智能聊天机器人的接待，并使用自助入住机办理客房入住（Kelly et al.，2017；Ivanov and Webster，2019）；智能电话客服可以根据语音识别，解决简单的顾客需求（Huang and Rust，2018）。顾客在技术 – 顾客人机交互中扮演多种角色，凯丽等（Kelly et al.，2017）将这些角色分为便利寻求者、评判者、动机工作者、被迫工作者、非熟练工作者和援助提供者六种，这些角色反映了顾客对技术 – 顾客交互的看法，对于提高顾客服务质量、增强服务体验具有重要意义（Beatson et al.，2007）。相对应地，如果这些自助服务出现

失败，也会对顾客整体满意度、忠诚度、留存率产生直接而负面的影响（Beatson et al. , 2007；Prentice et al. , 2020）。

（二）分析型智能主导下的服务接触

具体表现为智能家居、智能监控等 AI 技术，可以基于经验数据进行学习和适应，为顾客提供更温情、细致、安全的服务。依赖物联网、大数据的 AI 可以记录顾客在接待服务中对客房（温度、湿度、光亮度、位置等）、餐厅（座位、环境等）等的习惯和偏好。这样一来，当顾客再次抵达酒店/餐厅时，AI 会自动设置与顾客偏好匹配的最佳模式（Makridakis，2017；Tussyadiah，2020）。这种灵活个性化的智能服务，能够提高顾客体验质量（Makridakis，2017），积极影响顾客对旅游接待企业系统的评价、满意和忠诚，并可能促使顾客将酒店推荐给其他潜在客户（Kontogianni and Alepis，2020）。此外，基于 AI 传感器的设备可以监控老年人和疾病患者的身体健康状况（Marinova et al. , 2016），满足顾客快速响应、问题诊断与解决、决策准确性等要求（Yoon and Lee，2019），通过提高顾客的安全感来补偿顾客感知的隐私损失问题（Fritz et al. , 2016）。

（三）直觉型智能主导下的服务接触

具体表现为增强现实（AR）、聊天机器人等具有基础的沟通能力和个性化适应能力的技术，可以通过语音、面部识别和动作识别系统，并结合经验和环境条件帮助顾客改善决策。当然，这类 AI 技术仍缺乏真人的人际沟通、关系建立、情感表达等技能。AR 在移动、可穿戴设备的支持下，实时将用户所处的现实世界与数字信息无缝连接（Jung and tom Dieck，2018），能够提供更多的现实信息，从而增强顾客参与及其与现实环境关系的感知，创造增强的、积极的体验（Cranmer et al. , 2020）。AR 技术体现出创新性和用户友好性（如可视化、沉浸感和交互性），正逐渐被旅游接待业顾客所接受（Jung and tom Dieck，2018；Yung and Khoo-lattimore，2019）。AI 技术也伴随着数据超载的风险，导致可用性不足、故障率增多、学习时间变长等问题，给顾客带来消极的服务体验（Yung and Khoo-lattimore，2019；Kontogianni and Alepis，2020）。技术 – 顾客服务接触中的服务机器人，具有语音识别功能并能够回答顾客大部分问题，但是不具备行动能力或只能简单移动。服务接触中聊天机器人的介入给顾客带来了新奇感，同时能够帮助推荐找到顾客需求的服务和产品（Lu et al.，2019）。聊天机器人创建了灵活、智能的企业环境，能够提高组织现场服务能力，进而提高顾客的体验和满意度（Makridakis，2017；Choi et al.，2019）。

技术－顾客服务接触能够为顾客提供高效便捷的服务，减少了客人与人类员工不必要的互动如排队、问候等所需花费的大量时间和精力（Choi et al.，2019），从过程的各环节为顾客创造舒适体验（Hoyer et al.，2020），给顾客带来更高的灵活性、便利性和满意度（Wu and Cheng，2018）。当然，与人类员工相比，这些 AI 技术也可能会缺少相应的人情关怀（Choi et al.，2019）。

三、模式 C：AI 中介型服务接触

AI 中介型服务接触，外在形式化为员工－技术－顾客/顾客－技术－员工服务接触，是以技术为中介的远程的服务接触（Froehle and Roth，2004；Keyser et al.，2019）。在这种模式下，AI 技术承担辅助/中介作用，在服务接触中补充服务人员的能力（Marinova et al.，2016），跨越服务的时空障碍，能够在一定程度上同时为顾客和企业降低服务成本（Keyser et al.，2019）。随着信息科技的迅速发展，服务顾客接触点在不断扩大，接触模式也在不断丰富，人们日益倾向于通过智能手机解决需求问题，旅游接待业中顾客通常可以通过电话、网站或邮件等社交媒介预订酒店、餐厅或旅游行程等在线旅游服务（Kelly et al.，2017）。不过，当服务接触从传统的实体环境转向电子环境时，在其他条件不变下，顾客满意的概率会有所降低（Massad et al.，2006）。不同 AI 技术应用下的预订方式、接触的员工的性格特征和行为特征也对顾客服务体验和分享意愿有着重要的影响（Froehle，2006；Wu and Cheng，2018）。

员工－技术－顾客/顾客－技术－员工的单向人机交互还存在于服务机器人与顾客的互动中。这里的服务机器人具有技术性的生产或配送技能，但不具备复杂和灵活的语言沟通能力。例如在酒店，顾客可以使用智能手机或服务机器人点餐（Ivanov and Webster，2019），服务机器人则可以为顾客提供客

房送餐服务、充当调酒师等（Lu et al.，2019）。当然，AI 服务机器人在旅游接待业的引入也会给顾客带来互动前的恐惧和不安全感，这种风险感知削弱了顾客总体满意度与其分享意愿之间的关系（Wu and Cheng，2018）；而基于顾客的享乐动机而生的服务机器人具有新奇感和独特感，会吸引顾客主动参与，使后者尝试通过与机器人合作创造新体验（Tung and Au，2018；Choi et al.，2019；Gursoy et al.，2019）。在顾客与旅游接待业的服务机器人发生愉快的人机互动后，会带来信任、舒适感和满意的态度转变（Tung and Au，2018）。服务机器人的用户友好性、易访问性、快速响应性、准确性等属性特征会给顾客带来愉快的服务体验（Choi et al.，2019；Yoon and Lee，2019），并伴有强烈的体验分享意图（Wu and Cheng，2018）。

四、模式 D：AI 促进型服务接触

关于员工、技术、顾客间三重交互，一些学者将其视为技术促进的顾客接触（Froehle and Roth，2004），而 AI 则被视为客户和设备都可以直接接触到的增强技术（Keyser et al.，2019）。我们采用更为全面的一种观点，认为员工、技术、顾客间交互是随机的三元交互，AI 技术则增强了三元接触，此时服务过程便是三元价值共创的复杂过程。在复杂的技术应用环境下，人们会产生新奇或恐惧，这会影响人们对企业服务的认知和接受程度，进而影响随后的人际交互（Robinson et al.，2020）。布兰奇等（Belanche et al.，2020）发现，旅游接待企业经理在将 AI 机器人引入时，需综合考虑机器人设计（美观、可操作性、主动性、情感、仪式等）、顾客特性（技术准备、年龄、性别、文化、人格特征、社会关系和职业等）和服务遭遇特性（提供信息、参与程度、故障和投诉、产品和服务环境、事务型/关系型交互、员工替代/合作结果等），因为它们会影响到顾客的接受度、满意度和服务体验（Prentice et al.，2020）。顾客对 AI 设备使用的意愿需要经过产生阶段（包括初级评价、次级评价）和结果阶段，受社会影响、享乐动机、拟人性、绩效期望、努力期望和情绪等众多前因变量的影响（Gursoy et al.，2019）。一般来说，易变通、易创新、有较强个人主义价值观的顾客可能更加倾向于接受 AI 技术（Lobera et al.，2020）。吉贝尔豪森等（Giebelhausen et al.，2014）

认为 AI 技术在员工－顾客关系对服务评价的结果影响中起缓冲作用。例如，当员工与顾客发生不融洽事件时，AI 能作为一种注意转移方式来缓解氛围，从而减缓服务评价的大幅下降。AI 技术还可以通过传感器记录顾客的信息偏好，访问互联网大数据，建立完善的客户关系管理系统（Li et al.，2017），并能够提供更有效的个性化服务和定制（Prentice et al.，2020），给顾客带来满意的服务体验，增强顾客的信任感和忠诚度（Tussyadiah et al.，2020），并最终形成服务提供者与顾客的长期互利关系（Min，2009；Moshe，2018）。

员工、AI 技术、顾客的三元交互通常发生在服务机器人和员工共同为顾客提供服务时。这里需要区分一下该模式下服务机器人与前两种模式（即 B 和 C）中 AI 机器人的区别。与前面已经提及的聊天机器人和生产或配送机器人相比，模式 D 中的服务机器人具有顺畅的语言沟通能力，可以采取行动，能够对旅游接待企业的顾客进行交互沟通和提供服务（Wirtz et al.，2018；Choi et al.，2019）。区分不同的机器人是有意义的，因为可以通过对比技术的变化看它们在多大程度体现了人工智能的拟人化和自主性（Chi et al.，2020）。与顾客和员工随机发生互动的服务机器人体现了更高的自主性，它们也可以通过面部识别、语音识别与顾客进行互动，而且这种沟通是没有偏见的，如不存在种族、社会地位歧视等（Wirtz et al.，2018）；也不会因为"疲劳"带来的失误导致不好的服务体验（Huang and Rust，2018）；能够为顾客提供灵活的、一致的和标准化的服务（Choi et al.，2019）。服务机器人具身化（即其具有传感器和致动器的结构，仿佛拥有身体的功能，直接体验世界）、情感、以人为本的感知、安全感和协同作业等会影响其与顾客的交互质量和接待体验（Tung and Au，2018；Choi et al.，2019）。其中，机器人的具身化（外形）和以人为本对顾客的服务体验具有显著而积极的影响（Tung and Law，2017；Tung and Au，2018）。

第四节　非 AI 技术的其他因素与好客服务接触

AI 技术对好客服务的影响是本书研究的重点，但非 AI 技术的其他因素也不能直接忽视，是在我们分析技术补偿与赋能机制时需要酌情考虑的，具体包括基于顾客的影响因素、企业因素和环境因素等。

消费者特征（年龄、性别、文化背景、人格特征、职业等）、经验、享乐动机、创新特征、风险感知等常被作为影响顾客意图和行为的因素被纳入研究中。在新冠疫情背景下，这些因素也在变化。根据小数法则，一些小概率造成大动荡的事件，会影响原有的顾客特征、认知评估和行为意向。基于在湖北所做的调查，艾哈德等（Ahmed et al.，2020）发现，在疫情期间女性比男性、年轻人比其他年龄段更容易产生压力、焦虑等情绪，而这些消费者特征对公共卫生事件下的人机交互产生了影响。新的时代和环境会影响顾客的个人价值观；受疫情影响的人们特别关注健康需求，同时不少表现出焦虑、孤独、渴望沟通而又害怕近距离接触等心理，具有脆弱性和害怕风险的特征。在后疫情时代背景下，一方面，消费者对于体验愉快的情感和感官服务具有紧迫性（He and Harris，2020）；另一方面，根据游客保护 – 动机理论，受外部健康风险和个人特征的影响，顾客表现出不同的主观规范和行为控制，这影响了其威胁评估（即严重性、脆弱性）和应对评估（即自我效能感、应对效能），他们将谨慎决定是否采取自我保护行为，以及是否前往旅游目的地（Wang et al.，2019a）。而面对助力化解灾难的 AI 技术，人们倾向于放大 AI 技术的有用性。因此，顾客的消费动机、人格特质、风险感知等众多因素是引发基于 AI 技术的服务接触的重要因素，AI 技术提供的"无接触"和"低接触"服务以及其便捷性、准确性和及时性会吸引顾客主动参与到人机互动中来。同时，顾客价值或服务质量目标也是其参与 AI 技术下的服务接触的重要前导因素。顾客价值理论认为，顾客所感知的价值是决定服务企业成败的关键要素，它是顾客对行为感知的获得与所付出的成本权衡后的综合评价（Yrjölä et al.，2019）。顾客在服务消费或接触之前，会根据自身信息和以往经历做出价值或服务质量的预期目标，这些目标会与顾客在旅游接待服务现场的评估相结合，共同决定其后续的决策和行为。AI 介入下的服务接触与顾客价值或质量目标的契合状况，将影响顾客参与服务接触的形式和程度，影响其知觉行为控制等，这会进一步塑造顾客的体验价值感知，产生初始、直接的服务结果（见图 3 – 1 中"第一层次服务结果"）。

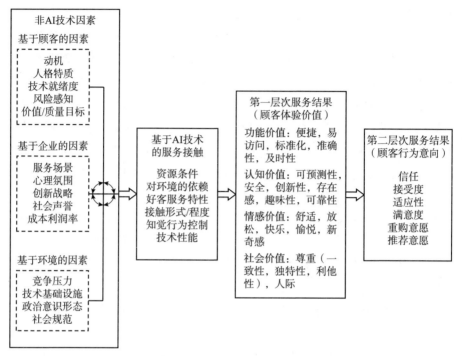

图 3 - 1　AI 介入下的服务接触影响因素及结果

在新背景下探讨 AI 技术补偿与赋能问题，还应将企业的其他因素纳入考虑。新冠疫情对旅游接待业产生了深刻又强烈的冲击，在直接打击企业生存和利益的同时，也对其竞争战略、产品服务、成本利润等产生了影响。首先，旅游接待业通过改变原有的合作竞争方式给消费者提供更全面的服务。在低迷的市场需求下，旅游和其他平台（如医疗、电商）开始联合共渡难关，建立更完善的服务产业链（Borges et al.，2021）。其次，企业的成本利润率（＝利润/成本），即其所得与投资的比率，会直接影响其包括技术在内的管理决策，影响员工的工作积极性。一般说来，企业成本控制得越好，其盈利能力越强，身处其中的员工工作归属和自豪感可能越强，对接待服务的结果将产生更积极的影响。同时，在 AI 技术采用之前，其成本 - 收益分析也是在整体企业利润目标之中进行的，也是企业因素对技术介入下的服务接触影响的表现之一。再次，企业采用创新战略来应对新时代挑战，这也影响服务接触及其结果。例如，企业开发更个性化/定制化、丰富化、创新性的产品/服务来刺激消费者的需求（John and De'Villiers，2020）；利用 AI 精准营销，改变原有面对面服务的主导方式，设计更多"无接触"的在线旅游服务和"低接触"的接待服务（Pantano et al.，2020）。最后，在高质量发展的新时期，顾客更加关注身体安全、健康和品质服务，企业可以通过树立品牌资产和社会声誉，来给予顾客信任和承诺，从而激发顾客在服务活动的参与（Kim et al.，2013）。

我们不能孤立地讨论 AI 技术补偿与赋能问题，还需要将对服务好客性有影响的环境因素考虑进来，包括社会文化（如对隐私、监控的态度）、技术基础设施（如数据系统）、国家产业政策（如新基建政策引导）等。顾客、企业和环境等方面的因素会与 AI 介入下的服务接触互相影响，对顾客感知的好客服务结果造成影响（见图 3 - 1）。这些因素可能会彼此间相互影响（见图 3 - 1 中的双向箭头）。例如，企业相关因素可以在一定范围内塑造顾客认知和行为，从而调节后者对服务接触的影响，而顾客价值、风险偏好和社会声誉等会共同影响好客服务接触的结果（Lobera et al.，2020）。

基于 AI 技术的服务接触所产生的服务结果，可以概念化为两个层次，第一层次的结果是对于顾客体验价值（包括认知、功能、情感、社会价值）的影响，第二层次结果是对顾客意向和行为（包括接受度、适应性、满意度、忠诚度、推荐和重购）的影响。如图 3 - 1 所示，概念性模型中的三组先行因素可以共同影响顾客与 AI 设备的服务接触，用双面箭头表示。我们假设不同的先行因素也可以互相作用或调节彼此对人机交互的影响。例如，根据计划行为理论，顾客对技术的使用意图受顾客对技术的态度（感知有用性和感知易用性）、主观规范以及感知行为控制的影响（段文婷、江光荣，2008）。在类似新冠的公共卫生事件下，顾客的价值观、风险偏好、企业的营销方式、品牌资产、社会声誉等会共同作用影响顾客对 AI 技术的态度（有用性、易用性等）（Lobera et al.，2020）。同时，顾客的年龄、性别等可能会在上述关系中起调节作用（Mustelier - Puig et al.，2019）。需要说明的是，我们并没有将这些因素直接定义为先行、调节或中介因素，因为这需要进一步的实验调查和研究，我们此章的目标是确定一个大概的框架，为第四、五、六、七章的实证研究提供方向和基础。

第四章

服务好客性的技术补偿（上）——有员工参与一线服务的情境

第一节　基于旅游接待业服务机器人的实证

如前所述，人工智能技术部分替代了人类员工，从而对温情服务造成了潜在损害。对此，技术补偿的思路是直面技术替代劳力的问题，同时采用提升技术属性、发掘技术本身所可能隐含的好客因素等方式，使服务好客性不至于因为人力的减少而下降。为此，我们需要分两种情况来讨论 AI 技术补偿问题：一种是服务人员仍然进行一线服务，而 AI 技术则同时存在，与人类员工形成某种合作和分工，形同于第三章的服务接触模式 A；另一种则是 AI 完全替代服务人员，独立完成对顾客的服务（该项服务中人类员工在后台，不直接参与一线服务），形同于第三章的服务接触模式 B 和模式 C。本章和下一章将分别讨论这两种情形下的 AI 技术补偿问题。在有员工参与一线服务的情景中，服务机器人作为有躯壳或载体的 AI 技术最醒目突出，与服务人员的合作也最为典型。因此，我们选择旅游接待业应用的服务机器人作为 AI 技术的典型代表进行实证。

近年来，越来越多的旅游接待业企业在经营中引进服务机器人，但这种技术的应用效果却未必符合企业预期。在人口老龄化、劳动力成本上升和技术进步的推动下，许多旅游接待业企业使用服务机器人为顾客提供服务

（Tung and Law，2017）。然而，根据行业实践观察，不少企业的服务机器人不过是一种宣传噱头，它们在提升服务性能方面的作用并没有得到充分发挥。2019 年，被称为机器人酒店先锋的日本 Henn‐Na 酒店移除了一半曾经用于接待、对话处理等日常操作的服务机器人。中国的一些酒店集团也计划撤销部分在一线服务的机器人，并重新思考他们的服务机器人应用战略。

这种战略反思的背后是人们对机器人取代人类服务员的担忧，行业管理者担心服务机器人可能会破坏顾客的款待/好客体验（Beldona and Kher，2015；Gursoy et al.，2019）。如前所述，好客反映了主人和客人之间的积极关系，作为旅游接待业服务的核心要素，好客体验对于企业至关重要（Fili-monau and Brown，2018），因为款待/好客本身包含了情感和享乐因素，其服务体验通常会导向积极的结果，如令顾客感到满意（Teng，2011；Ariffin et al.，2013）。热情接待服务所展现出的好客契合了人类独有的品质与特征，因此，它主要依靠人类提供的服务来体现（Golubovskaya et al.，2017）。然而，随着越来越多的服务机器人被用于替代人类员工以节省成本（Wirtz et al.，2018），人们开始担心机器人技术在旅游接待业服务中的应用可能会有损顾客的体验（Tasci and Semrad，2016）。与这种担忧相关的深层假设是：人类员工是旅游接待业服务好客的唯一来源，而服务机器人则与好客的体验相悖（Walker，2012）。然而，这种假设未必正确。

在考虑服务机器人属性的条件下，机器人的使用和追求款待体验之间的这种权衡取舍关系可能会减弱。目前，为旅游接待业设计的服务机器人还有待改进，以便更好地满足顾客的需求。由于 AI 技术处于发展阶段，服务机器人的"智力"还不足以完成一些工作（Tung and Au，2018）。但随着服务机器人技术及其设计的进步，这些问题可以逐步得到解决（Kuo et al.，2017）。例如，一些酒店专门对服务机器人的语言表达方式进行了改进，从音调、音色、速度和语言风格等方面使它们更加"人性化"。机器人发出的可爱声音和问候可以拉近顾客和这些"服务者"之间的距离，让顾客更加放松并且感受到服务提供者的体贴（Fan et al.，2016）。服务机器人所表现出来并被顾客感知的全部特征可以称为服务机器人属性（Elliott et al.，2012）。虽然学者们认为服务机器人应该成为人类员工的助手，尤其是在重复性体力劳动方面（Larivière et al.，2017），但改善服务机器人的整体属性（不止于机械功

能）对旅游接待业是有利的，因为这些智能属性契合旅游接待业一贯强调的
周到服务，以及对人际关系的重视（Chon and Maier，2009）。由于人工智能
的发展趋势是不可逆转的，旅游接待业的管理者尤其关注服务机器人的应用
对顾客好客体验的影响，更确切地说，他们关心服务机器人的属性会如何影
响顾客的接待体验。我们的研究试图从关系发展的角度回答这个问题。

　　服务机器人在接待服务中的介入可能会改变顾客与服务提供者之间的服
务接触和关系。由于机器人的应用，服务接触和交流中增加了新的因素
（Kuo et al.，2017）。服务机器人在许多方面与传统技术存在不同，比如具有
自动化社会存在这一特点［即机器人能让客户产生一种他/她在与另一位社
会实体（通常是人）在互动的感觉］（van Doorn et al.，2017）。机器人的某
些特点在一定程度上给了顾客一种和人类相似的感觉（Russell and Norvig，
2016）。通过这种途径，顾客可能会将服务机器人视为与人类员工具有共同特
点的另一名"服务员"（van Doorn et al.，2017）。从顾客的角度来看，他们
的体验可能会因为服务提供者、服务流程和服务环境的不同而产生差异
（Ariffin，2013；Tung and Law，2017）。所以，有必要通过考虑机器人对顾客
关系的影响检验服务接触和关系营销理论在由机器人提供服务这一新情境中
的适用性问题。

　　因此，我们试图探究服务机器人属性特征对顾客好客体验的影响，以回
答这样一个问题：随着服务机器人在旅游接待业的应用以及它们对人类员工
的部分替代，我们能否维持或提高顾客感知的好客水平？为了回答这个问题，
本章研究人员探究了机器人对服务接触和关系的影响，并明确了服务机器人
对好客体验的潜在影响机制。

第二节　有员工参与一线服务背景下的技术补偿

　　与工业机器人相比，服务机器人具有不同的特点，它们在人类的生活场
景中执行任务，所处的环境复杂多变并和周围的人类一起工作（Tung and Law，
2017）。与和物品打交道的水下机器人、安全机器人等相比，接待服务机器人与
顾客的接触和互动更多（国际机器人联合会 IFR，2016；Murphy et al.，2017）。

不同的服务机器人在服务功能和表现上存在差异，而这些差异来自机器人所展现出的不同特征或功用，即服务机器人属性（Tung and Law，2017）。

服务机器人属性是人类对机器人应用感知和评价的基础，它们对服务结果产生影响。例如，服务机器人的自主性是机器人区别于传统技术的一个重要特征，它描述机器人可以独立或在人类的适当帮助下决策和行动（Tung and Au，2018）。机器人高度的自主性可以减少员工和顾客的劳动投入（Larivière et al.，2017）。到目前为止，已经有许多服务机器人的属性被识别出来。例如，拟人性用于衡量服务机器人能在多大程度上模拟人类的特征、行为或外表（Waytz et al.，2010）。恐怖谷理论认为，机器人拟人化程度的提高，首先会加深人类对机器人的印象，但当其拟人化达到一定程度后，则会带来"威胁"感知，引起人们的厌恶和恐惧（Ho and MacDorman，2010）。有生性指的是服务机器人和生物的相似度（Tung and Au，2018）。研究发现，服务机器人的有生性可以在很大程度上影响顾客的情绪（Ho and MacDorman，2010），从而可能进一步影响服务效果。服务机器人的另一个属性与机器人在智力上对人类行为的模仿程度有关，称为感知智能（Bartneck et al.，2009）。感知智能因人而异，那些与服务机器人接触经历更多的顾客可能比那些接触较少的顾客更容易察觉到相同机器人的局限性（Yu，2019）。换句话说，与机器人频繁接触的人可能会更容易认为机器人不够智能（Seo et al.，2018）。感知智能的高低会影响顾客使用服务机器人的意愿（Tung and Au，2018）。总的来说，以往对服务机器人属性的研究主要集中在属性识别及属性对顾客使用体验的影响上，很少有人研究服务机器人的属性对顾客的好客体验（作为接待服务的核心组成部分）的影响。

上文提到的服务机器人属性其实已部分包含好客服务所必需的因素。好客是服务提供者在服务中所表现出来的积极态度和行为，顾客在服务中感受到友善和快乐（Tasci and Semrad，2016）。顾客感知的好客体验受到很多因素的影响，其中大部分因素与服务人员的态度和行为有关，例如欢迎顾客、表现出耐心、营造舒适放松的氛围（Brotherton and Wood，2008）。塔斯奇和塞姆拉德（Tasci and Semrad，2016）将所有这些以人为中心的因素都归结为与好客相关的因素。然而，人类员工也许并不是好客的唯一来源。派勒吉等（Pijls et al.，2017）认为，服务环境、设施和流程也会影响顾客的好客体验。

技术和效率被认为会影响顾客对旅游接待业服务的感知，因为顺畅的服务流程和交易过程可能会激发顾客的被关怀感和舒适感（Brotherton and Wood，2008；Pijls et al.，2017），但这些关系还没有经过实证检验。好客体验本质上是情感或心理层面的，而且顾客对旅游接待业服务的感知既可以归功于人际互动，也可以归因于服务气氛或者环境的刺激（Ariffin and Maghzi，2012；Blain and Lashley，2014）。服务机器人就是这样的刺激物，它们会如何影响好客体验非常值得研究（Yu，2019）。在旅游接待业服务情境下，对服务机器人影响的研究主要集中在理论层面探讨和基于网络评论的内容分析上（如Tung and Law，2017；Yu，2019），而缺乏专门针对机器人属性对好客体验影响机制的实证分析。本书通过研究试图填补这一空白。

根据媒介等同理论，服务机器人的属性作为服务效率和愉悦感的重要刺激因素，可能会像服务人员一样对顾客的好客体验产生影响（Beldona and Kher，2015；Tung and Law，2017）。虽然服务机器人还处于起步阶段，但在消费者眼中，它们具有了区别于传统技术的独特特点。其中，服务机器人被视为自动化社会中的存在，它们与顾客的有限互动可以增强顾客的好客体验（van Doorn et al.，2017）。基于上述分析，我们提出了研究假设：

H4 - 1　服务机器人属性对顾客的好客体验存在正向影响。

第三节　论证设计与方法

针对上述研究假设（即 H4 - 1）与问题，我们采用三种方法来综合探讨服务机器人属性对顾客好客体验的影响机制。首先，我们进行了深度访谈，对服务机器人可能产生的影响进行初步了解，并对服务机器人所带来的影响及背后的机制进行分析。然而，服务机器人在旅游接待业的应用还处于初级阶段，顾客如何看待服务机器人？机器人应用会如何影响他们的体验？这仍然是有待回答的问题。针对这种情况，深度访谈这一定性研究方法很适合进行这种探索（Corbin and Strauss，2008），访谈后我们基于研究假设 H4 - 1 可形成更详细、具体的概念模型。

其次，我们设计了一个基于情景的模拟实验来考察服务机器人属性对顾客感知和行为的影响。随着服务机器人在旅游接待业企业服务中的引入，其影响过程比较类似于刺激－机体－反应模型（SOR 模型），而这种方式又特别适合采用实验方法研究（Christensen et al.，2011）。受限于现实条件，我们无法直接用服务机器人在酒店/餐厅等旅游接待业场景进行实验，但精心设计了发生于现实场景中机器人参与服务的视频，组织被实验对象按照一定程序进行模拟情景实验。

最后，我们采用问卷调查和结构方程模型分析方法对所形成的完整研究假设和理论模型进行实证检验。更详细的方法说明可见本章第四节研究假设完善与前测和第五节基于问卷调查的结构模型检验。

第四节　研究假设完善与前测

一、基于深度访谈的服务机器人技术补偿机制探究

（一）访谈的实施

为了尽可能多地获取与服务机器人属性及其影响相关的信息，我们对酒店和餐饮企业的客人和员工进行了深度访谈。近年来，我国的旅游接待业发展较快，技术手段应用越来越多，尤其在服务机器人等人工智能技术的使用方面已经走在世界前列。因此，中国的酒店和餐厅有着丰富的服务机器人应用及管理基础，十分适合将其选为研究情境。本书研究团队联系了北京、武汉和成都 4 家酒店和 1 家餐饮集团的顾客和基层管理者，并在这些企业进行访谈。这 5 家企业的选取标准是：这些酒店/餐厅在一线服务中使用了服务机器人，当然也有员工进行一线服务，同时他们重视顾客的好客服务体验。我们对受访的 10 名顾客采用半结构式访谈的形式，访谈提纲一共有 9 个问题，内容涵盖这些顾客对服务机器人的看法和态度、使用/接触服务机器人的体验、服务过程中与员工和机器人的互动、评估服务机器人和员工的表现、评估服务体验等几个方面，访谈题项根据本书的研究目标和鲁宾（2010）的访

谈提纲设计原则与艺术进行确定，并部分参考了拉里维埃等（Larivière et al.，2017）的研究内容，最终得到如下所示的提纲（实际访谈中会根据情况对提问方式、措辞进行适当调整，也会临时加、减相关问题）：

（1）你有没有注意到本酒店/餐厅使用了一些人工智能/服务机器人技术？若回答没有，访谈结束。若回答有，则继续提问：你在哪个或哪些服务环节中接触或是使用过这些服务机器人？

（2）在这个/这些服务环节中，服务机器人做了什么？你在这项服务中最初想要获得什么？后来达到预期了吗？

（3）在这项服务中，涉及人工智能或服务机器人的，让你最满意的地方是什么？请具体描述一下。

（4）在这项服务中，涉及人工智能或服务机器人的，让你最不满意（如果有）的地方是什么？请具体描述一下。

（5）在这项服务中，你跟服务机器人有一些什么互动？你跟服务人员的关系怎样？

（6）从你的角度看，这些科技产品是正面帮助到还是负面耽误了你的服务体验？服务员如何表现的？

（7）你觉得这个/这些人工智能/服务机器人技术怎么样？你支不支持在酒店/餐饮服务中应用人工智能？为什么？

（8）相比于其他地方只有员工但没有服务机器人提供的服务，你本次在该酒店/餐厅的服务感觉怎么样？有什么新的体验？

（9）你在外出旅行或生活中接触过其他哪些人工智能或服务机器人方面的应用？跟本次接受的服务有什么差别？

4名受访的酒店员工则被问及10个问题，主要内容包括服务机器人的介绍、使用服务机器人的动机、员工对服务机器人的态度、被机器人改变的员工服务、服务机器人的使用效率以及顾客对服务机器人的反馈，访谈题项根据本书的研究目标和鲁宾（2010）的访谈提纲设计原则与艺术进行确定，并部分参考了博尔赫斯等（Borges et al.，2021）的研究内容，最终得到如下所示的提纲（实际访谈中会根据情况对提问方式、措辞进行适当调整，也会临时加、减相关问题）：

（1）目前你们酒店在人工智能或服务机器人等方面的一些应用现状是

什么？

（2）你们对于酒店应用人工智能的态度是支持还是反对？为什么？

（3）很多酒店宣传自己有机器人，可是一过去却发现没有看见，可能维持不下去、撤掉了，你们觉得酒店在应用人工智能方面存在哪些障碍因素？

（4）你们觉得酒店广泛采用人工智能后，顾客的服务质量与体验会改变吗？

（5）你们酒店强调员工与顾客的互动吗？顾客是把人工智能当成一个能沟通的人还是一台单纯的机器？

（6）酒店如何利用人工智能或服务机器人增强与顾客的联系、创造价值？机器人在这里的角色是酒店的产品、形象还是营销策略？

（7）酒店在使用了服务机器人之后，员工在顾客服务方面有什么样的改变吗？能否举点例子详细说说。

（8）酒店不同部门任务和职责有所区别，人工智能的应用应该如何考虑酒店不同服务岗位？

（9）你们外出旅行时有过被服务机器人服务的经历吗？跟自己使用服务机器人有什么差别？

（10）酒店人工智能会是趋势吗？它对酒店员工提出了什么要求？

受访者的情况见表4-1，一共有9名男性和5名女性接受了访谈，他们都有使用或接触服务机器人的体验，访谈时间平均为27分钟，经访谈者同意后采用录音笔进行了录音，之后研究者将录音转成文字。

表4-1　　　　　　　　被访谈者特征及访谈信息（n=14）

受访者编号	性别	受访者身份	访谈酒店/餐厅	访谈地点	访谈时长（分钟）
①	男	部门经理	武汉金盾大酒店	办公室	37
②	男	酒店顾客	武汉金盾大酒店	酒店大堂	31
③	女	酒店顾客	武汉金盾大酒店	酒店大堂	34
④	男	部门经理	北京丽亭华苑酒店	酒店大堂	21
⑤	男	餐厅顾客	北京丽亭华苑酒店	酒店餐厅	27
⑥	女	酒店顾客	北京丽亭华苑酒店	酒店大堂	25
⑦	男	餐厅顾客	海底捞（北京世贸天阶）	等候区	21

续表

受访者编号	性别	受访者身份	访谈酒店/餐厅	访谈地点	访谈时长（分钟）
⑧	女	餐厅顾客	海底捞（北京世贸天阶）	等候区	30
⑨	男	餐厅顾客	海底捞（北京世贸天阶）	等候区	26
⑩	男	部门经理	成都瑞城名人酒店	酒店餐厅	24
⑪	女	酒店顾客	成都瑞城名人酒店	酒店大堂	27
⑫	女	部门经理	成都摩登 S 酒店	办公室	25
⑬	男	酒店顾客	成都摩登 S 酒店	酒店大堂	22
⑭	男	酒店顾客	成都摩登 S 酒店	酒店大堂	23

（二）访谈分析及结果

访谈数据采用内容分析法进行分析。具体分为 5 个步骤（Corbin and Strauss，2008）：（1）聘请某数据公司将访谈录音转录成文字形式；（2）参与此次分析的研究人员分别逐字逐句阅读了转录文本，得到总体的内容与概念；（3）根据整体的内容框架，再次阅读文本，其间对相关的、有实际内容的文本进行标记，之后将其抽出放入单独一个文档，再对文本进行分段总结，用合并同类项的方式找出、标记反映同主题的内容，得出由相似内容组成的几个单元（表 4-2 第三列的"单元"并非访谈原文，而是对相应部分原文的内容概括）；（4）同样采用合并相似项的方式，将反映相似内容的单元归集到一起，形成了更为精炼的子类别（共 12 个）；（5）再将这些子类别进一步合并到高级分类中。经过分析，我们最后总结出 3 个主要内容，结果见表 4-2。

表 4-2　　　　　　　　　访谈的内容分析结果（n = 14）

类别	子类别	单元
对服务机器人的感知与态度	服务机器人的拟人性产生积极的情绪	服务机器人永远以客人为中心。比如，每次你移动，它（注：机器人 Pepper）都会转动它的头、调整姿势看着你
		服务机器人总是那么有耐心，不管你问多少问题或者提多少要求
		服务机器人好可爱。它们可以跟你打招呼，能卖萌撒娇，还求点赞和好评

续表

类别	子类别	单元
对服务机器人的感知与态度	服务机器人的拟人性产生积极的情绪	服务机器人话都特别多。它们可能本身就被设计成话匣子，像喜剧演员
		服务机器人很有趣。它放的音乐、说的话都跟这个餐厅氛围很搭
	服务机器人的功能和属性很有必要，但需要改进	服务机器人的标准化动作和流水线作业式的方式让人感觉不太舒服
		其实最好的服务体验还是来自人，服务机器人看起来更像是有用的助手
	服务机器人提高服务效率	在很多服务过程中，包括像入住、退房、就餐这些，（用了服务机器人后）客人不需要像以前一样等那么久了
		服务机器人懂得很多，要咨询问题非常方便
		商务客人和家庭客人一般喜欢服务机器人。他们对服务机器人评价高是因为快捷方便
		考虑到它（服务机器人）的主要工作就是送东西，顾客也没有期望它给太多的互动
	服务机器人降低人工成本	采用服务机器人后，服务人员的离职率有一定的下降
		一个前台服务机器人能替代差不多两个服务员。长远来看，这个比例会增加
		客人也逐渐学会怎么与服务机器人配合，有经验的客人需要更少的服务员工。一些忠诚度和参与度高的老顾客还能帮助其他客人
	服务机器人是一种营销工具	对企业来说，服务机器人是一种能创造新奇感觉的方式，它们可以增加服务的亮点
		很多时候，服务机器人是一种营销噱头。比如，迎宾机器人能一直热情欢迎客人；虽然它非常贵，但是客人很喜欢跟它玩，尤其是小孩。机器人成了一个舞台道具
		服务机器人是很高级的科技，可以给顾客更丰富的服务体验
		服务机器人可以递送很多商品，很多客人会试着用一下，会看看单子上有没有自己需要的东西，不知不觉就买了更多东西

续表

类别	子类别	单元
服务机器人应用情境下的互动与关系	服务机器人为顾客-员工互动交流增加了话题	这家酒店非常友好，服务员会很耐心地告诉客人怎么用机器人
		有这么多种服务机器人，客人几乎不可能注意不到它们，他们也的确会向酒店的员工咨询关于机器人的问题
	服务机器人增强员工与顾客的关系	引进这些服务机器人以后，酒店的员工会花更多的时间跟顾客交流
		顾客与员工的关系得到了改善，顾客的投诉抱怨也有所下降
	服务机器人承担部分工作，使员工有机会更好地服务顾客	服务机器人一般是做一些重复性的简单劳动，而服务人员往往做一些交流、解释的事情
		有了服务机器人的帮助，服务人员可以介绍一下有用的设施和额外的服务，甚至包括一些酒店之外的服务，比如附近有哪些美食，有什么好玩的
		服务机器人处理一些标准化的工作任务，这样服务人员就可以琢磨一些更加个性化的服务
	服务机器人和人类员工都很有必要	在酒店餐厅，要是只有机器人没有服务员，会看着挺吓人的
		服务机器人可以让顾客放松，让他们获得愉悦。但是顾客有问题的时候，一般还是求助于员工
		服务机器人为服务增加了一点调味料，而人类员工则提供了一种安全感
服务机器人的属性特征对好客体验的影响	服务机器人带来新鲜体验	顾客们认为服务机器人有趣、新鲜、可爱。很多客人是第一次见到机器人
		小孩尤其喜欢服务机器人，把它们当成游玩活动
		服务机器人符合年轻人的消费习惯和风格。年轻人喜欢酒店用机器人待客
		很多老年客人也愿意尝试接触服务机器人
		服务机器人是最新的流行趋势，带给人一种现代感、科技感

续表

类别	子类别	单元
服务机器人的属性特征对好客体验的影响	服务机器人提高员工的服务质量和他们的满意度	在传统的前台接待中，员工在非常忙碌的时候可能不会总是展示笑脸和耐心。我们一线员工工作负担太重了。服务机器人可以帮助释放部分劳动，这样，员工们就有更多的时间和精力去提供体贴的服务
		很多客人是团队出游，要求服务（如入住）对团队所有人是同时的，这样不容易做到。巨大的压力容易导致员工的离职。服务机器人的出现则有利于改善这种状况
	服务机器人让顾客更加满意和忠诚	顾客被服务机器人所吸引，并更加主动地联系服务人员。顾客愿意将他们得到机器人服务的经历分享给其他人
		顾客感觉他们在有了服务机器人之后更加受到关注，也因此给予酒店/餐厅更高的评价

资料来源：作者根据访谈文本整理。

1. 对服务机器人的感知与态度

受访者对服务机器人的态度并不一致，既有积极的，也有消极的。很多顾客认为服务机器人是一种可以激发兴趣的新事物，也是大众媒体的热门话题之一。他们对机器人的拟人性和感知智能印象深刻，能够感受到（并说出）服务机器人与传统技术的差异。从他们诸如"让我兴奋起来，还求我表扬它"和"喜欢与机器人接触和交流"（编号为③的被访谈者，简记为#③，下同）等表达中可以看出，一些受访者甚至尝试与这些新的服务提供者互动。事实上，这种反应也是服务机器人设计者的初衷，我们通过访谈所揭示的机器人应用的初始现象（吸引兴趣、尝试积极互动等）与相关前沿研究的洞见是一致的（Tung and Law，2017）。

受访者也指出了服务机器人不利的方面。一些顾客遇到了机器人的服务故障，这说明服务机器人还有很多地方需要改进；一些受访顾客承认，他们没有耐心使用机器人，因为语音识别系统非常差；还有一些受访顾客则抱怨服务机器人远不如他们想象的那么智能（受访者往往同时提及有机器人出镜的科幻电影）。受访者还提到服务机器人与习惯不一致导致不适，例如，会议酒店的签到机器人被设置成为客人提供信息和用于签到，但是效率却不高，很多客人还是习惯用笔手写签到（这其中有仪式感的影响）。这些访谈结果在实践层面补充了服务机器人应用研究的不足；现有研究有从功能角度提及服务机器人的不足之处，如语音系统不完善、难以胜任合作性任务，等等（Belanche et al.，2020；Tussyadiah et al.，2020），但尚未考虑科幻电影等媒体影响，也未考虑与顾客习惯的契合性问题（如上文提到的签到），本访谈结果为客观认识服务机器人的缺陷增添了内容。

由此可见，服务机器人的属性（例如能够取悦人类、具备与人类相似的特征）吸引了很多受访者，但仍处于低智能阶段，需要不断改进。另外，受访者倾向于将机器人与科幻电影或小说中的机器人进行比较，这影响了他们的预期及后期评价。

2. 服务机器人应用情境下的互动与关系

在服务交互方面，人类员工不可或缺，服务机器人的人文因素也十分重要。例如，一位顾客（#②）说道："我来这里是为了获得快乐，如果到处都是冰冷的机器人，找不到服务员，我就高兴不起来，这不是真正的款待。"一些受访者提到，他们对机器人服务缺乏人性化感到不舒服。因此，企业应该提高服务机器人的拟人化属性。从访谈中可以看出，一些机器人的功能与顾客需求不匹配，导致他们使用机器人的意愿低。当然，相比于服务机器人外表上看起来像不像人类，受访者更关心的是机器人的实际工作和表现。这部分访谈结果反馈支持了机器人分类发展的理念。以往研究提到，外形越像人的机器人反而性能弱，从而不受用户的欢迎，而只专注语音功能的智能音箱却表现出色、应用广泛。因此，机器人应该根据任务和顾客匹配性分类发展（Russell and Norvig，2016）。

服务机器人应用的一个结果是降低了员工的劳动投入。4 名酒店/餐厅员工受访者表示，降低人工成本和提高服务效率是使用机器人的主要目的，因为服务机器人可以连续不间断地从事繁重工作。一位受访者（#⑩）提道："对于客流量大的餐厅，食物传递速度和周转率都是重要的，一个送货机器人可以承担 3~4 个人的任务……另外，机器人可以连续从事高强度的工作……"另一位受访者（#⑫）有类似的观点："因为工作繁重，许多员工入职半年左右就会离开酒店……我们购买这些机器人后，员工的工作压力大大降低，他们现在更愿意留下来……一个前台服务的人员每年至少花费 5 万元以上，而一台礼宾部的机器人可以完成 2 名员工的工作，每个月分摊的成本却远远不如员工。"因此，本访谈从行业实践、微观层面（上述企业领导提供的具体数据）揭示了服务机器人对于人力的替代关系，与 AI 技术对整个社会就业的影响相互印证［如 Zhou 等（2020）对机器人替代中国就业人数的预估］，也侧面支持了技术补偿的必要性。

服务机器人应用的另一个可能结果是关系的改善。一线员工需要投入情感劳动为顾客服务。如果工作量过大，可能会产生情绪耗竭，对员工的服务积极性产生负面影响。相比之下，服务机器人则不会感到情绪疲惫，可以不断地提供标准化服务。一位受访者（#⑪）分享了一次服务经历："服务机器人看起来总是很有耐心，也很可爱……一个机器人让我多给它好评，这样它就可以从'妈妈'那里得到奖励的'糖果'，任务完成后它还为我唱歌。"服务机器人为服务双方的交流提供了话题，一位受访者（#①）这么说道："根据客人们给我们的反馈和评论，我们酒店用的机器人对客人来说还是比较新鲜的。采用服务机器人明显为他们增加了一些话题，一些客人对这些设备感兴趣，会来咨询、聊天，偶尔还会在网上发起评论，这对我们来说都是积极的结果"。服务机器人的引入方便了顾客和员工之间的服务接触。由于机器人分担了部分工作，一线员工有更多的时间和精力来管理非程序化的事务，从而提供个性化的服务。访谈内容显示，和那些匆匆忙忙为排着长队的顾客服务的员工相比，与机器人一起工作的员工通常表现出更多微笑和耐心。因此，人类员工和机器人可以一起或者交替为顾客服务，从而和顾客建立更好的人际关系，其中的关键正是二者的合作与分工方式，这是学术界重视并希望解决的问题（Čaić et al., 2018；Choi et al., 2019）。

3. 服务机器人的属性特征对好客体验的影响

服务机器人能够带来新的体验。一位接受采访的顾客（#⑨）回忆说："我女儿感到很新奇，非常喜欢（服务机器人）。对我来说，我也能感受到餐厅在不断努力提高服务。海底捞本来就因为服务出名的。这里的机器人给我们一种现代感。"顾客可以享受更快的服务，正如下面所摘录的话所示："在高峰时段，你下单后可能还要等很长时间，（甚至）不得不催促服务员加快速度，而机器人通常来得更快"（#⑦）。使用服务机器人的另一个结果是员工可以提供更多的个性化服务。一位酒店经理（#④）解释说："一线的服务机器人可以为我们90%的客人服务……而员工们则忙于介绍我们的服务项目，解决客人的个性化问题。大多数员工现在开始喜欢这份工作了，虽然我们使用机器人只有8个月左右的时间，但是员工的离职率比上年下降了37%左右。"由于员工积极性的提高，很多受访的顾客都表示很享受酒店的服务体验，并对酒店的服务表示满意。这些访谈结果说明本书提出的技术赋能思路是有一定实践基础的，而随着AI技术不断完善，其在服务体验中的作用越来越大，这已得到学术研究的关注和证实（Prentice and Nguyen，2020；Li et al.，2021b）。

4. 融洽关系的建立：访谈的重要发现

大多数受访者提到了他们与员工或机器人之间的积极情感与融洽关系。第一，受访者提到了注意力和兴趣。许多顾客，尤其是儿童，对服务机器人非常感兴趣。在机器人的帮助下，员工有更多的时间与顾客沟通，从中可以获取与提供服务相关的个人信息。第二，受访者感知到了他人的情绪。一些顾客发现服务机器人和他们有相似之处，于是用形容人类的语句来描述机器人（例如，可爱、健谈），员工对顾客的情绪反应也变得更好了。第三，访谈显示了受访者对员工或服务机器人的积极态度和评价。访谈结果显示，顾客会用赞美回应并感谢他们的机器人服务者。比如在回答机器人的问题"我唱得好不好"时，顾客会给出"非常好"的评价，他们对"有趣"的机器人服务者也会展现出友好的态度。这些描述与学术界的"融洽关系"概念相一致，该概念描述的是关系主体双方愉快的互动、达到和谐和彼此承诺的程度（Gremler and Gwinner，2008）。

融洽关系的建立是取得良好服务结果的重要推动因素，它会对服务交易和服务质量产生积极的影响（Kim and Ok，2010；Hyun and Kim，2014）。在不太成熟的关系中，融洽可以带来信任，这会使顾客遵循服务程序和规范，并关注服务的相关信息和服务者做出的努力（Qiu et al.，2020）。因此，建立融洽的关系可以创造一种积极的心理氛围，从而进一步提高顾客的服务体验。

现有的研究表明，顾客与员工之间的融洽关系构建在旅游接待体验中扮演着重要的角色，积极融洽的关系会带来高水平的服务质量感知和顾客满意度（Gremler and Gwinner，2008；Kim and Ok，2010）。相关研究发现，一些传统的技术（如 POS 机）可以缓冲顾客的服务评估，即这些技术在有员工－顾客融洽关系时降低了顾客的服务评价，而在没有建立融洽关系的情况下则提高了顾客对服务的评价（Giebelhausen et al.，2014）。这是因为，当存在融洽关系时，传统技术分散了注意力，从而不利于感受优质服务；而当融洽关系不存在时，传统技术则有利于缓解顾客的尴尬或不舒服情绪，从而可能提高评价。然而，技术缓冲的前提（即注意力分散）对服务机器人而言并不存在，具有社会特征的服务机器人有潜力帮助员工更好地为顾客服务（Tung and Law，2017）。因此，除了顾客与员工之间的融洽关系外，顾客与服务机器人之间的融洽关系的建立也会受到机器人属性的影响（Hyun and Kim，2014），而融洽关系构建和好客体验之间的关系则得到了实践和以往文献的支持（Ariffin，2013）。遗憾的是，与行业管理者的担忧相比，很少有研究关注服务机器人属性对旅游接待业好客服务体验的影响以及融洽关系构建在这种影响中的作用。因此，我们试图弥补这一不足，展开了进一步研究。

二、基于访谈发现和文献资料细化概念模型

基于上述深度访谈的分析结果，并结合已有文献，我们将融洽关系与构建加入研究假设 H4－1 的影响分析中，从而提出更具体的服务机器人属性对旅游接待业好客服务体验影响机制的框架。

融洽关系的建立对服务机器人在旅游接待业服务中充分发挥作用是十分重要的。服务机器人可以 24 小时不眠不休地高效工作（Čaić et al.，2018）。然而，服务机器人通常还未完全具备社交元素和高度灵活的工作能力（Murphy et al.，2017；Huang and Rust，2018），它们必须与人类员工一起"工作"以满足顾客对温情服务的追求（Huang and Rust，2018）。一般而言，舒心的服务感受取决于顾客和员工之间建立的融洽关系。在引入服务机器人的条件下，如果顾客将机器人视为一种（像人一样的）社会存在，那么他们也可能存在融洽的关系，尽管其形式和内容与人类之间的关系不同（van Doorn et al.，2017）。服务机器人的应用通过社会认知和心理因素等的交互作用，为旅游接待业的服务设施增加了"准社会存在"（van Doorn et al.，2017；Murphy et al.，2017）。此外，在服务机器人的帮助下，员工有更多的时间和

机会对顾客进行更加深入的了解，并与他们建立关系（Hyun and Kim，2014）。所有这些都有利于建立融洽的关系。因此，不难发现，服务机器人的属性（其中一些属性反映了人文特征）有可能触发顾客对融洽关系的感知（Pinillos et al.，2016）。

服务机器人与传统技术最大的区别在于，服务机器人具有某些人文特征，或者至少给顾客一种类人的印象（Russell and Norvig，2016）。服务机器人的引入为服务配套设施增加了准社会角色，这种额外的关系和更丰富的服务内容可能会进一步提高顾客对服务的认知和评价。有鉴于此，我们提出如下研究假设：

H4–2　顾客－机器人融洽关系的构建在服务机器人属性对好客服务体验的影响关系中起中介作用。

服务机器人可以通过分担烦琐的体力工作和标准化的服务（如递送物品和引导）来降低人工成本。然而，访谈结果显示，由于目前旅游接待业应用的服务机器人技术水平有限，它与企业降低人工成本的期望仍有一段距离，但顾客对于更优质服务、更新奇体验的追求却为一些机器人的存在提供了意义。因为服务机器人的使用，员工可以有更多的机会与顾客沟通和交流，满足顾客对旅游接待业温暖人文关怀和热情好客的需求。通过和服务机器人的合作，员工更有可能与顾客建立融洽的关系。这种融洽关系的构建有利于提高服务质量和好客服务体验（Hyun and Kim，2014）。因此，我们提出以下研究假设：

H4–3　顾客－员工融洽关系的构建在服务机器人属性对好客服务体验的影响关系中起中介作用。

综上所述，在以往的研究和本章深入访谈分析的基础上，我们提出以下的研究框架（见图4–1）。

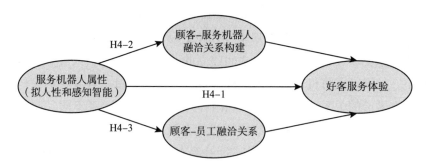

图4–1　服务机器人属性对好客服务体验影响机制的概念模型

三、基于情景实验的顾客-机器人融洽关系构建探究

由于顾客-机器人融洽关系是一个基于自动化社会存在而提出的新概念，目前对其研究较少，因而有必要对此进行专门的探索。对此，我们采用模拟情景实验的方式控制相关变量，考察服务机器人属性特征能否引发顾客-机器人融洽关系。

（一）实验设计

我们设计了一个模拟情景实验来观察服务机器人属性对顾客期望值与机器人建立的融洽关系的影响，这既是作为对假设 H4-2 的初步研究，也是对深度访谈中对顾客与机器人建立融洽关系的分析结果进行验证。

实验参与者先进行餐厅消费的情景模拟，然后评估在所示场景中对服务机器人的感知以及餐饮"消费"后继续与服务机器人共处的意愿。本次调查选择了中国两所大学的实习生作为调查对象，这些学生之前都曾在餐厅实习过。如此便控制了参与者的人口特征变量（年龄、教育背景、月收入等接近），使得对目标变量之间关系的检验更加可靠（Christensen et al.，2011）。

为了检验实验参与者对服务机器人属性的感知，研究人员将他们安排到两个组，每个组的服务机器人拥有不同的属性特征，它们被命名为 X1 和 X2。X1 是一个人形的机器人，它的肘部有一个托盘，可以在灯光的帮助下露出笑脸，并沿着固定的轨道把盘子端到指定的桌子上。X2 则是类似菜架的外形，它可以通过内置的导航系统自动将菜送到顾客手中。

实验参与者先阅读一段解释用餐场景的文字，随后在 iPad 上观看研究人员播放的两个视频。这两个视频分别展示了机器人 X1 和 X2 从厨房到餐桌的全过程。两段视频的拍摄场景都是内部摆设差不多的餐厅，背景音乐和动作发生的时间都是相同的。实验过程中使用 4 台 ipad，每次安排 3~4 名参与者，随机（顺序）播放两段视频。

（二）概念测量

看完视频后，参与者被要求回答四个问题（如下）。

根据你刚才看到的两个服务机器人，请回答以下两个问题（这不是测验，请一定根据自己的真实想法回答）。

（1）你觉得与服务机器人 X1 相比，机器人 X2 更：

A. 像机器　　　　　　　B. 像人

（2）你觉得与机器人 X1 相比，机器人 X2：

A. 更智能　　　　　　　B. 更不智能

你将在该餐厅用餐 30 分钟，你有机会跟两个机器人进行亲密接触，

（3）你愿意花_____分钟与 X1 机器人相处？（填 0～30 的整数）

（4）你愿意花_____分钟与 X2 机器人相处？（填 0～30 的整数）

前两个问题用于了解参与者对服务机器人属性的感知（题项来自 Bartneck et al.，2009），后两个问题用于了解参与者和服务机器人构建融洽关系的意向（题项参考 Seo et al.，2018）。

机器人与人类之间的融洽关系构建形成了准社会关系，其中的人类行为反应是主动自发的。对这种融洽关系的衡量方式应与人际关系的衡量方式有所不同。关于人机交互的文献如诺慕拉和坎达（Nomura and Kanda，2016），提出通过评估顾客对机器人对话伙伴的期望和归属感来判断其是否愿意与服务机器人建立融洽关系。从这个意义上说，受期待的融洽关系意味着与服务机器人的长时间相处，在这一过程中机器人被视为社会代理人而非简单的机器。因此，在实验中出于测量简洁和精确的考虑，我们使用时间来衡量顾客与服务机器人之间的融洽关系建立意愿［即问题（3）和问题（4）］。

我们将上述（餐厅情景实验）完全相同的流程在酒店情景中重复进行，以便了解所假设的影响效果是否可以在不同的情景下推广。在酒店情景中，两个内置不同声音的圆柱形机器人（分别名为 Y1 和 Y2）负责将瓶装水送到客房。实验参与者也是在观看设计好的视频后进行答题（与上述 4 道题几乎一样，不过机器人 X1 和 X2 被分别替换成 Y1 和 Y2，"餐厅用餐"被换成"酒店休息"）。

（三）研究发现

前后共有 148 名学生参加了实验。其中，86 名学生参与了餐厅情景下的机器人实验，71 名学生参与了酒店情景的服务机器人实验（部分学生参加了

两个情景的实验）。约 81.40%（n=70）的参与者认为机器人 X2 比机器人 X1 更像机器；84.88%（n=73）的参与者认为机器人 X2 比机器人 X1 更智能（见图 4-2），只有 12 名参与者认为机器人 X2 不如 X1 智能。

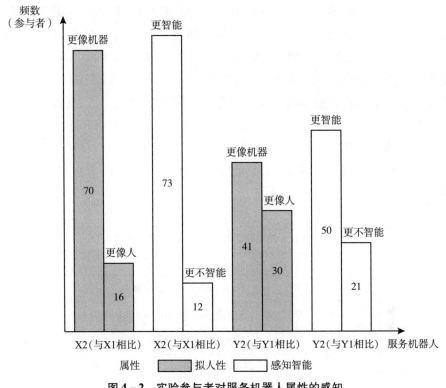

图 4-2 实验参与者对服务机器人属性的感知

在基于酒店场景的实验中，更多的参与者（57.75%，n=41）认为机器人 Y2 比机器人 Y1 更像机器（42.25%）。同时，大多数参与者（70.42%，n=50）认为机器人 Y2 比机器人 Y1 更智能。这在一定程度上说明部分参与者觉得越像机器的那个服务机器人越智能。

在此基础上，研究人员进行分组，并比较结果。我们不在实验之前对实验参与者进行分组控制，而是根据参与者对问题（1）和问题（2）的回答结果来进行：根据对"你觉得与服务机器人 X1 相比，机器人 X2 更：A.像机器 B.像人"这一问题的回答，将参与者分为"X2 更像机器"组和"X2

更像人"组。之后，比较两组参与者愿意与 X1 和 X2 相处的时间，比较结果可以表明服务机器人的类人属性对融洽关系构建的影响。同样，对"X2 更智能"组和"X2 更不智能"组、"Y2 更像机器"组和"Y2 更像人"组、"Y2 更智能"组和"Y2 更不智能"组进行类似的比较。

接下来在 IBM SPSS 中进行 t 检验，比较上述各组之间顾客 - 服务机器人融洽关系构建（相处时间）的均值，结果如表 4 - 3 所示。在参与者愿意和服务机器人相处的时长方面，"X2 更像机器"组和"X2 更像人"组之间有显著差异（Δ 均值 = - 5.25，t = - 1.99*）。换句话说，如果 X2 被认为更像人类，参与者愿意花更多的时间在它身上。同时，相比于认为机器人"X2 更不智能"的参与者，"X2 更智能"组的参与者愿意和 X2 相处的时间更长，而和 X1 相处的时间更短，均值差分别是 3.81（t = 2.17*）和 - 2.3（t = - 1.98*）。这意味着，更智能的机器人往往能带来更高水平的融洽关系。

表 4 - 3　　　　　不同组别间融洽关系构建数值（相处时间）差异分析

构念	数值			
拟人性	X2 更像机器（n = 70）		X2 更像人（n = 16）		t 值
	均值 M	标准差 SD	均值 M	标准差 SD	
与 X1 相处的时间（分钟）	6.50	7.64	4.88	5.87	0.80
与 X2 相处的时间（分钟）	10.00	9.34	15.25	10.29	- 1.99*
感知智能	X2 更智能（n = 73）		X2 更不智能（n = 12）		t 值
	均值 M	标准差 SD	均值 M	标准差 SD	
与 X1 相处的时间（分钟）	5.95	4.97	8.25	6.38	- 1.98*
与 X2 相处的时间（分钟）	11.64	7.84	7.83	6.11	2.17*
拟人性	Y2 更像机器（n = 41）		Y2 更像人（n = 30）		t 值
	均值 M	标准差 SD	均值 M	标准差 SD	
与 Y1 相处的时间（分钟）	11.61	8.96	5.23	3.15	3.47***
与 Y2 相处的时间（分钟）	8.83	6.17	8.46	5.32	0.25

续表

构念	数值				
感知智能	Y2 更智能（n = 50）		Y2 更不智能（n = 21）		t 值
	均值 M	标准差 SD	均值 M	标准差 SD	
与 Y1 相处的时间（分钟）	6.23	5.33	15.56	8.89	−5.10***
与 Y2 相处的时间（分钟）	8.59	6.40	8.17	5.45	0.37

注：*** p < 0.001，* p < 0.05。

对服务机器人 Y1 和 Y2 的比较也得到了类似的结果。和"Y2 更像人"组相比，"Y2 更像机器"组的参与者愿意花更多时间和 Y1 待在一起（Δ均值 = 6.38，t = 3.47***）。同时，不同感知智能组之间分配给 Y1 的时间也存在显著差异（$M_{Y2更智能} - M_{Y2更不智能}$ = −9.33 分钟，t = −5.10***）。

在控制人口特征变量和环境因素的情况下，t 检验的分析结果揭示了服务机器人属性对顾客－机器人融洽关系构建的影响。一般来说，如果参与者认为服务机器人更像人类（或更不像机器），他们更有可能与之建立融洽的关系；如果参与者认为某服务机器人比其他机器人更智能，他们也会更愿意与该服务机器人建立融洽的关系。换句话说，服务机器人的属性（像人、智能）对顾客与机器人的融洽关系构建有显著而正向的影响。

第五节　基于问卷调查的结构模型检验

一、描述性统计分析

我们采用问卷调查的方法对前文提出的研究假设和框架进行统计检验。概念模型中的构念（见图 4 - 1）均采用以往研究所开发的量表进行测量。服务机器人的属性体现在拟人性和感知智能两个方面，这两个属性特征已得到了学界普遍认同，它们在本书中都是使用巴特内克等（Bartneck et al.，2009）的方法进行评估的（见表 4 - 4），巴特内克是机器人属性调查的先驱，其方法已被广泛引用。顾客－员工融洽关系的建立则由盖林勒和格温纳（Gremler and Gwinner，2000）提供的量表来测量，该量表包括6个测量题项，具有较高的信度。在顾客－服务机器人融洽构建方面，我们采用斯尔等（Seo et al.，2018）提出的量表进行评估。斯尔等（Seo et al.，2018）是关于人机关系的重要研究成果，其量表与本节第（三）部分基于情景的实验方法在本质上是一致的，符合本书的研究要求。同时，我们采用派勒吉等（Pijls et al.，2017）的测量方法来评估顾客的好客服务体验。所有上述测量量表最初是英文状态，我们采用回译法将其翻译成中文，即邀请两个精通英语的人员，其中一人将量表原文翻译成中文，之后另一人将中文译稿翻译回英文，二人独立完成，由项目的研究人员将回译稿与原文进行比对。如果回译稿与原文存在较大差异，则重复上述过程，直到二者基本一致。利用得到的测量量表，我们设计了一份问卷，要求被调查者采用李克特7级量表对服务机器人某一属性的程度进行评分（例如，1 = 非常"像机器"，7 = 非常"像人"），通过这种方法得到服务机器人的属性总分；为了衡量顾客与服务机器人建立融洽关系的意愿，我们请被调查者给出他们相关活动（如"对机器人表示感谢"）的频率，从"从不"（= 1）到"总是"（= 7）；对于其他陈述，被调查者则需要给出反映他们同意程度（1 = "非常不同意"，7 = "非常同意"）的分数。

表 4 - 4 　　　　　　　　　有员工参与一线服务的模型构念测量题项

构念	维度	题项编号	测量题项	文献来源
服务机器人属性	拟人性	A1	矫作的→自然的	Bartneck et al.，2009
		A2	像机器的→像人的	
		A3	无意识的→有意识的	
		A4	人工的→有生命的	
		A5	行动僵硬的→行动自如的	
	感知智能	PI1	无能力的→有能力的	
		PI2	无知的→知识丰富的	
		PI3	无责任心的→有责任心的	
		PI4	不智能的→智能的	
		PI5	愚蠢的→聪明的	

续表

构念	维度	题项编号	测量题项	文献来源
融洽关系	顾客–员工融洽关系	CER1	我喜欢与该酒店/餐厅的员工打交道	Gremler and Gwinner, 2000
		CER2	该酒店/餐厅的员工给我一种温暖的感觉	
		CER3	该酒店/餐厅的员工与我关系良好	
		CER4	服务过程中，我与该酒店/餐厅的员工相处和谐	
		CER5	该酒店/餐厅的员工轻松幽默	
		CER6	我与该酒店/餐厅的员工互动很惬意	
	顾客–服务机器人融洽构建	CRR1	对机器人表示感谢	Seo et al., 2018
		CRR2	问机器人问题	
		CRR3	回答机器人提的问题	
		CRR4	试图与机器人交流（如表扬、批评、赞同、抱怨等）	
好客体验（顾客视角）	受欢迎	INV1	在该酒店/餐厅消费过程中感觉受欢迎	Pijls et al., 2017
		INV2	感觉该酒店/餐厅很包容	
		INV3	觉得在该酒店/餐厅消费很自由	
	关爱	CA1	在该酒店/餐厅感受到支持	
		CA2	在该酒店/餐厅有参与感	
		CA3	在该酒店/餐厅受到国王/王后般的对待	
		CA4	感受到该酒店/餐厅的努力和付出	
		CA5	在该酒店/餐厅感觉压力得到释放	
		CA6	该酒店/餐厅对我很关注	
		CA7	在该酒店/餐厅感觉自己很重要	
	舒适	COM1	在该酒店/餐厅感觉自在	
		COM2	在该酒店/餐厅感觉舒适	
		COM3	在该酒店/餐厅感觉放松	

为排除相关干扰因素的影响，我们将被调查者的人口统计特征作为控制变量，这包括性别、年龄和月收入。除此之外还询问了目标受访者的旅游目的和过去的经历，并将其作为控制变量，因为这些因素可能会影响他们对接待服务的评价。

本次问卷调查的人群是曾在酒店/餐厅消费过程中被服务机器人服务过或与服务机器人接触过的顾客。由于现阶段这部分顾客人数仍较有限，我们通过国内最大的社交网站微博（weibo.com）和最大的旅游社交分享网站马蜂窝（mafengwo.cn）这两个社交媒体，对所有可以找到的目标顾客进行问卷调查。研究人员用"酒店""餐厅"和"服务机器人"这几个关键词在微博和马蜂窝进行搜索，找到了这两个网站上所有提到过服务机器人体验的顾客，向他们发送私信请求参与调查，并附上了该研究问卷的链接。研究人员一共向1000余名用户发送了私信，最后收集了到223份问卷，剔除7份对所有问题的回答几乎相同的无效问卷后，保留有效问卷216份。鉴于该现象和研究仍较新，此样本量基本达到分析要求。

216名被调查者中男性相对较多（54.17%，117人，见表4-5），大多数人的年龄在18~45岁（77.78%，168人），月收入位于"5000~10000元"的被调查者所占比例最高（52.31%，113人）。被调查者旅行目的中最多者为"商务"（26.85%，58人），其次是"休闲"（19.44%，42人），半数以上的被调查者曾到过相关（即使用了服务机器人）的酒店/餐厅（51.85%，112人）。

表4-5　　　　　　　　被调查者的人口特征变量描述（n=216）

变量	值	频数	所占百分比（%）
性别	男性	117	54.17
	女性	99	45.83
年龄	18~35岁	111	51.39
	36~45岁	57	26.39
	46~55岁	40	18.52
	56岁及以上	8	3.70

续表

变量	值	频数	所占百分比（%）
平均月收入	低于3000元	36	16.67
	3000~4999元	44	20.37
	5000~10000元	113	52.31
	10001元及以上	23	10.56
旅行目的	商务	58	26.85
	休闲	42	19.44
	探亲访友	17	7.87
	娱乐	20	9.26
	教育学习	22	10.19
	会展	27	12.50
	宗教	8	3.70
	其他	22	10.19
此次消费前，是否到过使用了服务机器人的酒店、餐厅或其他服务企业	是	112	51.85
	否，这是第一次	104	48.15

二、测量模型评估

我们采用 Mplus 7.4 对测量模型进行验证性因子分析（CFA）。得到的模型拟合优度指标均处于可接受的水平：卡方 $\chi^2 = 1275.4$，自由度 $df = 566$，$\chi^2/df = 2.25$（<3），比较拟合指数 $CFI = 0.910$（>0.9），非规标适配指数 $TLI = 0.923$（>0.9），近似误差均方根 $RMSEA = 0.079$（<0.08）。这说明该测量模型的数据拟合情况很好（Bowen and Guo，2011）。

由表 4-6 可知，除 CRR4（0.43）和 CA7（0.44）外，各变量的因子载荷量均大于0.5，表明因子-变量间关系均较为显著。由于机器人技术的限制，CRR4（"试图与机器人沟通"）与 CRR1、CRR2、CRR3 的相关性较低；而 CA7 和 CA3 有所重叠。出于技术实际和节约测量成本的考虑，去除 CRR4 和 CA7 后，各因子的载荷均高于0.52。据此，我们可对测量模型的信度和效度进行判断。所有的因子/构念的 α 值（组合信度）都超过0.7（见表 4-6），说明有足够的结构可靠性，即构念的信度达到了要求，处于较高水平。效度分析是为了更好分析数据的准确性、有效性，检验想要测量内容和实际测量结果的吻合程度。在此，我们主要基于数据进行收敛效度和区分效度的检验。收敛效度（或称聚合效度）是通过不同的测量方法对同一特征进行测量结果的相似性程度（Hair et al.，2011）。收敛效度的判断一般采用各题项的标准化因子载荷量、平均方差提取量（AVE）、组合信度（CR）、T 值（ = Est. ／S. E.）等指标。其中，AVE 指潜变量相对于观测误差来说所解释的方差总量，是判断收敛效度时比较常用且有效的方法。在本书中，各构念的 AVE 值均高于收敛效度的标准值（ = 0.5），说明各构念的收敛效度较好。区分效度则指通过不同测量方法对不同构念进行测量时，测量结果有明显区别（Hair et al.，2011）。区别效度的评判一般通过比较 AVE 和各潜变量/因子间相关系数平方的大小来进行。如果潜变量的 AVE 的开方值大于该潜变量与其他构念之间的相关系数，说明其内部相关性大于外部相关性，即区别效度较好。区别效度越高，潜变量之间的区别度越好。在得到修正系数后，分析结果显示，各因子与其他构念间相关系数均小于其 AVE 开方值（例如，拟人性的 AVE 开方值为 0.82，大于其与其他构念的相关系数，即表 4 - 7 中第 2 列第 3 行至第 8 行的所有数值），表明该测量模型具有可接受的区分效度（见表 4 - 7）。综上所述，该测量模型具有可接受的信度和效度，可用于进一步的结构模型分析。

表 4 - 6　　　　　　　　CFA 分析结果（n = 216）

构念/因子	均值 M	因子载荷	t 值	CR	AVE
拟人性（服务机器人属性）[a]				0.91	0.68
A1：矫作的→自然的	4.54	0.90	NA		
A2：像机器的→像人的	3.42	0.90	20.38		
A3：无意识的→有意识的	3.49	0.83	13.56		
A4：人工的→有生命的	3.36	0.89	19.15		
A5：行动僵硬的→行动自如的	3.73	0.52	7.85		
感知智能（服务机器人属性）[a]				0.91	0.66
PI1：无能力的→有能力的	4.63	0.83	NA		
PI2：无知的→知识丰富的	4.15	0.89	14.91		

续表

构念/因子	均值 M	因子载荷	t 值	CR	AVE
PI3：无责任心的→有责任心的	4.31	0.78	12.32		
PI4：不智能的→智能的	4.44	0.82	13.21		
PI5：愚蠢的→聪明的	4.37	0.75	11.60		
顾客－员工融洽关系[c]				**0.88**	**0.56**
CER1：我喜欢与该酒店/餐厅的员工打交道	5.13	0.72	8.46		
CER2：该酒店/餐厅的员工给我一种温暖的感觉	5.19	0.77	9.02		
CER3：该酒店/餐厅的员工与我关系很好	5.25	0.76	8.89		
CER4：服务过程中，我与该酒店/餐厅的员工相处和谐	5.56	0.72	8.54		
CER5：该酒店/餐厅的员工轻松幽默	5.00	0.75	NA		
CER6：我与该酒店/餐厅的员工互动很惬意	5.25	0.76	8.87		
顾客－服务机器人融洽构建[b]				**0.80**	**0.52**
CRR1：对机器人表示感谢	4.30	0.92	4.05		
CRR2：问机器人问题	4.09	0.88	4.03		
CRR3：回答机器人提的问题	4.59	0.52	2.91		
CRR4：试图与机器人交流（如表扬、批评、赞同、抱怨等）	3.31	0.43	NA		
受欢迎（好客体验1）[c]				**0.92**	**0.79**
INV1：在该酒店/餐厅消费过程中感觉受欢迎	5.20	0.89	NA		
INV2：感觉该酒店/餐厅很包容	5.19	0.92	17.98		
INV3：觉得在该酒店/餐厅消费很自由	5.34	0.85	15.65		
关爱（好客体验2）[c]				**0.88**	**0.52**
CA1：在该酒店/餐厅感受到支持	4.95	0.84	NA		
CA2：在该酒店/餐厅有参与感	4.92	0.83	15.38		
CA3：在该酒店/餐厅受到国王/往后般的对待	5.17	0.88	17.06		
CA4：感受到该酒店/餐厅的努力和付出	5.32	0.82	14.15		
CA5：在该酒店/餐厅感觉压力得到释放	4.93	0.52	7.05		
CA6：该酒店/餐厅对我很关注	5.19	0.57	7.84		
CA7：在该酒店/餐厅感觉自己很重要	5.05	0.44	6.05		

续表

构念/因子	均值 M	因子载荷	t 值	CR	AVE
舒适（好客体验 3）^c				**0.88**	**0.72**
COM1：在该酒店/餐厅感觉自在	5.41	0.86	NA		
COM2：在该酒店/餐厅感觉舒适	5.37	0.85	14.85		
COM3：在该酒店/餐厅感觉放松	5.42	0.83	14.40		

注：（1）a：最低水平（最左边）=1，最高水平（最右边）=7；b：1=从不，7=总是；c：1=非常不同意，7=非常同意；（2）NA 表示该路径权重被 Mplus 自动设定为 1（从而不评估 t 值）；（3）所有因子载荷的 p 值均小于 0.01。

表 4-7　　　　模型构念间相关系数与 AVE 开方值（n=216）

	拟人性	PI	CER	CRR	受欢迎	关爱	舒适
拟人性	1						
感知智能（PI）	0.64**	1					
顾客-员工融洽关系（CER）	0.66**	0.40**	1				
顾客-服务机器人融洽构建（CRR）	0.50**	0.47**	0.41**	1			
受欢迎	0.54**	0.76**	0.52**	0.53**	1		
关爱	0.41*	0.57*	0.40*	0.41*	0.72**	1	
舒适	0.55**	0.74**	0.44**	0.48**	0.84**	0.69**	1
$\sqrt{\text{AVE}}$	**0.82**	**0.81**	**0.75**	**0.72**	**0.89**	**0.72**	**0.85**

注：** p<0.01，* p<0.05。

三、研究假设的验证

我们采用 Mplus 7.4 对结构模型进行分析。由于所有的研究假设都反映整体构念之间的关系（如服务机器人属性与好客体验）而非构念的具体维度（如拟人、感知智能）间关系，因此我们采用了二阶结构方程模型。各模型的拟合优度系数满足统计学要求（见表 4-8），说明该理论结构模型能较好地解释现实调查数据。分析结果表明，服务机器人属性显著影响好客服务体验（β＝0.58，t＝4.96***），因此研究假设4-1得到了支持。在考虑顾客-员工融洽关系的影响后，服务机器人属性对好客体验的影响依然显著，但是影响程度大大降低了（见表4-8；β＝0.25，t＝2.01*）。这意味着，在服务机器人属性和好客体验之间，建立顾客与员工之间的融洽关系可能起到缓冲作用。进一步分析发现 Sobel 检验存在显著性（t_a＝4.37，t_b＝2.23，z＝1.986，p＝0.047）。因此，建立顾客与员工的融洽关系在一定程度上中介了服务机器人属性对顾客好客体验的影响，即研究假设4-3也得到了支持。

表4-8 顾客-员工融洽关系的中介作用检验结果

	标准化路径系数和（t 值）		
	M1	M2	M3
模型拟合优度系数	χ^2（df）＝1437.0（276）*** RMSEA＝0.081，NNFI＝0.901，CFI＝0.908	χ^2（df）＝2429.7（368）*** RMSEA＝0.080，NNFI＝0.901，CFI＝0.912	χ^2（df）＝2376.6（367）*** RMSEA＝0.080，NFI＝0.904，CFI＝0.919
服务机器人属性（SRA）→好客体验	0.58（4.96***）		0.25（2.01*）
SRA→顾客-员工融洽关系（CER）		0.45（3.84***）	0.48（3.15***）
CER→好客体验		0.56（2.23*）	0.71（1.73）

注：（1）M1 衡量服务机器人属性对好客体验的全部效应，M2 测度间接效应，M3 可评估直接效应；（2）第三行括号内的值为自由度，其余为 t 值；（3）***p＜0.001，*p＜0.05。

在之前的模拟情景实验中，我们探讨了服务机器人属性对顾客-机器人融洽构建的积极影响。在本阶段，我们基于问卷调查数据来检测顾客-服务机器人融洽构建是否在对好客体验的影响中起中介作用。然而，结果显示（见图4-3），顾客与机器人之间的融洽关系构建对好客服务体验并不存在显著的影响（β＝0.35，t＝1.86，p＝0.07），因此，不具备顾客-服务机器人融洽构建产生中介效应的条件，研究假设 H4-2 未得到支持。

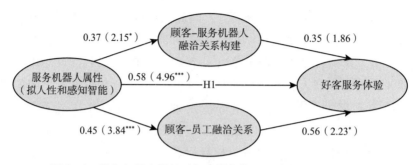

图 4-3 服务机器人属性对好客服务体验影响的结构模型结果

第六节 讨论与启示

作为对服务好客性技术补偿机制的探索，本章以服务机器人这种有实体、易引起注意的 AI 技术为实证基础，探讨了在有员工参与的一线服务场景中，服务机器人是如何通过属性的提升来影响顾客的好客服务体验，其中还考察了顾客、员工、服务机器人的融洽关系构建的角色和作用问题。服务机器人不再像传统技术那样仅充当连接顾客和员工的中介，而是还充当与人类一起服务顾客的准员工（van Doorm et al.，2017）。因此，研究服务机器人属性对顾客好客体验的影响具有重要意义。一方面，这样的研究可以拓展一线服务技术介入和服务接触等学术领域，为人工智能时代背景下的智能技术应用和服务营销理论作出贡献；另一方面，本书中的结论也可供相关从业人员参考，以改进服务机器人的设计及完善顾客关系管理。

为了解服务机器人的属性及其潜在影响，研究人员对 14 名酒店/餐厅管理者/顾客进行了深度访谈。访谈结果发现服务机器人可以激发人们对服务的兴趣，但由于其技术和属性的不成熟，也会导致一些服务失败。由于顾客对温情服务的需求，机器人不能完全替代人类员工，但是它们与人类员工的"协同工作"可以提高好客服务体验。因此，服务企业应该鼓励员工和服务机器人的合作。在这种合作中，服务机器人主要处理重复性的体力活动，而人类员工则把更多的时间花在和顾客沟通上，为他们提供个性化的服务。此外，服务机器人可以通过增加酒店/餐厅服务的新鲜感来提高员工的满意度，从而提高服务质量和顾客满意度。服务机器人还可以创造话题，为顾客和员工之间的沟通留出更多的时间，加强彼此关系。这些积极的关系在服务机器人的影响中起着重要的作用，它们可以概括为"融洽关系的构建"。基于访谈结果和文献综述，我们提出了一个概念模型来解释服务机器人属性对好客体验的影响机制。随着服务机器人在旅游接待业应用的日益普遍以及"效率还是人文"权衡取舍问题的出现，此类系统研究非常有必要（Ivanov et al.，2018）。然而，针对这个话题的研究十分有限，大多也只是从功能角度探讨服务机器人的影响（Bartneck et al.，2009）。相比之下，本书从顾客关系和融洽关系构建的角度对这一问题进行了探讨，由此得出的理论框架可以为服务机器人的研究提供一个新的视角。

　　顾客–服务机器人融洽关系构建会随着服务机器人属性的提升得到加强，但它对好客体验并没有显著影响。基于模拟情景的实验发现，参与者愿意花更多的时间与拟人程度较高（即"更像人类"）或者感知智能更高的服务机器人相处。与顾客对服务机器人的社会存在感知相比，顾客–服务机器人融洽关系构建进一步体现了顾客对机器人的态度。这一研究发现通过提出并确立顾客与机器人之间的融洽关系构建，为研究人机交互提供了新的思路（Tung and Law，2017）。如果服务企业想要鼓励顾客与机器人建立融洽的关系，那么服务机器人的设计应该在人性化的特点上进行改进，同时机器人智能技术也需要进一步完善。然而，对调查数据的分析显示，顾客与机器人建立融洽关系对好客体验的影响却并不显著（$t = 1.86 < 1.96$）。可能的原因是顾客与服务机器人之间的融洽关系构建涉及许多变量和复杂因素，而本书中的研究只调查了部分变量。在模拟情景实验中，我们利用顾客愿意花在机器人身上的时间来推断他们建立融洽关系的结果，在问卷调查中则采用四个变量来考察顾客的融洽关系构建行为，其中，顾客"试图与机器人交流"的频率得分较低。因此，应从技术、功能设计等多角度采取措施来改善服务机器人的属性。未来的研究则可以系统地探讨顾客–机器人融洽关系构建的操作化问题。

　　分析结果显示，我们提出的机器人属性对好客服务体验影响的另一条路径是积极而显著的，即服务机器人属性可以通过顾客和员工之间的融洽关系作用于好客体验。这一结论可以推进服务营销的相关研究。旅游接待业管理人员可以通过增强服务机器人的属性，或者至少让机器人看起来更像人或者更智能，来提高顾客的服务体验，比如适当增加机器人的肢体语言、让员工在后台进行适当控制，等等。本书支持了顾客－员工融洽关系构建在机器人属性和好客体验之间的中介效应，这一发现为关系营销研究增添了新内容。以往的研究对顾客和人类员工之间的融洽关系进行了考察（Gremler and Gwinner，2008）。本书则还考虑了被视为准员工的服务机器人所产生的影响。顾客－员工融洽关系构建这一思路来源于旅游接待业的高度交互性和人性化特点，因此，旅游接待业管理者不应该完全用机器人代替人类员工，其理想状态是机器人与人类员工一起服务顾客，而人类员工在与顾客进行个人接触和互动方面承担更多的责任，相应的管理决策应遵循这一原则。

当然，如果要继续深入研究服务机器人属性对好客体验的影响，还需要考虑更多的因素。比如，顾客与服务提供者建立关系的目的是多样的，从寻求低成本或物质回报，到社会需求，再到移情关怀等（Mende and Bolton，2011）。建立关系的目的不同，顾客的心理感知和之后的行为也会不同，从而影响顾客对好客体验的评价。因此，未来的研究可以探讨顾客关系导向在机器人影响中的作用。本书的深度访谈显示，顾客倾向于将服务机器人的表现与他们的想象进行比较。在这种情况下，顾客对服务的期望或动机是很重要的，在以后对服务机器人管理的研究中应对此加以考察。未来的研究也可以在研究模型中加入更多的情境性的因素，如工作复杂性和顾客的熟悉度，等等。

| 第五章 |
服务好客性的技术补偿（下）——纯 AI 服务情境

第一节　基于新冠疫情情境的纯 AI 服务实证

在前一章中，我们讨论了有员工参与服务一线背景下的 AI 技术补偿，这其中涉及 AI（服务机器人）、员工、顾客等多方面的互动与配合。在本章中，我们考察在没有人类员工参与一线服务场景下，AI 又是如何实现服务好客性的技术补偿的。在该背景下，AI 独立完成对客服务，而员工则在后台提供支持。因此，在顾客的眼里，这是一种纯 AI 服务。纯 AI 服务为考察 AI 技术补偿提供了一种更直观的视角。

近年来，纯 AI 服务在旅游接待业中有增多的趋势，尤其在新冠疫情期间，AI 无接触服务应用的增加引起了人们对旅游接待业服务质量的极大关注。由于新冠疫情，"安全第一"和"减少接触"的原则已成为服务传递的普遍要求（Yıldırım and Güler，2021）。因此，许多行业管理人员采用 AI 技术来执行以前由人类员工完成的某些顾客联系任务，从而产生了纯 AI 服务/AI 无接触式服务（Tussyadiah，2020）。AI 无接触服务是指采用 AI 技术，以无缝对接、智能、自适应的方式为顾客提供面对面的服务，这些服务由相关服务组织及其员工在后台持续维护，但顾客和员工之间没有直接接触（Lee and Lee，2021）。例如，阿里巴巴集团已在多家酒店推出 AI 无接触服务，顾客可以与人工智能设备进行有限互动，以获得灵活而准确的服务，如自助入住、定制餐饮和创新性体验等（Kim and Han，2020）。但是，AI 无接触服务能否真正提供顾客在新冠疫情期间所需的安全性，顾客是否可以从中得到较好的服务质量？这是一个需要解决的关键问题。

　　回答这个问题的第一步是了解纯 AI 服务或 AI 无接触服务的性质与特征。一般来说，采用技术而非人类来提供或传递服务可能会导致顾客信任度降低（Park，2020）。相比之下，人工智能可以通过社会认知唤起心理认同来减轻这种负面影响（Čaić et al.，2019）。例如，AI 服务拥有类人感官特性的优势，因此可以给顾客形成一种他/她正面对另一个社会实体的感知（de Kervenoael et al.，2020；Samala et al.，2020）。顾客感知 AI 感官特性的方式，在某种程度上类似于他们信任某些旅游接待业服务提供者并据此评估相关服务的价值（Wirtz et al.，2018；Čaić et al.，2019）。除了感官特性，交互性和响应性也是 AI 无接触服务的重要特征，这些特性可以在保证低人际接触的情况下缩短与顾客需求的差距，从而提高服务质量（Ghantous，2015；Morita et al.，2019）。通过提供一种双方持续联结的渠道并让顾客参与价值共创的过程，高水平的 AI 交互性和响应性可以保持顾客的好客感受并满足他们的安全和社交需要（Buhalis and Sinarta，2019）。

　　顾客的心理安全至关重要，尤其是在新冠疫情影响下，很多人面临破碎的世界和生活，部分人还出现创伤后应激障碍（PTSD）（Cheung and Mohammed，2019），而这种低水平的心理安全则会阻碍其购买和享受旅游接待业服务（Ahmed et al.，2020；Kim et al.，2021）。现有关于心理安全的研究倾向于关注顾客对环境的感知威胁（Kim et al.，2021；Yıldırım and Güler，2021），关注技术的功能安全，如隐私安全（Ha and Pan，2017），或关注服务绩效、过程和目的等（Park，2020）。然而，很少有研究关注在突发公共卫生事件和 AI 无接触服务的背景下，消费者的心理安全如何。心理安全是价值的关键来源之一，尤其是在存在风险的环境中（Schwartz，2012）。作为应对新冠疫情风险的一种有力手段，AI 技术可以成为一种（人与人之间的）社会屏障，不仅可以提高新冠疫情期间的顾客心理安全（Ivanov and Webster，2019；Jang and Wen，2020），还可以促使顾客参与服务价值共创，从而影响其所获得的控制感和享乐价值（Turner et al.，2020）。即便如此，目前尚无学者对 AI 无接触服务如何影响顾客心理安全、感知价值和好客服务质量进行系统的实证研究，尤其是在公共卫生危机的背景下。本书试图弥合这一空缺。

　　因此，在本章中，我们将在新冠疫情的背景下，通过考虑顾客心理安全和感知价值的因素，来解释 AI 无接触服务对旅游接待业好客服务的影响机制，从而解析在没有员工参与一线服务条件下的技术补偿问题。首先，作为研究这种影响机制的基础，我们分析了纯 AI 服务的属性特征。其次，我们考察了纯 AI 服务对顾客心理安全和感知价值的影响，以及在新冠疫情的背景下，心理安全是否在以上的关系中起中介作用。最后，我们测度顾客的感知价值对旅游接待业好客服务质量的影响。通过这种研究，我们将手段－目的链（Means-end chain）框架扩展到纯 AI 服务的新情境，并推动了 AI 在旅游接待业应用影响的理论和研究。

第二节　纯 AI 服务下的技术补偿框架

一、纯 AI 服务及其结果

　　AI 技术越来越多地应用于旅游接待业，并重塑了企业为顾客提供的服务。这些技术应用可能会因实体机器人设计、顾客个性和特征以及服务环境要素等因素的不同而有所差异（Belanche et al.，2020）。根据池更清等（Chi et al.，2020）学者的研究，旅游接待业服务背景下的人工智能应用表现形式可以分为以下四种类型：智能设备、自助服务技术、聊天机器人和服务机器人。不同类型的 AI 辅助下的服务交互可能对顾客服务体验产生不同的影响（Keyser et al.，2019）。

　　当 AI 技术应用在员工后台支持的背景下，开始直接且独立地为顾客提供服务时，纯 AI 服务或 AI 无接触服务由此产生。纯 AI 服务/AI 无接触式服务在许多方面与传统服务有所不同（见表 5－1）。通过纯 AI 服务，顾客可以使用智能虚拟现实（VR）准确地选择旅游目的地，借助智能系统自主入住酒店，跟随服务机器人去自助餐厅，享受 VR/AR/MR（混合现实）等技术带来的创新性体验，并与聊天机器人畅谈以得到放松（Belanche et al.，2020；Prentice and Nguyen，2020）。在这些情况下，顾客扮演着利益追寻者、判断者、自我激励者、非自愿性工作者和提供帮助者的角色（Kelly et al.，2017），而 AI 则通过构建灵活性的、个性化的智能服务来扮演一种替代或中介的角色，从而影响顾客感知的体验质量（Tung and Law，2017），进而影响其总体满意度、忠诚度、口碑和推荐意愿（Prentice et al.，2020）。

表 5 −1 AI 服务与 AI 无接触服务的表现与结果

概念	服务接触	AI 角色	举例	顾客服务结果	文献来源
AI 服务	顾客 – 员工 顾客 – 顾客	促进 增强	智能推荐 顾客、员工和服务机器人的三元互动	愉悦 购买意愿 满意 顾客忠诚 人员或品牌接受	Tussyadiah et al.，2018；Prentice et al.，2020；Wirtz et al.，2018；Belanche et al.，2020；Tung and Law，2017；Prentice and Nguyen，2020；Chi et al.，2020
AI 无接触服务	AI – 员工 AI – 顾客	替代 中介	生产/送货机器人自动驾驶汽车，自助登记或入住机器，智能电话顾客服务 智能家居系统	认知和心理状态 行为意向 服务接受 服务质量	Kelly et al.，2017；Ahn and Seo，2018；Choi et al.，2019；Ivanov and Webster，2019；Tung and Au，2018；Gursoy et al.，2019

注：AI 服务与 AI 无接触服务是包含而非并列关系，前者包含后者。"AI – 员工"和"AI – 顾客"是 AI 无接触服务的形式，自然也是 AI 服务的接触形式。

关于纯 AI 服务影响的一个重要问题是：AI 技术是否可以抵消因人类劳力减少而导致的顾客利益损失（即技术补偿是否成立）？因为在传统上人类员工是旅游接待业服务的核心（Tasci and Semrad，2016）。根据媒介等同理论（MET），顾客和技术之间的交互本质上是社会的和自然的（Reeves and Nass，1996）。因此，只要顾客认为这些技术的特征与人类员工的特征相同，技术也可以提供好客服务（Tung and Law，2017）。由于其拟人化和高智能水平，AI 技术可能会引导顾客感知其为自动化的社会实体（van Doorn et al.，2017）。基于此，我们提出研究假设，认为像员工一样，高水平的纯 AI 服务也可以产生顾客想要的服务结果（包括安全和质量等）。

根据手段 – 目的链理论（MEC），当消费者评价或购买一项产品/服务时，他们的出发点是感知的价值。为了获得价值，消费者必须得到某些利益（如安全）；而为了实现这些利益，消费者会要求产品/服务具有一定的属性。这样，便形成了一个"服务属性－利益－价值"的手段－目标链，链条中的每个节点都是对应于其右侧一端节点的手段（Reynolds and Olson, 2001）。在新冠疫情全球大流行期间，顾客对旅游接待业服务的反应也遵循 MEC。由于在新冠疫情的背景下人与人之间的直接面对面接触存在风险，当顾客接受 AI 服务时，他们可能会感到心理安全（Chi et al., 2020）。心理安全对顾客来说是一个重要的利益，因为疫情背景下他们的确定性和控制感较低，且不愿意暴露于创伤性的环境中（Cheung and Mohammed, 2019）。

因此，基于媒介等同理论和手段－目标链理论，我们提出了以下纯 AI 服务（无员工参与一线服务）对好客服务进行技术补偿的模型和框架（见图 5 - 1）。

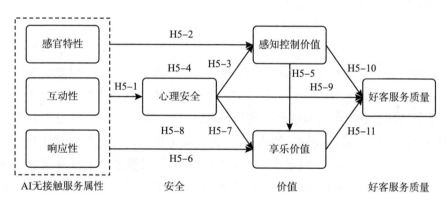

图 5 - 1　纯 AI 服务对好客服务技术补偿的理论模型

二、技术补偿的起点：纯 AI 服务特性

纯 AI 服务在许多方面与传统服务存在差异。首先，这些服务是通过各种基于或集成了人工智能的技术直接提供给顾客的，这些技术包括智能家居系统、智能监控、具有面部识别功能的门锁系统和服务机器人等（Chi et al., 2020）。这些技术在很大程度上决定了纯 AI 服务的属性特征。其次，通过这些服务，顾客被鼓励、激发参与到价值的共同创造活动中。在 AI 的帮助下，顾客可以自行

完成一些任务，例如预订、定制餐饮和创新体验等（de Kervenoael et al.，2020；Kim and Han，2020）。最后，员工与 AI 之间也会发生互动。在 AI 无接触服务的背景下，员工不直接与顾客联系，但他们与 AI 在后台进行互动，从而间接支持一线服务的传递（Keyser et al.，2019；Sigala，2020）。

由于与传统服务的这些差异，纯 AI 服务/AI 无接触式服务呈现出自身独有的特性。当 AI 技术与旅游接待业服务供给相结合时，AI 无接触服务的重要属性——感官特性发挥着重要作用（Prentice et al.，2020）。感官特性主要体现在 AI 技术所展现的感官吸引力（例如：美观、悦耳、良好的触感）和正确的动作中（Ahn and Seo，2018；Tung and Au，2018）。它们反映了 AI 的表现形式和形象构建，常具体表现为拟人化、生物特征等（Tung and Law，2017）。AI 的物理感官特性可以使顾客产生一种他/她在面对另一个社会实体的感知，并激发起其某种人类同理心（舒伯阳等，2020）。顾客可能会从 AI 的外在感官特性中判断其能力和"热情"，而这将进一步影响后续信任关系的建立（Wirtz et al.，2018；Čaić et al.，2019）。

AI 无接触服务的另一个重要属性是其响应性。响应性主要指对顾客需求、指令进行合适和及时的回应，反映了顾客对 AI 设备的沉浸式功能的期望（Le et al.，2020；Samala et al.，2020）。响应能力一直以来都被视为旅游接待业服务质量的一个关键维度（例如 SERVQUAL 模型），这自然也适用于 AI 服务（Prentice and Nguyen，2020）。与人类员工相比，AI 的响应性主要依赖于众多的识别系统和大数据支持，它对顾客参与到服务中来具有重要影响（Lin and Hsieh，2011；Prentice and Nguyen，2020）。高水平的响应通常会提高顾客的信任度和满意度（Noone et al.，2009；Le et al.，2020）。

热情的互动作为旅游接待服务的重要内容，是塑造纯 AI 服务的关键因素之一（Ivanov and Webster，2019）。纯 AI 服务的互动性涉及身体交流，体现在用于为顾客创造面对面体验的语言和非语言行为上（Tung and Law，2017）。互动性，作为顾客对 AI 的主观上的认识和感知，是指 AI 技术能够以多快的速度采取行动，通过与客人顺畅、主动地沟通来满足他们的需求，它决定着顾客在使用 AI 设备时能在多大程度上参与到服务价值共创中（Yim et al.，2017；Shin and Jeong，2020；Sreejesh et al.，2020）。互动性衡量了 AI 与顾客交互的方式（Morita et al.，2019），它与顾客预期的行为规范一致（Choi et al.，2019），也会进一步影响顾客对 AI 的使用和满意度（Ghantous，2015）。

三、安全利益

安全是影响消费者服务选择、服务行为和评价的重要因素。在安全的众多维度中，心理安全尤其受到学者们的重视，特别是在有风险的环境中（Kuppelwieser and Finsterwalder，2011）。心理安全被定义为人们对可能的危险和风险的预感和判断，以及与应对这些风险相关的能力感或无力感（Cong and An，2004）。心理安全是一种自信、安全和自由的感觉，没有恐惧和焦虑，它通常会促使顾客进行服务消费（Ha and Pan，2017；Park，2020）。

纯 AI 服务（或 AI 无接触式服务）的特性——感官特性，可以为顾客带来一定的心理安全感。在全球新冠疫情肆虐的大背景下，消费者面临着诸多的风险，因而会积极寻求心理安全感，这就要求外部资源和因素是稳定可靠、能产生共鸣的（Ha and Pan，2017）。高水平的 AI 无接触服务可以较好地满足这些要求（Tung and Au，2018）。根据社会认知机制（Social cognitive mechanism），顾客会根据他们与"服务者"第一次接触时所产生的具身认知将"服务者"判断为"朋友"或"敌人"（Wykowska et al.，2016）。而"朋友"的感知会带来良好的感觉、安全感和信任（Čaić et al.，2019）。一般来说，有亲和力的或有美感的属性特征可以唤起顾客的"朋友"感知并减少他们的焦虑（Tussyadiah et al.，2020），并进一步诱导积极的心理感知和接受度（van Doorn et al.，2017）。因此，纯 AI 服务的感官特性越强，就越可能给顾客带来心理安全感。

除了感官特性，纯 AI 服务的另一个特性——互动性可以使顾客沉浸其中，从而将顾客与现实短暂地分离（Choi et al.，2019）。这种暂时的"脱离现实"可以为游客创造一个舒适的心理边界（Wang et al.，2019b）。在新冠疫情中，由于顾客感到不确定性和焦虑，信任显得尤为重要（Zhu et al.，2020）；而在维持关系质量方面，互动性与顾客满意度和信任程度密切相关（Ghantous，2015；Park，2020）。通过促使顾客积极参与到服务的生产与传递过程，并触发自动化的社交互动，纯 AI 服务的互动性创造了一种"情感交流"，这种交流使顾客产生一种温暖、能力、信任和安全的感知（van Doorn et al.，2017；Ivanov and Webster，2019）。因此，互动性可能会对顾客的心理安全感产生积极的影响。

顾客心理安全也可能受到纯 AI 服务的响应性的影响。面对未知的威胁，及时而准确的信息响应对顾客来说至关重要（Prentice and Nguyen，2020）。顾客获得服务响应所需的时间越长，他们可能会感到越不确定和越不安全（Ha and Pan，2017）。纯 AI 服务集成了广泛的数据和强大的识别系统，使顾客能够快速有效地收到响应（Li et al.，2021a）。因此，我们可以很自然地假设纯 AI 服务的响应性有利于提高顾客的心理安全感。

综上所述，纯 AI 服务作为一种情境激励可以通过有亲和力的感官特性、高水平的互动性和及时响应性来缓解顾客的恐惧和焦虑，这就引出了以下研究假设：

H5 - 1　纯 AI 服务的感官特性（a）、互动性（b）和响应性（c）等特性对顾客心理安全感存在积极的影响。

四、价值

价值是消费者购买产品/服务的主要目标，这一原则自然也适用于纯 AI 服务（Schwartz，2012）。在全球新冠大流行中，顾客往往要求加强对服务和享受的控制感以缓解精神紧张（Sigala and Sigala，2006；Turner et al.，2020）。如果顾客对服务流程和服务接触的控制感得到加强，他们对危机的感知不确定性就会降低（Turner et al.，2020）。同时，享乐价值在新冠疫情期间至关重要，这主要表现在能给顾客带来心理价值的感官刺激、幻想和情感方面，包括放松、愉悦、新奇和兴奋等情绪（Nambisan and Baron，2009；Miao et al.，2014）。享乐价值对于旅游接待业来说尤其如此，因为该行业主要提供以审美、休闲和娱乐为主要活动的享乐服务（Miao et al.，2014；Yrjölä et al.，2019）。已有的研究已经揭示了感知控制和享乐价值对人机协同形式的体验、满意度的积极影响（Sigala and Sigala，2006；Turner et al.，2020），但这些因素与纯 AI 服务之间的关系还需要进一步讨论。

（一）感知控制价值

感知控制价值是指顾客对他们在多大程度上能独立和自主地控制时间、

服务流程和内容等的感知，是顾客获得感的重要内容之一（Turner et al.，2020）。要实现该价值的最大化，服务必须是可理解和可预测的；感知控制价值的大小决定了顾客对某服务模式是促进还是阻碍其目标实现的判断（Shamdasani et al.，2008）。顾客一般通过参与价值共创来控制服务流程，而纯 AI 服务使其成为可能；在该服务中，顾客扮演着如利益追寻者、判断者、自我激励者、非自愿性工作者和提供帮助者等多种角色，丰富了其对服务的控制（Kelly et al.，2017）。旅游接待业的顾客总是希望获得丰富的信息和快速的响应，以便他们可以自由地作出有关服务参与行为的决策（Lin and Hsieh，2011）。因此，纯 AI 服务的响应性可以促进顾客的感知控制。在感官特性方面，纯 AI 服务会涉及有吸引力的声音、可触摸和移动的载体，使顾客能够控制服务的提供或氛围（Tung and Au，2018），即纯 AI 服务可以增强顾客的控制感。此外，更强的互动性有利于顾客与旅游接待业企业建立服务关系，并提高顾客感知控制的价值（Tasci and Semrad，2016；Choi et al.，2019）。基于这些分析，我们提出以下研究假设：

H5-2 纯 AI 服务的感官特性（a）、互动性（b）和响应性（c）等特性对顾客感知控制价值存在积极的影响。

顾客对服务流程或内容的控制感知取决于他们的心理状态（Shamdasani et al.，2008）。不确定的环境和不熟悉的流程引起的焦虑可能会降低顾客对服务的接受度和信任程度（Gursoy et al.，2019）。心理安全则代表了一种可靠和支持性的氛围，通常可以缓解顾客的紧张状态并调动他们的五官（Zhu et al.，2020）。在这种情况下，顾客可能会认为他们对自己和外部世界有更多的控制权，因此我们提出以下研究假设：

H5-3 顾客心理安全会正向影响其感知控制价值。

从功能上讲，AI 技术可用于监控和指导人们度过新冠大流行期间发生的危机（Li et al.，2021a）。行业实践显示，旅游接待业企业提供的预测分析和自适应设计增强了纯 AI 服务的及时响应和互动，顾客可能会感觉到自身安全水平的提高（Tussydiah，2020）。同时，心理安全感可以部分消除顾客的顾虑，鼓励他们通过纯 AI 服务进行价值共创，使他们能够从感官特性、互动性和响应性中获得额外的心理收益，进而获得对服务流程的更多控制（Kuppel-wieser and Finsterwalder，2011；Zhao and Bacao，2020）。因此，我们提出以下研究假设：

H5 - 4 顾客心理安全在纯 AI 服务与感知控制价值之间起中介作用。

（二）享乐价值

顾客对服务的控制感可能会进一步强化他们对享乐价值的感知。享乐价值反映顾客从涉及愉悦和享受的服务中获得的感官或情感利益，它是愉悦服务体验的重要组成部分（Miao et al.，2014；Ahn and Seo，2018）。已有研究发现感知控制会对新冠疫情中的顾客情绪健康产生积极影响（Yang and Ma，2020）。通过纯 AI 服务，顾客可以通过实时改变他们的内容和形式来控制服务体验，在调整服务的过程中逐渐符合他们自己的享受期望（Duman and Mattila，2005；Sreejesh et al.，2020）。因此，顾客可以从此类服务中获得额外的享乐利益，这促使我们提出以下研究假设：

H5 - 5 顾客感知控制价值对享乐价值存在积极的影响。

高水平的纯 AI 服务可以为顾客带来引人入胜和令人愉悦的体验（Nambisan and Baron，2009；Salimon et al.，2017）。创新的 AI 技术和新时尚服务可能会满足顾客的好奇心和对新奇事物的需求，从而为他们创造享乐价值（Gursoy et al.，2019）。纯 AI 服务所创造的沉浸式氛围使顾客在精神上从社交环境中解脱出来，并为他们提供身心休闲，尤其是在全球新冠大流行的背景下（Sreejesh et al.，2020）。因此，纯 AI 服务的增强可能会增加顾客的享乐价值。更具体来说，纯 AI 服务的感官特性和互动性可能为顾客带来享乐体验。植根于 AI 服务特征的感官特性在激发顾客的乐观情绪、积极反应和享受等方面发挥着至关重要的作用（Nambisan and Baron，2009；Yrjölä et al.，2019）。它们有吸引力的智能语音、"肢体"动作、集成的音乐、灯光和动画，可以产生新奇感，吸引顾客的兴趣，增强其享乐收益（Ahn and Seo，2018）。同时，具有高度交互性的纯 AI 服务可以刺激沉浸式的顾客参与并提升顾客的娱乐感（Nambisan and Baron，2009；Yim et al.，2017），这都暗示着该因素对顾客感知享乐价值有潜在的积极影响。因此，我们提出以下研究假设：

H5 - 6 纯 AI 服务的感官特性（a）和互动性（b）对顾客享乐价值存在积极的影响。

顾客通过纯 AI 服务寻求享乐价值时，其心理安全感不容忽视。顾客在参与服务并创造体验时需要有一个安全的心理环境（Kuppelwieser and Finster-walder，2011）。心理安全是一种积极情绪，有助于提高顾客在全球新冠大流行中的幸福感（Yıldırım and Güler，2021）。在纯 AI 服务中，感官特性和互动性有利于产生积极的享乐体验和记忆（Ahn and Seo，2018；Yim et al.，2017）。根据恐惧管理理论，这种积极情绪鼓励人们以乐观的方式看待事件和未来，并在危机期间减少焦虑（Yıldırım and Güler，2021）。因此，我们可以推测心理安全感较强的顾客比弱者更有可能充分体验愉悦的价值（Salimon et al.，2017）。据此，我们可以延伸到以下研究假设：

H5 - 7 顾客心理安全对享乐价值存在积极的影响。

H5 - 8 顾客心理安全在纯 AI 服务的感官特性（a）和互动性（b）与享乐价值的关系中起中介作用。

五、好客服务质量

高质量的好客服务是旅游接待业顾客的主要期望，尤其是在新冠疫情期间（Schwartz，2012；Zeng et al.，2020）。与传统服务相比，纯 AI 服务/AI 无接触式服务提供的主要内容和质量来源不再仅仅是人与人之间的接触，而在很大程度上取决于顾客与 AI 之间的互动（Jiang and Wen，2020）。随着人类员工从纯 AI 服务模式的一线退出，转而在后台提供支持，顾客需要的信任和心理安全变得尤为重要（Wen et al.，2020；Zhao and Bacao，2020）。新冠疫情中的恐惧和焦虑带来的心理不安全和不信任可能会阻碍顾客参与服务的价值共创过程，进而影响他们的好客服务认知（Ahmed et al.，2020）。相比之下，心理安全可以增强顾客对自我效能和服务有效性的感知，提高他们对服务结果的评价（Wen et al.，2020）。因此，心理安全是好客服务质量的重要前导因素，我们可据此提出以下研究假设：

H5 - 9 顾客心理安全对旅游接待业好客服务质量存在积极的影响。

当顾客评估好客服务质量时，对服务控制的感知是另一个影响因素（Duman and Mattila，2005）。感知控制表明顾客是相对积极的服务参与者还是非自愿的参与者（Kelly et al.，2017）。在被动控制中，顾客倾向于关注自身的不适而批评服务，而主动控制则相反，往往使顾客关注服务积极面而感知到更多的好客性（Wen et al.，2020；Shamdasani et al.，2008）。换言之，控制感的增强可能会带来积极的好客服务结果。因此，我们提出以下研究假设：

H5－10　顾客感知控制价值会对好客服务质量产生积极的影响。

在旅游接待业环境中，预测好客服务质量的另一个重要因素是感知的享乐价值（Miao et al.，2014）。AI 可以通过创建自由互动的、生动的和丰富的服务内容来增强顾客的体验，从而增强顾客的享乐利益（Hoyer et al.，2020）。当顾客对纯 AI 服务感到愉快或兴奋时，这些积极情绪会增强他们对好客服务质量的判断（Tussyadiah et al.，2018）。因此，我们提出以下研究假设：

H5－11　顾客享乐价值会对好客服务质量产生积极的影响。

第三节　论证设计与方法

一、抽样与数据收集

我们选择了使用 AI 技术进行一线服务的酒店企业作为调研情境，并对纯 AI 服务的对象——顾客进行调查。酒店作为旅游接待业的典型，追求为顾客提供优质的好客服务。而我国的酒店企业在 AI 技术的应用方面近年来呈不断上升的趋势，尤其是在新冠疫情期间，不少酒店企业为减少疫情传播风险，相继采用了 AI 无接触服务完成部分对客业务。因此，这些酒店为我们提供了丰富的实践基础，调查并分析他们的 AI 服务实践也可以为其他类似环境提供启示。

本次问卷调查分为两种方式。一种是在武汉市相关酒店进行的现场面对面问卷收集，另一种是委托、雇佣问卷星调查公司（www. wjx. cn）进行的在线问卷发放。数据收集于 2020 年 8 月初开始进行，到当年 10 月下旬最终完成。我们请两位学生助理到武汉市内采用了 AI 服务的酒店进行现场调查，她们在被委派之前已熟悉本次调研的目的和数据收集要求，也受过学术伦理和保证调查质量的培训。我们先联系了相关的目标酒店（例如葛洲坝美爵酒店）的经理，他们同意了配合调查和问卷分发。之后，学生助理在酒店服务人员的帮助下对入住期间体验过 AI 服务的酒店顾客进行现场调查。每位被调查者都获得了一份小礼物，以鼓励他们参与调查并提供真实想法。最后，我们共收集到 133 份问卷，剔除掉不完整的问卷后，得到了 109 份有效回复问卷。另一种数据收集方式是采用线上问卷调查，借助具有大量样本（基础会员）的第三方在线调查公司问卷星。该公司提供问卷发放服务，通过使用关键词（"酒店顾客" + "在该酒店接受过 AI 服务"）进行严格地筛选确定目标用户后分发问卷。曾参加武汉相关酒店现场调查的人员被说明不要再次填写问卷。通过这种方式，我们最后收集到 321 份问卷，在将完成时间极短（少于 3 分钟）、所有问题选项答案完全一样、对问卷中的筛选问题（"新冠肺炎最早被发现于以下哪个时间？"）回答不正确的相关调查问卷剔除后，保留了 207 份有效问卷。两处有效问卷共计 316 份，达到结构模型分析的样本要求：在正式调研中样本数量一般要求在问卷题项总量的 10 倍或以上，样本量过低会影响因子分析以及研究结果的可信度。

二、构念的测量

我们采用已有研究中开发的量表对纯 AI 服务下的好客性技术补偿模型（见图 5 - 1）中的构念进行测量。当然，这些量表会经过适当的调整以适应我们的研究情境（即酒店）。纯 AI 服务的感官特性是基于董颖燊和欧（Tung and Au，2018）以及布兰奇等（Belanche et al.，2020）文献进行测量的，这两项研究强调了 AI 关键的听觉、触觉和移动功能。互动性则是用甘图斯（Ghantous，2015）开发的量表来衡量的，该量表考虑了互动频率、兴趣和持续时间，以准确反映互动的复杂性和多面性。响应性则借鉴了林和谢（Lin and Hsieh，2011）的研究，它包括及时性、全面性、流畅性和准确性。

顾客心理安全是用艾里芬等（Ariffin et al.，2018）所开发的量表来进行衡量的。当然，由于该量表是采用反向题进行操作（即评估被调查者在多大程度上感知不安全），在结构方程模型（SEM）分析之前，我们会将项目评分一一校正过来。我们采用特纳等（Turner et al.，2020）人开发的量表来衡量感知控制价值，该量表包含四个题项，有较高的信度、效度。顾客享乐价值的衡量则是基于南毕山和巴伦（Nambisan and Baron，2009），该研究有一个已被广泛引用的测量量表。最后，我们采用西奥多西乌等（Theodosiou et al.，

2019）的研究结果来衡量好客服务质量。在这里，除了体现好客性，我们同时强调质量结果，它们代表了顾客需求的程度。

所有的构念的测量题项都采用李克特 7 点量表来进行，从 1 到 7 的赋值分别代表"完全不同意""比较不同意""略微不同意""中立""略微同意""比较同意""完全同意"。这些变量与人口统计特征变量、控制变量一起构成了正式的调查问卷。

另外，有一些因素对纯 AI 服务技术补偿模型也存在潜在的影响，但不是本书的关注重点，因此，我们将其设为控制变量。这其中包括参与调查的顾客人口统计特征变量，例如性别、年龄、教育背景和月收入等，因为它们可能会影响顾客的偏好和评价。顾客对使用了纯 AI 服务的酒店的到访频率和他们对 AI 技术的熟悉程度、理解水平也会影响其对 AI 服务和好客感知的评价，因而也被设为控制变量（Ivanov and Webster，2019）。其中，到访频率用"您是第几次来该酒店：A. 第 1 次 B. 第 2 次 C. 第 3 次或 3 次以上"的问题来衡量，而 AI 技术熟悉度用被调查者对"您对人工智能技术的了解程度 A. 不了解 B. 了解 C. 熟悉 D. 精深"的回答来判断。所有变量的最终调查数据将基于 Mplus 7.4 软件进行分析。具体技术补偿模型构念测量题项见表 5 - 2。

表 5 - 2　　　　　　　　　　纯 AI 服务模型构念测量题项

构念	维度	题项编号	测量题项	文献来源
纯 AI 服务/AI 无接触服务	互动性（Interactivity）	I1	我经常与该酒店的智能语音设备交流产品和服务问题	Ghantous，2015
		I2	我经常与该酒店的智能语音设备交流与该酒店无关的一般性事情	
		I3	一般来说，我经常与该酒店的智能语音设备进行交流和讨论	
		I4	我对与该酒店的人工智能交流和讨论很感兴趣	
		I5	我认为我与该酒店的人工智能积极沟通的时间应该更长	

续表

构念	维度	题项编号	测量题项	文献来源
纯 AI 服务/AI 无接触服务	响应性（Responsiveness）	R1	一般来说，我可以通过该酒店的人工智能及时得到我要的服务	Lin and Hsieh, 2011
		R2	该酒店的人工智能会快速回应我的要求	
		R3	我可以通过该酒店的人工智能顺利得到我的服务	
		R4	该酒店的人工智能为我提供了完成服务所需的实时综合信息	
	感官特性（Sensory Properties）	SP1	在服务过程中，该酒店的人工智能设备的外观很吸引我	Tung and Au, 2018；Belanche et al., 2020
		SP2	在服务过程中，该酒店的人工智能设备的声音对我来说是悦耳的	
		SP3	在服务过程中，该酒店的人工智能设备的触感对我来说很舒服	
		SP4	在服务过程中，该酒店的人工智能设备的动作让我感觉良好	
		SP5	在服务过程中，该酒店的人工智能设备看上去跟人较像	
	心理安全（Psychological safety）	PS1	我不能信任该酒店的人工智能服务	Ariffin et al., 2018
		PS2	我担心该酒店的人工智能服务不能满足我	
		PS3	如果我对该酒店人工智能服务质量不满意，我会很沮丧	

续表

构念	维度	题项编号	测量题项	参考文献
纯 AI 服务/AI 无接触服务	感知控制价值（Value of perceived control）	PC1	我对自己在该酒店人工智能服务过程的控制程度感到满意	Turner et al.，2020
		PC2	该酒店的人工智能服务让我能控制自己的个性化服务	
		PC3	我觉得该酒店人工智能给了我在服务过程中完全的自主权	
		PC4	在该酒店入住期间，我对它的服务有很强的控制感	
	享乐价值（Hedonic Value）	H1	该酒店人工智能服务过程中，我度过了愉快和放松的时光	Nambisan and Baron，2009
		H2	我从该酒店人工智能服务中获得了开心和快乐	
		H3	该酒店人工智能可以调动和刺激我的大脑	
		H4	该酒店人工智能服务让我从解决问题、产生想法等方面获得了乐趣	
	好客服务质量（Hospitable service quality）	SQ1	该酒店提供了高水平的整体好客服务	Theodosiou et al.，2019
		SQ2	该酒店为我提供了方便的款待服务	
		SQ3	该酒店为我提供了可靠的款待服务	
		SQ4	该酒店为我提供了有益的帮助	

第四节　预调研与纯 AI 服务量表

由于纯 AI 服务在旅游接待业仍是比较新的服务方式，相关的测量研究相对较少。因此，在正式调研之前，为了优化纯 AI 服务/AI 无接触式服务的感官特性、互动性和响应性的测量量表（尤其是感官特性，因其测量题项来自两处文献），我们进行了一项预调研，在项目组成员熟知的人员（酒店顾客）中转发，最终得到了 93 份有效问卷。该数量超过该测量量表题项数的 6 倍，足以用于优化测量项目。以往研究也有采用 90 作为预调研的样本量（Hair et al.，2011）。基于该数据，我们进行了探索性因子分析（EFA），具体采用了主成分分析法提取因子，并选择最大方差法进行旋转。初始结果表明，所得数据适合进行因子分析（KMO = 0.823 > 0.6；Bartlett 球形检验在 p < 0.01 处显著）。同时，我们采用以下步骤精练测量量表：（1）先剔除附着于各因子的载荷低于 0.5 的题项，题项的删除顺序是先剔除因子载荷最低者，之后再运行一遍因子分析，每轮只剔除一个测量题项；（2）将附着于多个因子的"骑墙"题项删除（如某变量在两个因子的载荷均高于 0.5），删除顺序依然是依据因子载荷从低到高进行。经过三轮 EFA，我们删除了两个题项，分别为"在服务过程中，该酒店的人工智能设备的动作让我感觉良好"和"在服务过程中，该酒店的人工智能设备看上去跟人较像"，因为其因子载荷低于 0.5。最后，我们确定了 12 个测量题项并形成了三个因子，加载在各因子上的测量题项与从原始研究中所采用的项目是一致的。三个因子（即感官特性、互动性和响应性）解释了总方差的 72% 以上（见表 5 – 3）。同时，各测量题项的因子载荷处于 0.653 ~ 0.886，α 值均大于 0.8，显示出较高水平的信度和效度，可用于正式调查。用同样的方式对其他构念进行分析，发现并未出现各测量工具与其来源文献相悖的情况。我们基于此展开正式调研。

表 5 – 3　　　　　　　　纯 AI 服务的 EFA 分析结果（n = 93）

因子/变量	因子载荷	特征值	解释方差（%）	α 值
因子 1：互动性		**5.509**	**45.908**	**0.888**
I1. 我经常与该酒店的智能语音设备交流产品和服务问题	0.803			
I2. 我经常与该酒店的智能语音设备交流与该酒店无关的一般性事情	0.886			
I3. 一般来说，我经常与该酒店的智能语音设备进行交流和讨论	0.839			

续表

因子/变量	因子载荷	特征值	解释方差（%）	α值
I4. 我对与该酒店的人工智能交流和讨论很感兴趣	0.777			
I5. 我认为我与该酒店的人工智能积极沟通的时间应该更长	0.653			
因子 2：响应性		**1.916**	**15.967**	**0.869**
R1. 一般来说，我可以通过该酒店的人工智能及时得到我要的服务	0.866			
R2. 该酒店的人工智能会快速回应我的要求	0.750			
R3. 我可以通过该酒店的人工智能顺利得到我的服务	0.846			
R4. 该酒店的人工智能为我提供了完成服务所需的实时综合信息	0.713			
因子 3：感官特性		**1.266**	**10.548**	**0.810**
SP1. 在服务过程中，该酒店的人工智能设备的外观很吸引我	0.819			
SP2. 在服务过程中，该酒店的人工智能设备的声音对我来说是悦耳的	0.821			
SP3. 在服务过程中，该酒店的人工智能设备的触感对我来说很舒服	0.816			

第五节　数据分析与结果

一、描述性统计分析

为了检查所收集数据的可靠性，我们基于卡方检验对两个来源（现场 VS. 在线样本库）的数据进行比较。我们将基于现场调查的问卷（n = 109）的每个问题的回答选项分布状态作为预期值（例如，选择 I1 变量的

七个选项——从"非常不同意"到"非常同意"——的被调查者占比分别为
1.27%、6.33%、7.28%、23.10%、31.96%、24.68%、5.38%），而基于
在线样本库的调查数据（n=207）的相应分布状态作为实测值。之后再比较
观察这两个数据分布状态之间的差异。这样做的原因是现场问卷发放的可靠
性和质量较高，通过这种比较可以判断总体数据的质量状况。卡方统计分析
结果表明两个数据集没有显著的差异（见表 5-4）。因此，我们将这两个数
据集合并为一个，用于所有后续分析。

表 5-4　　　　　纯 AI 服务两个数据集回复选项分布的差异比较

变量	卡方 χ^2	df	P 值
I1	10.2191	6	0.1157
I2	11.3003	6	0.0795
I3	9.0234	6	0.1723
I4	11.0492	6	0.0869
I5	9.8135	6	0.1327
R1	11.7741	6	0.0672
R2	11.8259	6	0.0660
R3	11.1942	6	0.0826
R4	11.9964	6	0.0620
SP1	12.0455	6	0.0610
SP2	11.7509	6	0.0678
SP3	11.2971	6	0.0796
PS1	9.5842	6	0.1433
PS2	11.0827	6	0.0859
PS3	10.2462	6	0.1147
PC1	12.1975	6	0.0577
PC2	11.5636	6	0.0724
PC3	12.2462	6	0.0567
PC4	11.7814	6	0.0670
H1	10.6540	6	0.0997

续表

变量	卡方 χ^2	df	P 值
H2	11.5720	6	0.0722
H3	10.9497	6	0.0899
H4	11.0254	6	0.0876
SQ1	12.1239	6	0.0593
SQ2	12.0809	6	0.0602
SQ3	11.7843	6	0.0670
SQ4	11.3795	6	0.0773
性别	0.2281	1	0.6329
年龄	5.9858	3	0.1123
教育背景	5.1984	2	0.0743
月收入	7.0032	3	0.0718
到访频率	1.1954	2	0.5501
AI 技术熟悉度	2.7774	3	0.4272

注：（1）两个数据集分别指现场问卷数据（n=109）和在线样本库调查数据（n=207）。卡方检验时将前者作为预期值，后者作为实测值。（2）I1~I5：互动性的变量；R1~R4：响应性的变量；SP1~SP3：感官特性的变量；PS1~PS3：心理安全的变量；PC1~PC4：感知控制的变量；H1~H4：享乐价值的变量；SQ1~SQ4：好客服务质量的变量。

表5-5列出了被调查者的人口统计特征信息。在316名参与者中，女性（n=185，占比58.5%）多于男性（n=131，占比41.5%）。大多数被调查者的年龄在18~45岁（n=285，占比90.2%）；大部分参与者具有大专及以上的学历（n=306，占比96.8%）；大部分被调查者平均月收入在6000元以上（n=222，占比70.2%）。在服务经历方面，很多被调查者对到访酒店有过两次以上的访问（n=244，占比77.2%）；大部分参与者都了解或熟悉AI技术（n=286，占比90.5%）。

表 5 - 5　　　　　纯 AI 服务被调查者的统计特征变量描述（n = 316）

变量	值	频数	所占百分比（%）
性别	男性	131	41.5
	女性	185	58.5
年龄	18～35 岁	221	69.9
	36～45 岁	64	20.3
	46～55 岁	22	7.0
	56 岁及以上	9	2.8
教育背景	高中学历或以下	10	3.2
	大学学历	232	73.4
	研究生或以上	74	23.4
平均月收入	低于 3000 元	25	7.9
	3001～6000 元	69	21.8
	6001～10000 元	140	44.6
	10001 元及以上	82	25.9
酒店到访次数	第 1 次	72	22.8
	第 2 次	121	38.3
	第 3 次或以上	123	38.9
AI 技术熟悉程度	不了解	24	7.6
	了解	186	58.9
	熟悉	100	31.6
	精深	6	1.9

我们采用 IBM SPSS 19 对所有结构模型涉及的变量进行正态性检验。根据黑尔等（Hair et al., 2011）的说法，SEM 分析很容易受到数据分布特征的影响，尤其是偏离多元正态性的数据。如果数据不是正态分布的，卡方统计量可能会被夸大，并且决定系数显著性的关键值可能存在偏差（Hair et al., 2011）。正态性检验结果表明（见表 5 - 6），各变量的偏度介于 - 1.261（变量 R3）和 - 0.004（变量 PS3）之间，其峰度的最小值和最大值分别为 - 0.802（变量 PS4）和 2.605（变量 R3）。由于偏度和峰度的绝对值都小于 3，并且 Kolmogorov - Smirnov 检验统计量也暗示数据在正态性上没有显著的

偏差，因此，我们认为调查数据呈近似正态分布。同时，由于所有变量都是基于同一个被调查的顾客进行评分的，这可能导致潜在的共同方法偏差。为此，我们进行了哈门氏单因子测定（Harman's one-factor Test）。结果表明，由单个因素解释的公共方差为34.9%，远低于50%的经验标准（Podsakoff et al.，2003）。因此，此次分析中不存在共同方法偏差的问题。

表5-6　　　　纯 AI 服务下各变量数据分布的峰度与偏度（n=316）

变量	均值	标准差	偏度统计量	偏度的标准误	峰度统计量	峰度的标准误
I1	4.71	1.335	-0.640	0.137	0.150	0.273
I2	3.93	1.532	-0.154	0.137	-0.649	0.273
I3	4.65	1.449	-0.604	0.137	-0.195	0.273
I4	5.40	1.423	-1.107	0.137	1.222	0.273
I5	4.77	1.372	-0.514	0.137	0.098	0.273
R1	5.48	1.134	-0.991	0.137	1.346	0.273
R2	5.59	1.142	-0.922	0.137	1.230	0.273
R3	5.39	1.184	-1.261	0.137	2.605	0.273
R4	5.40	1.176	-0.867	0.137	0.929	0.273
SP1	5.15	1.281	-0.657	0.137	0.357	0.273
SP2	5.25	1.271	-0.603	0.137	0.191	0.273
SP3	5.14	1.294	-0.689	0.137	0.211	0.273
PS1	5.41	1.247	-0.883	0.137	0.735	0.273
PS2	4.79	1.403	-0.484	0.137	-0.059	0.273
PS3	4.60	1.299	-0.004	0.137	-0.495	0.273
PS4	4.47	1.542	-0.080	0.137	-0.802	0.273
PC1	5.23	1.054	-0.800	0.137	1.427	0.273
PC2	5.25	1.127	-0.753	0.137	1.323	0.273
PC3	5.26	1.186	-0.664	0.137	0.482	0.273
PC4	4.86	1.084	-0.218	0.137	0.089	0.273
H1	5.59	1.072	-1.096	0.137	2.170	0.273
H2	5.53	1.117	-0.773	0.137	0.961	0.273

续表

变量	均值	标准差	偏度统计量	偏度的标准误	峰度统计量	峰度的标准误
H3	4.97	1.230	− 0.366	0.137	0.041	0.273
H4	5.32	1.163	− 0.602	0.137	0.169	0.273
SQ1	5.61	1.031	− 0.798	0.137	0.888	0.273
SQ2	5.90	1.076	− 1.228	0.137	2.578	0.273
SQ3	5.66	1.082	− 1.025	0.137	1.625	0.273
SQ4	5.71	1.138	− 1.122	0.137	2.111	0.273

注：I1 ~ I5 指互动性的变量；R1 ~ R4 指响应性的变量；SP1 ~ SP3 指感官特性的变量；PS1 ~ PS3 指心理安全的变量；PC1 ~ PC4 指感知控制的变量；H1 ~ H4 指享乐价值的变量；SQ1 ~ SQ4 指好客服务质量的变量。

二、测量模型评估

测量纯 AI 服务的三个构念是基于从不同研究提取的量表（但同一构念来自同一篇文献），其研究情境也存在一定的差异，因此，有必要对纯 AI 服务进行个体测量模型检验。我们采用 Mplus 7.4 进行验证性因子分析（CFA），得到的模型拟合指数表明 AI 无接触服务的因子结构能较好地契合实证调研数据：卡方 $\chi^2 = 126.711$，自由度 df = 51，$\chi^2/df = 2.458$（< 3），TLI = 0.946（> 0.9），CFI = 0.958（> 0.9），RMSEA = 0.069（< 0.08）（Bowen and Guo，2011）。CFA 分析结果表明，各观测变量在 AI 无接触服务的三个维度的因子载荷位于 0.626 与 0.879 之间，都大于 0.6，因子载荷均值分别为 0.775、0.770 和 0.723。3 个因子的 α 值大于 0.8，说明其具有较高的信度（α 值 > 0.7）；它们的 AVE 值也都大于 0.5（位于 0.526 与 0.601 之间），说明各构念的效度也达到要求。因此，本书中所使用的纯 AI 服务量表得到验证和支持，可用于未来相关研究中。

将所有构念之间的协方差考虑进来，我们基于正式调研数据进行全模型 CFA，以检查总体测量模型的可靠性。分析结果表明测量模型与实际数据拟合良好：卡方与自由度之比（647.207/301 = 2.15）小于 3；CFI（= 0.917）和 TLI（= 0.903）值超过了标准要求的临界值（0.9）；RMSEA（= 0.06）小于标准值 0.08（Bowen and Guo，2011）。

表 5 - 7 和表 5 - 8 的结果支持了测量模型的有效性和可靠性。各测量变量

的因子载荷处于 0.605 ~ 0.877 的范围，均高于 0.6，说明各构念测量的结构关系是显著的（Hair et al.，2011）。所有构念或因子的 C. R. 值（组合信度）都大于 0.7，表明其信度是可以接受的（Hair et al.，2011）（见表 5 – 7）。各构念的 AVE 值介于 0.511 和 0.591 之间，都超过了 0.5。因此，各测量构念表现出较高的收敛效度。同时，每个构念 AVE 值的平方根大于该构念与其他构念之间的皮尔森相关系数，表明这些构念具有较好的区分效度（见表 5 – 8）。

表 5 – 7　　　　　纯 AI 服务整体测量模型的分析结果（n = 316）

构念	变量	因子载荷	T 值	C. R.	AVE
感官特性				0.789	0.556
	该酒店的人工智能设备的外观很吸引我	0.687	NA		
	该酒店的人工智能设备的声音对我来说是悦耳的	0.769	11.461		
	该酒店的人工智能设备的触感对我来说很舒服	0.777	11.54		
互动性				0.862	0.559
	我经常与该酒店的智能语音设备交流产品和服务问题	0.825	NA		
	我经常与该酒店的智能语音设备交流与该酒店无关的一般性事情	0.629	11.711		
	一般来说，我经常与该酒店的智能语音设备进行交流和讨论	0.877	17.829		
	我对与该酒店的人工智能交流和讨论很感兴趣	0.736	14.270		
	我认为我与该酒店的人工智能积极沟通的时间应该更长	0.639	11.943		
响应性				0.853	0.591
	一般来说，我可以通过该酒店的人工智能及时得到我要的服务	0.742	NA		
	该酒店的人工智能会快速回应我的要求	0.788	13.939		
	我可以通过该酒店的人工智能顺利得到我的服务	0.795	14.070		
	该酒店的人工智能为我提供了完成服务所需的实时综合信息	0.749	13.208		

续表

构念	变量	因子载荷	T 值	C. R.	AVE
				0.796	0.570
心理安全	我不能信任该酒店的人工智能服务	0.876	NA		
	我担心该酒店的人工智能服务不能满足我	0.760	11.135		
	如果我对该酒店人工智能服务质量不满意，我会很沮丧	0.605	9.117		
				0.806	0.511
感知控制价值	我对自己在该酒店人工智能服务过程的控制程度感到满意	0.750	NA		
	该酒店的人工智能服务让我能控制自己的个性化服务	0.753	12.759		
	我觉得该酒店人工智能给了我在服务过程中完全的自主权	0.703	11.910		
	在该酒店入住期间，我对它的服务有很强的控制感	0.648	10.948		
				0.820	0.533
享乐价值	该酒店人工智能服务过程中，我度过了愉快和放松的时光	0.789	NA		
	我从该酒店人工智能服务中获得了开心和快乐	0.727	13.632		
	该酒店人工智能可以调动和刺激我的大脑	0.638	11.673		
	该酒店人工智能服务让我从解决问题、产生想法等方面获得了乐趣	0.758	14.324		
				0.822	0.535
好客服务质量	该酒店提供了高水平的整体好客服务	0.747	NA		
	该酒店为我提供了方便的款待服务	0.709	12.202		
	该酒店为我提供了可靠的款待服务	0.712	12.263		
	该酒店为我提供了有益的帮助	0.757	13.074		

注："心理安全"构念的测量采用的是反向题，在结果分析时，"1，2，3"和"7，6，5"的值分别进行了对调替换，以与其他构念保持一致。"NA"表示相应关系的回归权重被 Mplus 软件自动固定为 1.00，而不进行估计（例如，"感官特性"增加一个单位，"该酒店的人工智能设备的外观很吸引我"也上升一个单位）。

表 5 - 8 　　　　　　纯 AI 服务下测量模型的区分效度分析（n = 316）

构念	互动性	响应性	感官特性	心理安全	感知控制价值	享乐价值	好客服务质量
互动性	**0.748**						
响应性	0.466**	**0.769**					
感官特性	0.498**	0.578**	**0.746**				
心理安全	0.201**	0.492**	0.351**	**0.755**			
感知控制价值	0.457**	0.673**	0.57**	0.323**	**0.715**		
享乐价值	0.553**	0.714**	0.671**	0.432**	0.698**	**0.730**	
好客服务质量	0.396**	0.707**	0.589**	0.434**	0.585**	0.649**	**0.731**

注：（1）对角线上加粗的数值为各构念的 AVE 的开方值；未加粗的数值为各构念与其他构念之间的皮尔森相关系数。（2）"心理安全"构念的测量采用的是反向题（同表 5 - 7）。（3）** p < 0.01。

三、研究假设的验证

我们采用 Mplus 7.4 进行 SEM 分析以验证所提出的研究假设。结果发现，结构模型与现实的拟合优度得到了数据支持：$\chi^2 = 589.209$；df = 306；CFI = 0.938（> 0.9）；TLI = 0.929（> 0.9）；RMSEA = 0.054（< 0.08）（Bowen and Guo，2011）。

SEM 分析结果表明，除了 H5 - 1a、H5 - 2b 和 H5 - 3（见图 5 - 2）外，大多数关于直接影响的研究假设都得到了支持，内生性构念的多重相关系数的平方（即 R^2）都很高。纯 AI 服务中的两个维度对顾客心理安全有积极影响，但其感官特性则没有（见表 5 - 9）。具体而言，纯 AI 服务的响应性对顾客心理安全有积极而显著的影响（β = 0.691；t = 6.837***），从互动性到顾客心理安全的路径也得出了类似的结论（β = 0.199；t = 2.405*）。因此，研究假设 H5 - 1 得到部分支持，即 H5 - 1b 和 H5 - 1c 成立，但 H5 - 1a 未得到支持。同时，纯 AI 服务的两个维度显著且积极地影响了顾客的感知控制价值，即感官特性（β = 0.238；t = 2.881**）和响应性（β = 0.890；t = 7.613***），而不支持从互动性到感知控制价值的路径（β = - 0.043；t = - 0.592）。因此，研究假设 H5 - 2 也得到部分支持。另外，顾客心理安全对感知控制价值的影响显著，但却是负向的（β = − 0.240；t = − 3.123 **），这说明 H5 − 3 未得到支持（虽然关系是显著的，但现实为研究假设的相反方向，仍视为未支持，但结论可用）。

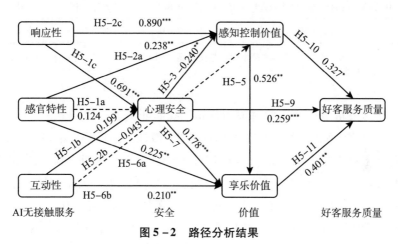

图 5 − 2　路径分析结果

注：（1）"心理安全"构念的测量采用的是反向题（同表 5 − 7）；（2）我们调整了纯 AI 服务三个属性的顺序（与图 5 − 1 相比），使路径结果更具可读性；（3）*** p < 0.001，** p < 0.01，* p < 0.05；（4）箭头上的数值表示 β 值和显著性。

表 5 − 9　　　　　　　　　　纯 AI 服务下研究假设检验结果

研究假设	路径	β	t 值	检验结果
H5 − 1a	感官特性→心理安全	0.124	1.280	未支持
H5 − 1b	互动性→心理安全（+）	0.199	2.405 *	支持
H5 − 1c	响应性→心理安全（+）	0.691	6.837 ***	支持
H5 − 2a	感官特性→感知控制价值（+）	0.238	2.881 **	支持
H5 − 2b	互动性→感知控制价值	− 0.043	− 0.592	未支持
H5 − 2c	响应性→感知控制价值（+）	0.890	7.613 ***	支持
H5 − 3	心理安全→感知控制价值	− 0.240	− 3.123 **	未支持（但显著）
H5 − 5	感知控制价值→享乐价值（+）	0.526	7.006 ***	支持
H5 − 6a	感官特性→享乐价值（+）	0.225	2.991 **	支持
H5 − 6b	互动性→享乐价值（+）	0.210	3.744 ***	支持
H5 − 7	心理安全→享乐价值（+）	0.178	3.596 ***	支持

研究假设	路径	β	t 值	检验结果
H5 – 9	心理安全→好客服务质量（ + ）	0. 259	4. 014***	支持
H5 – 10	感知控制价值→好客服务质量（ + ）	0. 327	2. 386*	支持
H5 – 11	享乐价值→好客服务质量（ + ）	0. 401	2. 678**	支持

注：（1）"心理安全"构念的测量采用的是反向题（同表 5 – 5）；（2）***p < 0.001，**p < 0. 01，*p < 0. 05。

以全球疫情下的酒店业情境为基础，我们证实了心理安全 – 价值 – 好客服务质量链作为纯 AI 服务下的技术补偿的有效性。路径分析结果显示，心理安全对顾客的享乐价值感知（β = 0. 178；t = 3. 596***）和好客服务质量（β = 0. 259；t = 4. 014***）有显著的正向影响。感知控制也与享乐价值呈正相关关系（β = 0. 526；t = 7. 006***）。同时，感知控制价值（β = 0. 327；t = 2. 386*）和享乐价值（β = 0. 401；t = 2. 678**）对顾客感知的好客服务质量有显著的积极影响。因此，研究假设 H5 – 3、H5 – 5、H5 – 7、H5 – 9、H5 – 10 和 H5 – 11 都得到了支持。

我们还验证了顾客心理安全的潜在中介作用。由于纯 AI 服务的感官特性对心理安全没有显著影响，因此，心理安全在感官特性与两类价值的关系中不起中介作用。换言之，研究假设 H5 – 4a 和 H5 – 8a 未得到支持。同时，中介效应检验结果表明，心理安全在响应性和感知控制之间的关系中起中介作用，但其影响作用是负面的（β = – 0. 103；t = – 2. 002*；效应值 ES = – 0. 131）。心理安全在互动性和感知控制之间关系的中介作用不显著（β = 0. 063；t = 1. 369；ES = 0. 087）。因此，不支持研究假设 H5 – 4b 和 H5 – 4c（见表 5 – 10），但 H5 – 4c 的验证结论（相反方向）可用。另外，顾客心理安全在互动性（β = 0. 110；t = 2. 627**；ES = 0. 196）、响应性（β = 0. 147；t = 2. 670**；ES = 0. 158）与享乐价值的关系中的中介作用显著。因此，H5 – 8b 和 H5 – 8c 得到支持。

表 5 - 10 技术补偿（下）模型中介效应检验结果

研究假设	各中介路径关系	β	t 值	ES	检验结果
H5 - 4b	互动性→心理安全→感知控制价值	0.063	1.369	0.087	未支持
H5 - 4c	响应性→心理安全→感知控制价值	- 0.103	- 2.002 *	- 0.131	未支持（但显著）
H5 - 8b	互动性→心理安全→享乐价值	0.110	2.627 **	0.196	支持
H5 - 8c	响应性→心理安全→享乐价值	0.147	2.670 **	0.158	支持

注：（1）"响应性→心理安全→感知控制价值"的路径中，心理安全的中介作用是存在的，只不过是相反方向的，因此将 H5 - 4c 视为未获支持；（2）** p < 0.01，* p < 0.05。

第六节 讨论与启示

一、纯 AI 服务下好客性技术补偿模型总结

在本章中，我们专门研究基于 AI 技术的无接触服务对好客服务质量的影响机制，探究了在没有员工参与一线条件下纯 AI 服务的好客性技术补偿问题。在新冠疫情的背景下，我们将媒介等同理论（MET）和手段 - 目的链（MEC）理论应用于旅游接待业 AI 服务，并通过顾客心理安全和感知价值的途径揭示了纯 AI 服务对旅游接待业好客服务质量的影响机制，得出了一些有价值的结论。

总体来说，纯 AI 服务/AI 无接触式服务的属性特征对顾客的心理安全感、价值感知和好客服务质量有显著的影响。具体而言，纯 AI 服务的互动性和响应性在促进顾客心理安全方面被证明是有益的。这一发现与之前的研究一致，即在危机期间，AI 及时、翔实的反应促进了顾客心理安全和信任的建立（Zhu et al.，2020）。然而，AI 感官特性却并未显著地促进顾客心理安全。在寻求心理安全时，顾客似乎更关心 AI 技术的有效性，而不是他们的外表特征或触感。

为了防止新冠疫情传播，AI 的无接触服务和心理安全服务是顾客产生良好感知价值的重要前提。我们的研究发现纯 AI 服务的感官特性和响应性会对

顾客的感知控制产生积极影响。这一发现对已有研究关于 AI 应用到服务中顾客认知的相关理论进行了补充（Ivanov and Webster，2019；舒伯阳等，2020）。同时，纯 AI 服务的感官特性和互动性对享乐价值有积极影响。已有研究认为顾客享受采用智慧技术所产生的产品或服务（Gursoy et al.，2019；Wen et al.，2020），本书在纯 AI 服务上对此进行了补充和印证。心理安全感也为顾客产生了享乐价值。不过，出乎意料的是，心理安全感对顾客感知控制价值会产生负面影响。这可能是因为在全球新冠大流行中，顾客对安全的需求已常态化，而又感觉他们对环境的控制水平有所下降。

本书研究表明，心理安全感和感知价值是顾客在危机情况下所期望的好客服务质量的重要决定因素。心理安全和感知控制对享乐价值和好客服务质量评价有显著影响。作为一种积极情绪，心理安全感可以影响痛苦感、幸福感（Yıldırım and Güler，2021）和款待服务评价（Wen et al.，2020）。在纯 AI 服务中，当顾客感知到更高水平的控制和享乐价值时，他们会感知到更高水平的好客服务质量。这些研究发现验证了旅游接待业服务情景下的安全－价值－好客服务质量关系链。

我们还专门研究了心理安全感的复杂作用。随着顾客从新冠疫情中逐渐恢复，心理安全感对其感知控制和享乐价值的影响出现了差异，表现为前者为负，后者为正。造成这种现象的原因可能是在后疫情时代，消费者对控制感的重视有所下降。相比之下，纯 AI 服务带来的享乐价值变得越来越流行并占主导地位。响应性不仅与顾客的感知控制和享乐价值呈正相关关系，而且还通过心理安全影响这两类价值。心理安全在互动性对享乐价值的影响中起到中介作用，但在纯 AI 服务对感知控制的影响中作用不明显。这些研究发现增强了我们对突发危机事件中心理安全地位和作用的认识。

二、本章研究的启示

（一）理论方面

本章考察在没有员工参与一线服务下的好客性技术补偿，所得研究结果可以增强对纯 AI 服务/AI 无接触服务的理解，在这种新的情境下拓展了媒介等同理论（MET）和手段－目标链理论（MECT）的理论应用，并有助于推动 AI 在旅游接待业中的应用影响研究。

首先，我们从服务接触的角度考察了纯 AI 服务的属性特征。以往对 AI 服务的研究主要集中在与技术性能或功用相关的 AI 特征上，如拟人化和感知智能等（Gursoy et al.，2019；Qiu et al.，2020），但对纯 AI 服务的特性缺乏深入了解。悬而未决的问题是：当 AI 直接、独立地为顾客服务时，这些服务的独特性或效用是什么？我们通过 EFA 和 CFA 的分析结果表明，感官特性、互动性和响应性能较好地解释纯 AI 服务/AI 无接触服务。这种测量结构可用于未来有关 AI 服务的研究。

其次，我们的研究还在新冠疫情和纯 AI 服务的新情境下补充了媒介等同理论和手段—目的链理论。梳理以往的研究可以发现，AI 服务是否能够满足顾客的接待服务需求、这些服务是否能使顾客获得情绪释放和心理安全感、能否如员工一样带来好客服务质量等，这些问题仍有待解答（Choi et al.，2019；Prentice and Nguyen，2020）。本章的研究结果表明，具有高水平特性的纯 AI 服务也可以为顾客创造价值和利益。随着 AI 技术的发展，它们有可能从顾客那里得到一些类似于人类员工提供的服务所得到的服务感知。因此，MET 可以扩展到这个新情境，即旅游接待业纯 AI 服务/AI 无接触服务。我们的研究所形成和检验的安全－价值－质量模型表明，在新冠疫情期间，纯 AI 服务的某些属性特征对顾客心理和价值认知产生了影响。该模型通过实证纯 AI 服务属性特征是安全和价值的来源扩展了手段—目的链理论。

再次，我们的研究揭示了心理安全感的作用，为 AI 服务接触的理论研究作出了贡献。心理安全对各种顾客感知有复杂的影响，它可能会促进顾客的感知享乐价值，但也会阻碍他们的感知控制。在纯 AI 服务中，人机交互代表了关键的真实瞬间，也是好客服务质量形成的核心。虽然以往的研究侧重于与 AI 应用相关的绩效、服务努力和功能，但顾客心理安全的重要作用却很少受到关注（Gursoy et al.，2019；Lin et al.，2020；Prentice et al.，2020）。在本章的研究中，我们发现心理安全对服务价值和好客服务质量存在显著的影响，并且在纯 AI 服务的各个维度与感知价值之间发挥了一定的中介作用。通过考虑和阐明心理安全的作用，我们的研究发现有助于推进服务接触的相关理论，特别是涉及 AI 技术的服务接触。

最后，本章为理解 AI 技术对旅游接待业的影响提供了重要启示。我们通过心理安全、感知控制和享乐价值揭示了从纯 AI 服务的响应性、感官特性和互动性到好客服务质量的直接和间接路径。这样的研究有助于识别纯 AI 服务/AI 无接触服务的特征使顾客受益的条件、环境和价值。

（二）实践启示

在全球新冠疫情期间，AI 技术的应用实践表明其对传染病的治疗、预防和医疗保健等非常有用。然而，当消费市场受到疫情冲击时，消费者会经历怎样的认知过程，以及纯 AI 服务在这种情况下如何影响消费者的心理安全，这些问题仍有待于回答。本书试图填补这一空白，其分析结果可用于旅游接待业的纯 AI 服务/AI 无接触式服务设计、顾客互动和关系管理。

旅游接待业管理者可以采取措施改进纯 AI 服务的设计。虽然感官特性与顾客心理安全之间的关系不显著，但感官特性增强了被调查顾客的感知控制、享乐价值和好客服务质量。因此，行业管理者可以通过采用丰富的、有形的形态使 AI 技术可见；通过改进其音频功能，使 AI 在外观、声音和触感方面更具吸引力。互动性和响应性都对顾客心理安全感、感知价值和好客服务质量有直接和显著的影响。因此，旅游接待业管理人员应提高其 AI 设备的交互性能，确保 AI 及时响应顾客，并适当降低顾客使用纯 AI 服务的门槛，以改善服务接触和结果。例如，可以改进 AI 的语音和面部识别系统，使相关服务更具响应性，并根据历史消费数据定制沉浸式的互动形式，以吸引更多顾客并产生积极的服务结果。

旅游接待业企业还应做好顾客互动和关系管理。在新冠疫情期间，心理安全感在纯 AI 服务中发挥着重要作用。因此，旅游接待业管理者应优先考虑顾客的心理安全，并关注可以消除顾客在疫情期间的恐惧、不信任和沮丧的因素，采取针对性的措施。例如，通过服务流程优化和后台员工的适当支持来提高 AI 服务的响应能力，在视觉美学、拟人化声音和亲密接触等方面为顾客创造亲切的 AI 认知形象。

（三）纯 AI 服务下技术补偿的未来研究

在本章中，我们试图探讨在没有员工参与一线服务的条件下，如何实现服务好客性的技术补偿，从而与第三章形成互补，丰富技术补偿机制。当然，受限于各种条件，我们的研究存在一定的局限，这也可能预示着未来的研究方向。首先，我们以新冠疫情作为大环境，来探讨纯 AI 服务的特性和影响问题。结果，在我们的概念模型中，文化因素被忽略。这项研究是在中国进行的，我国居民对与个人或生物识别数据相关的隐私问题不太敏感，相对关注较少。如果换成对欧洲人进行此类研究，结果可能就会有所不同。例如，一些学者（Čaić et al.，2018）发现，在荷兰等欧洲国家，很多老年用户将辅助性机器人视为入侵者，认为此类服务会构成隐私威胁。因此，未来的研究可以考虑文化因素的影响，并在其他场景中测试我们的模型，包括旅游接待业的其他服务部门（如旅行社），以增加其普遍性。其次，我们仅选择了纯 AI 服务的三个典型特性（即感官特性、互动性和响应性）与人类员工的服务进行比较，但可能并不能全面反映纯 AI 服务。未来的研究应该考虑纯 AI 服务的其他内在属性，例如，通过智能所展现的同理心和保证性，以获得更详尽的分析结果。同时，我们还处于"弱人工智能"时代，大多数"人工智能技术"都是与 AI 相结合的传统技术。因此，用于提供服务的 AI 应用形式是多种多样的。未来的研究可以关注这些 AI 应用形式之间的差异，并逐一分析它们的影响。最后，纯 AI 服务技术补偿模型可以在顾客特征方面进一步扩展。对于具有不同人口特征的顾客，纯 AI 服务对安全、价值和好客服务质量的影响可能会有所不同。例如，与年轻人相比，老年顾客可能会在心理上抵制 AI 技术的使用（Makki et al.，2016）。同时，顾客认知方式、知识储备和消费动机的作用也很重要，可以在未来的研究中考虑进来。

第六章

服务好客性的技术赋能（上）——员工路径

第一节　基于员工工作负荷的 AI 技术赋能

前两章所阐述的 AI 对服务好客性的技术补偿是 AI 技术本身对于服务的直接作用，如第五章纯 AI 服务直接对客服务，或者如第四章补偿路径中的 AI 与员工彼此配合、共同服务于顾客。而技术赋能则更多地强调 AI 通过其他实体（员工、组织或环境）来间接地影响旅游接待业服务的好客性。而员工作为好客服务的关键提供者，正是 AI 技术赋能的主要对象。

作为旅游接待业服务的关键情感元素，服务好客性正面临着 AI 技术应用在员工层面形成的严峻挑战。随着我们的社会从服务经济明显向体验经济转变，顾客已不仅满足于企业提供什么服务，更强调服务是如何提供的（Hemmington，2007）。他们希望服务提供者展现真诚、积极的态度、行为，以获得完美的体验和难忘的回忆（Ariffin and Maghzi，2012）。在这种需求背景下，旅游接待业企业努力提供热情好客的服务，而这依靠其员工与顾客的个人互动（Blain and Lashley，2014）。然而，这受到了 AI 技术介入一线服务的挑战。例如，部分工作任务已由 AI 驱动的机器人承担，一线服务员工的角色被重塑（Li et al.，2021a）。AI 作为第四次工业革命的代表性技术，目前已开始取代部分白领工作，在服务业中也日益盛行（Schwab，2017）。针对这一趋势，许多研究人员认为，用 AI 取代一线服务员工可以降低劳动力成本，但也会损害服务热情和顾客的好客体验（Solnet et al.，2019）。考虑到一线服务员工在好客服务提供中不可或缺的作用，在现阶段，在为顾客提供热情好客的服务时，AI 应该更多地作为一线服务员工的补充或促进者，而不是完全替代掉人类员工（Huang and Rust，2018；Li et al.，2021a）。尽管如此，以往关于 AI 对旅游接待业体验影响的大部分研究都倾向于关注顾客的观点（Ariffin，2013；Tung and Law，2017）；AI 应用会如何影响一线服务员工的服务热情仍然是一个有待回答的问题。

　　行业管理人员和学者倾向于支持在旅游接待业服务中优先考虑一线服务员工，并期望 AI 给员工进行赋能。对企业有认同和归属感的一线服务员工是以人为本的款待和互动的源泉；顾客感知到的真诚款待也主要是一线员工主动投入体力、认知和情感资源的服务结果（Yoo et al.，2019）。然而，由于旅游接待业服务工作的特点，如顾客要求高、接待工作重复而单调、工作时间不规律等，一线服务员工很容易感到资源的快速损耗，这会阻碍他们后续的工作投入，从而损害顾客的款待服务体验（Zhou et al.，2020）。这种后果可以由资源保存理论（COR）分析和推测得出。COR 理论解释了一线服务员工如何获得、使用、转换和输出他们的资源来完成他们的任务、应对压力和处理工作（Hobfoll et al.，2018）。根据资源保存理论，员工有动力维持他们的资源，以避免未来潜在的资源枯竭（Huang et al.，2016）。因此，企业应向一线服务员工提供支持性资源，以不断补充其资源库（Häusser et al.，2010）。根据社会交换理论，如果一线服务员工获得了支持性资源，作为回报，他们可能会以积极的态度和行为来服务顾客（Evanschitzky et al.，2011）。

　　以往的研究已考察了与人力相关的资源（如工作奖励和给员工的培训等）在服务中的作用（如 Kehoe and Wright，2013），而 AI 作为员工的外部资源也可以在服务体验中发挥作用（Richardson and Thompson，2012）。要使一线服务员工提供热情好客的服务，他们的身体、精神和情感投入是必要的，这依赖于他们的外部资源，包括 AI 设备等（Buhalis and Leung，2018；Huang and Rust，2018；Henkel et al.，2020）。但是，学术界尚未对 AI 技术如何影响一线服务员工的身心状态进行系统的研究（Chi et al.，2020）。我们旨在通过探索 AI 技术如何为一线服务员工带来益处（即赋能），并进一步提高其服务热情,来填补这一理论空白。

综上所述,我们试图通过对一线服务员工的体力、脑力和情绪赋能,揭示 AI 技术对一线员工好客服务的影响机制,也即探讨员工路径的服务好客性技术赋能。如此,我们可以为 AI 介入下的旅游接待业和组织行为研究带来理论贡献,包括对 AI 影响、一线员工工作负荷管理、好客理论等。此外,由于一线服务员工是在服务企业的管理措施下完成工作的,工作本身对于员工的生理和心理要求也非常重要,我们对心理要求可能存在的调节作用也进行了分析,这可以为 AI 应用时如何进行工作设计提供一定的启示。

第二节　员工好客服务的技术赋能路径

一、资源保存理论与 AI 技术赋能框架

热情服务的提供有赖于一线服务员工的身体、心理和情感投入。一线服务员工处于旅游接待业服务的中心位置(Kandampully et al.,2018),他们的积极态度、行为和个性特征也常被视为热情好客的来源(Tasci and Semrad,2016)。在服务过程中,一线服务员工与顾客互动,顾客由此(即互动)判断他们受到的待遇包括自己是否受欢迎、是否感觉舒适等,而这在很大程度上取决于员工在生理和心理资源投入下的服务状态(Kandampully et al.,2018)。尽管如此,以往的研究倾向于直接分析 AI 技术对顾客服务结果的影响,而忽略了 AI 也会影响一线服务员工的身心劳动,从而间接影响好客服务的这一事实。

人工智能作为一种外部资源可以促进一线服务员工的体力、脑力和情绪劳动。旅游接待业服务是典型的涉及认知和身体活动的情感劳动(Teoh et al.,2019)。一线服务员工需要以同理心提供热情的服务(Katz – Navon et al.,2020)。为了表现出欢迎和愉悦等积极态度,员工必须进行深度扮演(即有意识地调整自己的内在情感以达到目标的外在情绪),这就需要调动个人情绪资源(Chi and Grandey,2019)。因此,一线服务员工需要消

耗个人资源来创造服务热情，包括身体、认知和情绪资源等（Teoh et al.，2019）。根据资源保存理论，一线员工努力获取和保存这些资源。相比之下，资源的损失会降低他们的工作参与度并损害服务时热情好客的程度（Xu et al.，2020）。资源保存理论将资源置于解释人类行为的中心，并阐述了人们如何保存、获得、维护、失去和交换资源，尤其是在组织环境中（Hobfoll et al.，2018）。资源可以是个人的（例如自尊），也可以是组织的（例如组织支持）；可以是有形的（例如财产），也可以是无形的（例如资质）（Lee et al.，2016）。由接待服务的提供所造成这些资源的损失会给一线服务员工带来压力，从而损害他们的生理健康并影响他们的工作表现。为防止这些负面结果的出现，服务组织需要减少资源损失或投资其他资源，来补充其资源库（Hobfoll et al.，2018）。AI 支持是一个可能的资源补充方法。根据资源保存理论和旅游接待业一线服务员工的具体工作实践，将 AI 技术引入服务可以在任务执行、工作助理或情绪调节器等方面提供资源性支持（Ernst et al.，2019），这便缓解了一线员工的身心疲劳，促进其积极情绪。换句话说，AI 技术可能会缓冲个人资源的损失，因为它们具有支持性。作为回报，一线服务员工可能会在热情好客的顾客服务上投入更多（Xu et al.，2020）。因此，我们假设 AI 的服务属性可作为一线服务员工的外部资源，并在体力、脑力和情绪劳动方面给员工赋能，然后提升他们在服务顾客时的好客水平。

AI 技术属性对生理和心理工作负荷的影响可能会随着一线服务员工工作的要求而变化。工作要求 – 资源模型（JD – R）和工作要求 – 控制 – 支持模型（JDCS）（二者均源自资源保存理论）表明，一线服务员工需要获取和保存的资源取决于工作的心理要求（Bakker et al.，2004；Häusser et al.，2010）。从资源交换的角度来看，当工作对一线服务员工的身心要求更高时，他们可能对资源获取更加敏感和渴望，并且更明显地受益于 AI 技术属性（Ariza – Montes et al.，2018）。因此，我们提出了工作心理要求的调节效应假设，并形成如图 6 – 1 所示的理论框架。

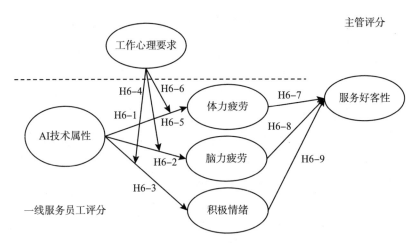

图 6-1　服务好客性技术赋能的员工路径模型

二、AI 技术属性与一线服务员工体力疲劳

AI 技术应用重塑了服务环境，帮助承担人类员工的部分工作内容，提升了员工服务效率和效果。从旅游接待业服务员工角度而言，AI 技术是工作场所中有利的工作资源；而以往的学术研究已表明充足和有利的工作资源会对员工的服务投入产生积极影响（Brown and Bray，2019；Häusser et al.，2010）。因此，根据工作要求 - 资源理论，各种不同技术属性 AI 的应用帮助承担员工的部分任务，能够促使员工更积极地投入工作，这在旅游接待业服务背景下，则具体表现为能够促进员工的好客态度和行为。另外，根据组织支持理论，除了亲密支持、自尊支持外，组织提供的工具性支持，如工作资源性支持，会积极影响员工对组织情感、被重视程度、自身价值的评估（杜雨蒙，2019）。在社会交换以及互惠原则下，针对企业提供的支持性资源，员工会采取行动给予组织回报，充分发挥主观能动性，即以积极的工作态度和行为帮助企业完成服务目标（陈志霞，2006）。相关研究表明，工作资源支持和良好工作环境会积极影响员工在工作中的交流和互动，激发员工更加清晰地认识服务的目标和工作角色，并愿意付出体力和精力去完成（Radic，2020）。组织资源支持不仅会促使员工积极完成本职工作，还会激发员工做出角色外行为，即对企业有利但非岗位要求的额外的投入行为。因此，获得组

织工作支持会积极影响旅游接待业员工的服务真诚性（杜雨蒙，2019）。在旅游接待业服务中，服务好客性作为重要的影响顾客满意和经济效益的行为，正是员工关心和回馈组织的重要方式之一。

人工智能可能会通过各种外在属性影响员工。应用于旅游接待业服务中的 AI 设备会表现出特定的属性（即特征、效用），顾客通过这些特征的感知来作出评价，从而对服务结果产生影响（Cain et al.，2019）。例如，当客人靠近房门时，装有智能锁的客房会自动打开，这便是 AI 属性的表现结果。某些属性，如感知智能水平和社交互动等，可能会影响接待服务质量和顾客的体验（Li et al.，2021b）。由于一线服务员工在 AI 的帮助下或与 AI 一起为顾客提供服务，因此，我们可以合理地假设 AI 也可以通过这些属性影响员工。

一线服务员工的生理状况是 AI 技术属性的影响结果之一。AI 在服务中的应用减少了顾客对个体员工的依赖，分担了一些机械和重复的体力劳动，从而减少了一线服务员工的体力消耗（Marinova et al.，2017）。旅游接待业服务员工每天都面临着大量烦琐的工作需求，根据工作要求 – 资源理论，他们需要不断消耗体力和认知资源，并在情绪上作出努力，容易产生疲劳感（Wang，2019）。降低工作强度则是避免过度疲劳的有效方法（Gullo et al.，2019；Bakker et al.，2004）。作为辅助性工作，AI 技术资源可以帮助缓解工作要求的负面影响（Buhalis et al.，2019）。因此，我们提出以下研究假设：

H6 – 1 AI 技术属性对减少一线服务员工的体力疲劳有积极影响。

三、AI 技术属性与一线服务员工脑力疲劳

由于其决策上的高效率，AI 技术也可以减少一线服务员工在认知和记忆上的工作量。旅游接待业服务中以顾客为中心的任务带来了不确定性，需要一线服务员工获得适当的信息来完成任务（Kandampully et al.，2018）。例如，为旅行团服务的酒店员工常常面对大量不同特征和偏好的顾客，这需要投入人力和财力资源来有效利用这些信息（Buhalis and Leung，2018）。一线服务员工在认知资源输出后容易出现精神疲劳，而 AI 与大数据相结合，则可以实现更快的信息记录、存储和分析，进而高效完成常规甚至非常规的信息处理任务（Frey and Osborne，2017），从而提供能应对挑战的解决方案

（Bowen and Morosan，2018）。凭借其数据处理的优势，AI 还可以应用于服务
决策，分担员工的一些记忆工作，从而促进一线服务员工与顾客之间的沟通
（Neuhofer，2015）。同时，AI 可以使用大数据分析工具，根据顾客基本信息、
兴趣爱好、预订习惯、消费偏好等信息进行个性化推荐，创造更多精细化的
服务（Ma and Sun，2020）。此外，通过 AI 存储的顾客信息，一线服务员工
能更好地了解他们的顾客，在接待服务中更加亲切和体贴以赢得顾客的青睐，
并更有效地与顾客互动（Ma and Sun，2020）。总之，日常工作负担和工作的
复杂性消耗了一线服务员工的资源并导致精神疲劳。相比之下，AI 技术属
性，特别是在信息处理方面的优势表现，能帮助一线员工记录服务信息，减
轻他们的记忆工作压力，提高服务的效率和人性化（Bowen and Morosan，
2018），从而产生以下研究假设：

H6 - 2　AI 技术属性对减少一线服务员工的脑力疲劳有积极影响。

四、AI 技术属性与一线服务员工积极情绪

作为好客服务的显著特征，情绪劳动是一线员工最常见的导致资源消耗
的因素；长期的情绪劳动容易导致员工不满意、工作倦怠、离职倾向和幸福
感降低（Lombarts，2018；Yoo et al.，2019）。因此，旅游接待业企业应重视
保持一线服务员工积极情绪的策略，以确保顾客在服务中感受到殷勤好客。

一线员工维持积极情绪需要服务企业在工作场所提供相应的组织支持和
有益资源（Xu et al.，2020），而具有支持属性的 AI 可以成为一线服务员工
的资源（Hobfoll et al.，2018；Ivanov and Webster，2019）。AI 的拟人化属性
逐渐呈现出类人的形象，使 AI 设备扮演同事角色，营造一种合作的氛围
（Ivanov et al.，2017）。通过这个角色，AI 分享一些"微笑服务"，并协助完
成自助预订、送货等工作任务，作为对一线服务员工的支持（Mariani and
Borghi，2021）。此外，AI 应用设备添加了新的服务环境元素，这可以激发起
一线员工的兴趣和好奇心（Yang et al.，2020）。综上所述，具有高属性的 AI
技术可以构建支持性的服务环境，为工作增添新鲜感和乐趣，保持一线员工
对工作的兴趣和热情（van Doorn et al.，2017）。这种有利的氛围、环境或条
件将引发一线服务员工的积极情绪（Katz - Navo et al.，2020）。据此，我们

提出以下研究假设：

H6-3 AI 技术属性对一线服务员工的积极情绪有正向影响。

五、工作心理要求的影响作用

AI 技术属性对缓解一线服务员工的身心疲劳和工作情绪的影响可能因旅游接待业企业的工作要求而异。从资源保存的角度来看，AI 应用是一线服务员工在其接待服务工作消耗身体和心理资源时可获取的外部资源（Häusser et al.，2010；Ivanov and Webster，2019）。因此，AI 技术属性可能与一线服务员工在减少身心疲劳或增加积极情绪方面的资源保存相互作用。而一线员工需要和保存的资源取决于他们的工作要求（Ariza-Montes et al.，2018）。工作心理要求是与工作负荷相关的心理压力源，如执行无法预见的任务或处理某些人际冲突等。它们可以通过诸如"在紧张的期限内工作"或"你知道领导在工作中对你的期望"等项目来衡量（Ariza-Montes et al.，2018）。以往的研究表明，顾客的服务需求和期望越苛刻，一线服务员工必须作出的努力就越多，保持工作满意度的可能性也就越小（Rodríguez-Antón and Alonso-Almeida，2011）。旅游接待业一线的许多岗位都是对生理和心理要求很高、压力较大的工作，典型的如电话接线员和餐厅服务员等（Ariza-Montes et al.，2018），这些一线服务员较容易陷入高度的倦怠、压力和抑郁中（Chiang et al.，2010；O'Neill and Davis，2011；Shani and Pizam，2009）。一线服务员工需要使用大量的身体和认知资源来应对这些工作心理要求。因此，这些工作要求容易威胁到个人资源（Huang et al.，2016）。在这种情况下，身处高工作要求的一线服务员工渴望获得资源并对组织的支持比较敏感（Ariza-Montes et al.，2018）。因此，当一线服务员工努力获取和充分利用外部资源时，工作要求更高的员工更有可能从高水平的 AI 技术属性中获得身体、心理和情绪上的好处（Hobfoll et al.，2018）。基于此分析，我们得出以下的研究假设：

H6-4 工作心理要求可以调节 AI 技术属性对一线服务员工体力疲劳减少的影响，即相比于身处工作心理要求低的员工，更高者在影响效应上更大。

H6-5 工作心理要求可以调节 AI 技术属性对一线服务员工心理疲劳减

少的影响，即相比于身处工作心理要求低的员工，更高者在影响效应上更大。

H6-6 工作心理要求可以调节 AI 技术属性对一线服务员工积极情绪的影响，即相比于身处工作心理要求低的员工，更高者在影响效应上更大。

六、一线服务员工工作状态与服务好客性

为了迎合顾客需要，使其感受到被尊重、被欢迎、被关爱，员工需要呈现良好的服务状态，不仅要快速响应和满足顾客需求，还要让顾客感受到服务的真诚性，让顾客感到"宾至如归"。然而，员工日常面临大量的机械性、重复性劳动，如入住办理和服务咨询，以及"微笑服务"、处理顾客抱怨等情绪性劳动，都会损耗员工身体和情绪资源（祁海霞，2013）。而且，为了保持和提升酒店好客服务的形象，酒店提倡个性化服务，如利用顾客个人信息、消费记录、订单信息等制定个性化服务方案，让顾客感受到酒店的贴心及对顾客的关怀和重视。因此，酒店的工作性质决定了员工在工作中要付出大量的体力、脑力和情绪劳动，但大量工作需求使个体资源受到威胁，容易造成员工工作倦怠、情绪枯竭等消极行为，进而呈现冷淡、缺乏同理心等服务态度（马亚菊，2018）。显然，服务热情依赖于具有高水平身体、精神和情绪状态的员工。一线的好客服务工作表现出顾客驱动和以人为本等特点（Levy，2010）。对于一线服务员工来说，维持款待水平是一个失去和获取资源的过程。他们必须处理身体和认知工作任务，同时在与顾客互动时表现出所期望的积极情绪，这都会消耗身体、心理和认知资源（Shani et al.，2014）。总之，要保持热情好客的状态，员工必须保存足够的身心资源。

由 AI 技术属性对一线服务员工在工作负荷上赋能有利于接待服务的好客性。由于款待服务中顾客和员工之间高度接触的特点，一线服务员工对顾客的言语表达和行为展示对于维护企业的好客形象至关重要（Mody et al.，2019）。一线服务员工在为顾客服务时可能会进行浅层扮演或深度扮演。前者指员工假装表现出服务需要的言行，而并不追随内心的感受，这往往会损害员工的健康和服务顾客的持久热情。后者则表示一线服务员工准确了解顾客的情况，根据自己内心的感受，表现出衷心的善意，因而能体现真诚，使款待行为能保持可持续性（Shani et al.，2014）。已有研究表明，在身体和心理

等方面得到赋能的一线服务员工更有可能进行深层扮演（Li et al.，2018）。减少身心资源的损耗和激发积极的情绪资源有利于员工保留更充沛的精力来服务顾客（Qiu et al.，2022）。因此，技术赋能有助于维持或改善员工服务顾客的热情。也就是说，AI 技术属性对员工工作赋能之后其热情好客的水平可得到提升（Qiu et al.，2020）。相反，由于过度消耗资源可能会降低员工的服务态度和行为，体力疲劳、脑力疲劳和积极情绪水平低下很容易导致工作耗竭等消极行为，这使得一线服务员工表现出冷漠、缺乏同理心和消极的服务态度（Nguyen et al.，2016）。

基于上述分析，我们提出"AI 技术属性在一线服务员工工作负荷上的赋能对接待服务的好客性存在积极影响"的研究假设。具体而言，一线服务员工的体力任务部分由于 AI 应用而被释放，促使其表现出关怀和礼貌作为回报（Ariza-Montes et al.，2018），因此提出以下假设：

H6-7 一线服务员工体力疲劳的减少对服务好客性存在积极的影响。

同时，AI 产生的认知资源有效地增强了一线员工对顾客提出的各种问题和需求的反应，尤其是在大环境不确定性时（Teoh et al.，2019），因此提出以下假设：

H6-8 一线服务员工脑力疲劳的减少对服务好客性存在积极的影响。

此外，在 AI 的帮助下，一线服务员工从浅层扮演过渡到深度扮演可以激发员工在人际互动中的真诚和善意（Shani et al.，2014）。因此提出以下假设：

H6-9 一线服务员工的积极情绪对服务好客性存在积极的影响。

第三节 论证设计与方法

一、调查的总体与抽样

我们将使用了 AI 技术来辅助员工的酒店企业作为探讨员工路径技术赋能的研究情境。酒店企业强调一线员工的重要性，鼓励其为顾客提供热情好客、高质量的服务（Chon and Maier，2009）。近年来，我国越来越多的酒店也基

于提高工作效率等考虑引入了 AI 技术。这都使我们可以很容易地观察到 AI
对这个劳动密集型行业一线员工的影响（Chon and Maier，2009；Zhou et al.，
2020），研究结果对其他服务部门或领域也会有启示。

本书的项目研究小组从北京、上海（东部）、武汉（中部）和成都（西
部）这四座拥有大量应用了 AI 技术的酒店的城市中选出调研对象。目标酒店
首先通过中国最大的在线旅行社携程网（www. ctrip. com）确定。被客户评为
4.5 分以上（满分为 5 分）并且对客户评论反应良好的酒店被视为重视服务
好客性。同时，我们阅读各酒店的评论，如果某酒店的评论至少提及了 2 种
AI 技术，则表明其 AI 应用正在发挥作用，也已经被顾客感受到了，我们就
将该酒店视为目标酒店。然后，我们通过电子邮件和电话联系这些酒店的管
理者（有些是我们朋友推荐的），请求支持和配合我们的研究。最后，共有
15 家酒店的管理者愿意与我们合作（包括在第四章中提及的酒店）。这些酒
店都使用了 AI 设备（种类有多有少），例如，送货机器人、大堂问询机器
人、入住/退房的智能语音和面部识别系统、门锁系统和智能家居等。问卷调
查就是在这些酒店进行的。我们在问卷星编辑好正式问卷内容之后，生成可
扫码阅读的二维码，并将其打印出来，请被抽取酒店的一线服务员工及其主
管使用手机（主要是微信）扫码，填写完成。该问卷使用李克特 7 级量表测
量图 6 - 1 中的构念。问卷要求参与者对相关测量题项或陈述给出其同意程度
的评价，从"非常不同意"（=1）到"非常同意"（=7）。其中，AI 技术属
性、体力疲劳、脑力疲劳和积极情绪由一线服务员工进行评估，而一线员工
的服务好客性则由其主管进行评价，主管们还评估了其下属员工的工作心理
要求。

二、构念的测量

体力疲劳的测量采用斯梅茨等（Smets et al.，1996）编制的量表，此量
表包含 4 个题项来测量身体疲劳，其量表在波兰背景下得到检验，但田和洪
（Tian and Hong，2011）在中国情境下的研究发现，被调查者并未将原量表的
体力疲劳和综合疲劳题项区分开，因此，他们最终得出适应中国背景的体力
疲劳量表，共包含 7 个测量题项。其中，有两个测量题项含义相反，即"我

觉得我只能投入很少体力"和"我觉得我只能投入很多体力"，以及"我觉得我体力状态很差"和"我觉得我体力状态很好"，一般只取其一。这样一来，我们参考斯梅茨等（Smets et al.，1996）量表题项以及田和洪（Tian and Hong，2011）在中国情景下的研究结论，并结合本书的研究背景，保证具备完整测量含义的同时简化问卷，将题意相反的两个题项内容均保留一个，最终保留 5 个测量题项来测量被调查者的体力疲劳程度（见表 6 - 1）。

表 6 - 1　　　　　　　　技术赋能的员工路径模型构念测量题项

构念	维度	题项编号	测量题项	文献来源
员工工作状态	体力疲劳（Physica Fatigue）	PF1	在对客服务中，我觉得我只能投入很少体力	Smets et al.，1996；Tian and Hong，2011
		PF2	在对客服务中，我感觉很累	
		PF3	在对客服务中，我觉得我体力状态很差	
		PF4	在对客服务中，我很容易感到疲劳	
		PF5	在对客服务中，我只把很少的事情完成了	
	脑力疲劳（Mental Fatigue）	MF1	在对客服务中，我很难集中精神	Chalder，1993
		MF2	在对客服务中，我很难清晰地想问题	
		MF3	在对客服务中，我说话有口误	
		MF4	在对客服务中，我想正确地表达有困难	
		MF5	在对客服务中，我的记忆变差	
	积极情绪（Positive Emotion）	PE1	在对客服务中，我是受鼓舞的	Watson et al.，1988
		PE2	在对客服务中，我是充满兴趣的	
		PE3	在对客服务中，我是积极活跃的	
		PE4	在对客服务中，我是兴奋的	
		PE5	在对客服务中，我是富有灵感的	
服务好客性（Service Hospitablenes）	暖心（Heart Warming）	SH1	在对客服务中，该员工是热情欢迎的	Tasci and Semrad，2016
		SH2	在对客服务中，该员工是有礼貌的	
		SH3	在对客服务中，该员工是恭敬的	
		SH4	在对客服务中，该员工是宽容的	

续表

构念	维度	题项编号	测量题项	文献来源
服务好客性（Service Hospitablenes）	安心（Heart Assuring）	SH5	在对客服务中，该员工是可靠的	Tasci and Semrad，2016
		SH6	在对客服务中，该员工是诚实的	
		SH7	在对客服务中，该员工是可信赖的	
	舒心（Heart Soothing）	SH8	在对客服务中，该员工是慷慨大方的	
		SH9	在对客服务中，该员工是友善的	
		SH10	在对客服务中，该员工是无偏见的	

　　脑力疲劳的测量采用查尔德等（Chalder et al.，1993）编制的量表。原量表题项采用问句；根据本书的研究背景及中国情境下用户的习惯，我们在保证原有语义的同时修改题项表达形式，将问句逐一改成陈述语句，并采用李克特7级量表进行测量。例如，原题项"您在集中精神方面有困难吗"被修改成"在对客服务中，我很难集中精神"。考虑到原题项的"您对目前做的事情是否有兴趣"是因子载荷相对较弱的，且与下文的积极情绪的测量题项"在对客服务中，我是充满兴趣的"含义相似，容易对被调查对象产生困扰。因此，我们将此题项删除，经过上述处理，我们最终得到5个题项用于测量脑力疲劳（见表6-1）。

　　我们对积极情绪的测量采用沃森等（Watson et al.，1988）编制的量表，简称"PANAS量表"。原量表共有10个题项，后来研究多采用前5个较高因子载荷的题项来测量积极情绪。考虑到问卷篇幅和研究背景，我们正如沃森等（Watson et al.，1988）所建议的那样，也采用该5个题项来评估一线服务员工的积极情绪水平，测量内容包括兴奋、兴趣和活跃等（见表6-1）。

　　我们采用阿里扎蒙特斯等（Ariza-Montes et al.，2018）提供的评估方法对工作心理要求进行测量，包括"在紧张的期限内工作""你知道领导在工作中对你的期望"等测量项目。

　　由塔斯奇和塞姆拉德（Tasci and Semrad，2016）开发的量表可以作为工具衡量员工的服务好客程度，此量表从暖心、安心和舒心3个维度进行服务好客性测量，共有10个测量题项。当然，由于本项目要求主管对其下属一线服务员工的好客程度进行评分，我们对量表的措辞进行了适当的调整（见表6-1）。

以往的研究尚缺乏针对 AI 在服务中的特征或功用进行系统测量和评估的量表。本书的前两章中，考虑到技术补偿的直观性和探索性，我们采用了已有文献中关于 AI 服务的部分特征，如拟人性和智能程度（第四章），互动性和响应性等（Li et al.，2021b），这些特征主要基于顾客的感知。以往的研究大多基于技术接受理论（TAM）探讨 AI 的使用意愿（例如 Lu et al.，2019），但这些量表并未真正反映 AI 应用于旅游接待业的属性。因此，我们有必要针对这个构念系统开发一个测量工具，下一节（即第四节）我们将重点开发 AI 技术属性的量表。

三、问卷设计与主管-员工配对调查

在构念的测量确定的条件下，我们进行正式调研问卷的设计。问卷主要分为三大部分：问卷目的介绍和填写说明、所测量构念的问题以及被调查者的基本信息。在问卷目的介绍部分，我们对 AI 技术属性的定义做出如下的简短介绍："人工智能（AI）技术属性，是指旅游接待业（酒店、餐馆等）服务中，用户所感知到的 AI 技术的特征、功用或价值。本书中的人工智能技术特指在旅游接待业对客服务中的 AI 技术，不讨论生产、工程类技术。如用于配送、引领、咨询的服务机器人，智能多媒体展示系统，智能识别系统，智能电子锁，智能家居系统，智能客服等。"同时插入 5 张包含酒店常见的 AI 技术设备的图片（为了方便用户理解 AI 技术设备的概念，在问卷首页插入智慧电梯、智能机器人、智慧声控等应用人工智能技术的场景图片），以减少被调查者对 AI 技术设备的理解偏差。问卷的主体部分则对图 6-1 概念模型中的各构念（即 AI 技术属性、体力疲劳、脑力疲劳、积极情绪、服务好客性、工作心理要求）进行调查。在设计问卷题目和测量题项时，尽量保证描述的客观性，避免引导被调查者猜测研究目的。另外，问卷中设置了两个填空题：（1）请填写您所在酒店的城市及名称；（2）请填写您的职位，以便详细了解问卷填写者所在酒店的基本信息。

问卷设计好后，调查在前文所述 15 家酒店内进行。由于一线服务员工可能会夸大工作心理要求和其服务的好客性，而邀请主管对这两个构念进行评估则可以减少公共偏差，我们选择主管——一线服务员工的配对样本来收集数据。我们为一线服务员工及其主管设计了两个单独的问卷。每份问卷都会询问被调查者的人口统计变量，包括性别、年龄、教育背景和月收入等，我们将这些变量设置为控制变量以排除其对模型估计的可能影响。本次问卷调查中，我们聘请可靠的调查公司和学生助理来协助完成，并详细说明调查目的和要求。项目组成员和学生助理首先联系使用了 AI 技术的酒店的管理者（我们将其统称"主管"，与下属相对），并获得了在该酒店调查的许可。在整个数据收集过程中，共有69名主管（在15家酒店）同意参与调查并动员其下属（即一线服务员工）完成调查，其中大部分在前台、餐饮和康乐部门。这些主管和他们的下属被一一标记和匹配。因此，问卷不是匿名的。一线服务员工对衡量 AI 技术属性、体力疲劳、脑力疲劳和积极情绪的变量进行评分，而主管则评估参与了该调查的每个下属的工作心理要求和服务好客性。主管和下属员工的个人信息和评价只有项目组成员知道，但彼此之间是保密的（我们承诺信息不外露），以避免可能的社会偏差。最终，共有342名一线服务员工完成了问卷。

第四节　AI 技术属性量表开发

由于目前未有成熟的 AI 技术属性测量问卷，在开展正式研究之前，本章参考丘吉尔（Churchill，1979）和卢等（Lu et al.，2019）的量表开发所遵循的规范和原则，完成 AI 技术属性的量表开发。主要经过四个阶段：（1）前期梳理 AI 技术相关文献，以提取 AI 技术属性的初始测量题项，然后经过基于深度访谈数据的内容分析法补充或优化测量题项池；（2）邀请领域内专家对测量内容逐字研读并对测量题项提出意见，针对专家意见进行测量题项的删减或修改后形成初始问卷；（3）通过预调研收集数据并进行探索性因子分析、信度分析后形成 AI 技术属性的正式量表；（4）基于正式调研数据，评估量表的信度、效度。

本章涉及的潜变量较多，AI 技术属性的测量题项也较多，但除了 AI 技术属性外，其他变量的测量均采用已有的成熟量表。因此，在预调研阶段，为了更有效地收集问卷，我们仅做 AI 技术属性测量项目的调查，完成预调研数据收集及分析后，形成用于正式调研的 AI 技术属性测量量表。此后，AI 技术属性将与其他构念一道，并入正式调研中。

一、基于文献的初始测量题项

我们在中国知网、百度学术、谷歌学术、Elsevier、ScienceDirect、Web of Science 等数据库开展相关内容检索，对所收集到的关于 AI 技术相关文献进行研读及系统性梳理，并结合本书的研究背景，初步整理出旅游接待业对客服务中涉及的 24 个 AI 技术属性测量题项（见表 6-2）。现有文献对旅游接待业服务中人工智能的特征描述较多体现了 AI 的工具性、类人性、智能性、信息性等特征。已有的文献指出了企业尝试使用 AI 技术代替部分员工工作，这是因为相关技术越来越成熟，如借助 AI 技术可以实现快速自助入住、自助点餐、人脸识别出入电梯及房间等、服务机器人送物、迎宾、客房智能声控，等等（Cobanoglu et al.，2011；Ivanov，2019；Lemaignan et al.，2017）。除了辅助员工接待顾客，旅游接待业应用的 AI 技术类人特征越来越真实且自然，部分不仅能与顾客交流、为顾客解闷，还能快速响应顾客的命令，如可爱卡通的迎宾机器人、酒店客房的智能语音助手等。除了回答简单的顾客指令，AI 技术还能充当"度娘"的角色，为顾客推荐周边游玩路线（Yan et al.，2020；Lemaigna et al.，2017）。AI 技术特征还体现在多变的情绪上。随着技术的不断成熟，AI 具象化的服务设备越来越生动，如可以灵活地表达开心、生气、调皮等情绪、能听懂顾客的话并适应不同情景改变说话的语气、与顾客产生肢体互动等（Yang et al.，2020；Lemaignan et al.，2017；许丽颖和喻丰，2020）。AI 技术也是帮助企业利用智能推荐提升个性化服务体验的重要营销工具。在旅游接待业服务背景下，AI 技术应用可帮助企业整合顾客信息、分析消费偏好，并以此为基础推出智能推荐、用户召回、及时推送等营销方案，让顾客感觉到被重视和受关注（Singh et al.，2020）。总之，我们对 AI 技术在旅游接待业领域相关研究进行了梳理，最后提取出描述 AI 技术属性的初始测量题项 24 项，如表 6-2 所示。

表 6－2　　　　　　文献梳理提取的 AI 技术属性初始测量题项

序号	AI 属性测量题项	文献来源
1	帮助客人快捷地完成酒店入住流程	Chi et al.，2020
2	帮助客人快速完成点餐	Chi et al.，2020
3	帮助客人进行房间的清洁与洗衣等服务	Ivanov et al. 2017
4	帮助客人自主地实现酒店退房	Ivanov et al. 2017
5	代替员工完成客房配送任务	Ivanov et al. 2017
6	依靠信息做出的决策比人工更准确	Lu et al.，2019
7	信息储存与提供比人工更稳定	Lu et al.，2019
8	在服务工作中比人工更可靠	Lu et al.，2019
9	可以进行信息搜寻与分析	Bartneck et al.，2009
10	有活力、生机勃勃	Bartneck et al.，2009
11	能识别、理解人的语言和表达	Lemaignan et al.，2017
12	能与用户进行有效的交流	Lemaignan et al.，2017
13	能识别不同的顾客情绪并给予回应	Yang et al.，2020
14	能及时发现与认识用户的肢体信号	Yang et al.，2020
15	是像人的	Powers and Kiesler，2006
16	是有意识的	Powers and Kiesler，2006
17	能执行指令、完成任务	Powers and Kiesler，2006
18	有自己的想法	Waytz et al.，2010
19	能够进行情绪表达	Waytz et al.，2010
20	令人感到愉快	Christou et al.，2020
21	令人感到有礼貌	Christou et al.，2020
22	令人感到友好和有趣	Christou et al.，2020
23	很有吸引力	Christou et al.，2020
24	能欢迎或服务客人	Christou et al.，2020

二、基于深度访谈的测量题项

我们对酒店员工进行了深度访谈，以补充文献中未提及的旅游接待业服务中 AI 技术的一些属性。共有 3 家酒店的 11 名一线服务员工接受了采访，分享了他们在工作期间对 AI 服务属性的看法。访谈中的主要问题包括"举例说明您所在酒店中与您的工作有关系的人工智能应用""这些人工智能设备在服务的生产和交易等方面做了什么""请描述人工智能设备在它们工作时表现出什么特征""请具体分享您使用 AI 设备或跟它们互动的体验，最好能以举例或发生事件的形式"等。当然，我们还在这些问题基础上追问，以根据受访者的回答找到更多信息。访谈的平均长度为 17 分钟，我们的采访在第 11 位受访者之后停止，因为无法从该受访者那里获得更多的信息了（与文献和其他采访相比）。之后，我们对访谈的记录进行内容分析，得到 AI 技术属性的测量题项。

　　大部分测量题项都已经包含在文献梳理提取的初始测量题项中，如"客房服务需要日用品会有小机器人送来，还有机器人送餐"的表述内容，与上一小节初始测量内容中"人工智能可以代替员工完成客房配送任务"一致；被访谈者"天猫精灵反应灵敏，而且欢迎语很贴心"的分享，与"该酒店的人工智能设备帮助实现迎宾任务"的测量题项含义一致。我们将这些与文献得到的测量题项相似的变量进行删除，以避免重复。因此，整理后由文本分析得出以往文献未关注的 AI 服务属性，经过简化和学术转换，得到以下 7 个新增的测量题项（见表 6-3）：（1）帮助客人高效率地控制房内设施；（2）能在工作上较好地给我配合；（3）能对人进行视觉识别；（4）令人感到惊奇；（5）给人一种科技感；（6）给人一种智能感；（7）根据已有的信息作出智能化推荐方案。

表 6-3　　　　　　　　　　　基于访谈新增的测量题项

序号	员工访谈原文	测量题项提取
1	（在 AI 帮助下）客人只要张张嘴，就可以开关电灯、窗帘、空调，可以看他/她喜欢的电影	帮助客人高效率地控制房内设施
2	豆二机器人可以做冰淇淋，冰淇淋都沾它手上了；机器人还可以调制果汁、咖啡、鸡尾酒，当然我要先给它先调试好。我们像是合作伙伴	能在工作上较好地给我配合
3	客人可以通过人脸识别开房门，不需要钥匙或者房卡，很方便	能对人进行视觉识别

续表

序号	员工访谈原文	测量题项提取
4	我最常用的一些 AI 设备的功能是让它放音乐、讲笑话、猜谜语，它真的很神奇，给我的生活带来了很多乐趣	令人感到惊奇
5	因为我们的这些人工智能设施，客人都觉得我们酒店特别高端、先进、现代化。有时会感觉在这工作还挺酷的	给人一种科技感
6	要说 AI 的特征，我首先想到的是智能，它本来就叫人工智能嘛。它们可以移动，可以说话，还能自己做一些事情	给人一种智能感
7	我希望人工智能设备可以有强大的数据库，能根据很多信息给我一些个性化的推荐方案	根据已有的信息作出智能化推荐方案

资料来源：作者根据访谈文本整理。

综上所述，经过文献梳理和访谈文本分析后，将两者提取到的测量题项整合，并且根据研究背景对问卷题项表达方式进行适当调整，得到 AI 技术属性的初始测量题项，编入专家分析问卷。

三、测量题项内容效度分析

为了更好地保证 AI 技术属性初始测量题项的内容效度，我们针对 AI 技术属性初始测量题项制定了旅游接待业 AI 技术属性感知的专家问卷，邀请 7 位在 AI 技术应用领域有深入认识的学者对量表是否能很好地衡量旅游接待业 AI 技术属性作出判断。问卷首先提供我们对 AI 技术属性的概念定义，并请专家采用 3 分制对每一个测量题项能否反映 AI 技术属性进行评价：3 表示"非常能反映"；2 表示"比较能反映"；1 表示测量题项不能反映所测概念。另外，我们也请专家针对问卷题项的表达或其他存在的问题给出修改建议。根据专家问卷收集的结果，本书按照以下原则进行题项删减：（1）如果 4 位以上（包括 4 位）专家将某题项评价为"非常能反映"，该题项就被保留；（2）如果 5 位以上（包括 5 位）专家将某题项评价为"非常能反映"或"比较能反映"，题项也可以保留；（3）如果某题项既不满足（1）也不满足（2），则被删除。

问卷收集完成后，我们对问卷题项结果逐一统计。其中，六个题项（如"帮助客人进行房间的清洁与洗衣等服务"）因达到上述规则（3）而被删除，它们在后续调研中将不再出现。同时，我们根据专家提出的意见对问卷题项的表达做了适当优化，如将原有"能识别不同的顾客情绪并给予回应"修改为"能识别用户的情绪"；将原有"能及时发现与认识用户的肢体信号"修改为"能及时识别用户的身体信号"。通过本部分的专家小组，我们确保了测量题项与概念的一致性，使其具有较好的内容效度。

四、基于预调研的 AI 技术属性量表精练

根据专家小组意见对问卷进行优化和修改后，我们得到 AI 技术属性的 25 个测量题项。以此为基础，我们设计预调研问卷，并以线上发放的形式，邀请有在旅游接待业中接触或使用 AI 设备的人员（以一线员工为主）填写该问卷。我们将那些所有题项选定答案完全一致、填写时间过短的问卷按无效问卷剔除后，最终收集到有效问卷 75 份（相当于测量题项数的 3 倍），并依据这些数据完成描述性统计、探索性因子分析和信度分析。

预调研样本的基本信息包含性别、年龄和教育程度。如表 6-4 所示，预调研样本共有 75 人，其中男性 33 人，占比 44%；女性略多，为 42 人，占比 56%。本次调研对象的年龄分布主要集中在 18~25 岁和 26~35 岁，分别占比 37.33%、46.67%，18 岁以下及 46 岁以上被调研者只有 1 人，占比 1.33%，这主要由于我们的调研对象是具有工作经验的旅游接待业一线从业者，年龄分布主要集中在青年。从教育程度来看，大专或本科学历最多，有 47 人，占比 62.67%；初中及以下学历的被调查者占比为 0；高中或中专有 17 人，占比 22.67%；研究生及以上有 11 人，占比 14.66%。这与旅游接待业从业者学历现状较一致，旅游企业为提升员工素质，会对员工有一定的学历要求，但目前大多为中专或大专学历，研究生及以上学历者较少。

表 6 - 4 预调研对象基本信息统计 （n = 75）

类别	值	频数	百分比（%）
性别	男	33	44.00
	女	42	56.00
年龄	<18 岁	0	0
	18 ~ 25 岁	28	37.33
	26 ~ 35 岁	35	46.67
	36 ~ 45 岁	11	14.67
	46 ~ 60 岁	1	1.33
	≥60 岁	0	0
教育背景	初中及以下	0	0
	高中/中专	17	22.67
	大专/本科	47	62.67
	研究生及以上	11	14.66

用 IBM SPSS 19 对 75 份问卷数据进行探索性因子分析（EFA），以精练 AI 技术属性的测量量表，并发现其潜在的因子结构。EFA 分析结果显示整体 KMO 为 0.82（>0.6），Bartlett 球形检验在 $p < 0.001$ 水平上显著。因此，该数据适合做因子分析。接下来对该量表进一步做降维分析，因子的抽取方法按主轴因子分析进行，采用最大方差正交旋转法旋转因子，并按以下原则剔除题项：（1）先剔除附着于各因子的载荷低于 0.5 的题项，题项的删除顺序是先剔除因子载荷最低者，之后再运行一遍 EFA，每轮只剔除一个测量题项；（2）将附着于多个因子的题项删除，顺序依然是依据因子载荷从低到高进行。

经过 8 次降维分析，我们剔除了 7 个因子载荷小于 0.5 或附着于多个因子的测量题项，得到如表 6 - 5 所示的 EFA 分析结果。结果显示，4 个因子能很好地解释 AI 技术属性的概念，其特征值分别为 5.360、2.095、1.998、1.853（均大于 1），解释方差的贡献百分比分别为 29.777%、11.637%、11.102%、10.294%，累积解释方差百分比达 62.809%（>50%）。四个因子下各题项因子载荷均大于 0.5，因子载荷均值分别为 0.720、0.764、

0.807、0.855，Cronbach's α 系数分别为 0.813、0.826、0.831、0.828（均大于 0.7），说明测量题项能够较好地反映各构念含义，内部一致性较好。

表 6-5 AI 技术属性的 EFA 分析结果（n=75）

因子/变量	因子载荷	特征值	解释方差（%）	α值
因子1：拟人属性		**5.360**	**29.777**	**0.813**
AA1. 我们酒店应用的 AI 设备能识别、理解人的语言和表达	0.763			
AA2. 我们酒店应用的 AI 设备能执行指令，完成任务	0.843			
AA3. 我们酒店应用的 AI 设备能与用户进行有效的交流	0.799			
AA4. 我们酒店应用的 AI 设备能识别用户的情绪	0.517			
AA5. 我们酒店应用的 AI 设备能够进行情绪表达	0.636			
AA6. 我们酒店应用的 AI 设备能对人进行视觉识别	0.761			
因子2：娱乐属性		**2.095**	**11.637**	**0.826**
EA1. 我们酒店应用的 AI 设备令人感到愉快	0.616			
EA2. 我们酒店应用的 AI 设备很有吸引力	0.729			
EA3. 我们酒店应用的 AI 设备给人一种科技感	0.831			
EA4. 我们酒店应用的 AI 设备令人感到惊奇	0.828			
EA5. 我们酒店应用的 AI 设备给人一种智能感	0.816			
因子3：功能属性		**1.998**	**11.102**	**0.831**
FA1. 我们酒店应用的 AI 设备帮助客人快捷地完成酒店入住流程	0.699			
FA2. 我们酒店应用的 AI 设备帮助客人快速完成点餐	0.765			
FA3. 我们酒店应用的 AI 设备帮助客人自主地实现酒店退房	0.851			
FA4. 我们酒店应用的 AI 设备帮助客人高效率地控制房内设施	0.912			

续表

因子/变量	因子载荷	特征值	解释方差（%）	α值
因子4：信息属性		**1.853**	**10.294**	**0.828**
IA1. 我们酒店应用的 AI 设备信息储存与提供比人工更稳定	0.842			
IA2. 我们酒店应用的 AI 设备在服务工作中比人工更可靠	0.838			
IA3. 我们酒店应用的 AI 设备可以进行信息搜寻与分析	0.886			

我们根据各因子测量题项代表的含义，为各因子命名。因子1下的题项显示 AI 技术具备类人的功能，如听、看，并且能够与用户有效交流、能识别和表达情绪、互动等，较契合以往研究中的"拟人性"概念，因此，我们将因子1命名为"拟人属性"（Anthropomorphic attributes）。因子2所包含的题项体现了 AI 技术的独特功用、外表等特征给用户带来的愉快性感知，如科技感、愉悦性，故将该因子命名为"娱乐属性"（Entertainment attributes）。附着于因子3的题项反映了 AI 技术可以有效充当人力，能够在一定程度上替代人工完成部分入住、点单、退房等任务，还原了 AI 技术的工具特征，因此，我们将因子3命名为"功能属性"（Functional attributes）。因子4下的题项体现了 AI 技术在处理信息与决策方面的优势，故将因子4命名为"信息属性"（Information attributes）。

在因子分析过程中，根据数据所反映18个变量间的关系及各自所解释方差的水平，我们得到 AI 技术属性四个因子的系数，从而该抽象概念赋值成如下的形式：AI 技术属性 = 0.261×拟人属性（AA）+ 0.253×娱乐属性（EA）+ 0.236×功能属性（FA）+ 0.250×信息属性（IA）。而具体四个维度的属性取值则根据附着于其上的变量来进行，各自权重为表6-5所示的各变量因子载荷的标准化。表中18个变量的赋值则采用李克特7级量表进行，即在问卷中请一线服务员工对这些变量进行评分，员工对各变量的陈述同意程度越高，值越大。其中，1代表"非常不同意"，4代表"中立"，7代表"非常同意"。

基于 EFA 的分析结果，我们可将前面涉及 AI 技术属性的研究假设分解为子研究假设（例如，H6 - 1 将分成 H6 - 1a、H6 - 1b、H6 - 1c 和 H6 - 1d，分别代表四个维度对一线员工身体疲劳的影响），从而更深入地分析 AI 如何对员工进行赋能，进而影响好客服务的。同时，我们将 EFA 所形成的量表结构编入正式调研问卷。

第五节　数据分析与结果

一、描述性统计分析

经过如本章第三节所述调研过程，我们得到由 69 名主管负责的 342 名一线服务员工匹配的调研数据，即总计 342 个案例（按员工数量进行分组）。在 342 名一线服务员工中，男性为 131 人，占比 38.30%；女性略多，为 221 人，占比为 61.70%（见表 6 - 6）。大部分调研对象年龄分布在 18 ~ 35 岁，共有 224 人，占 65.50%；108 人年龄分布在 36 ~ 45 岁，占比 31.58%；46 ~ 60 岁的被调查者仅有 10 人，占比 2.92%。在受教育程度方面，大专或本科人数最多，共 212 人占一半以上（61.99%），初中以下、高中或中专、研究生及以上分别有 23 人、35 人、18 人，这也从侧面印证了酒店从业者高学历人才相对较少的现状。为了尊重被调查者隐私，教育背景设置为非必答题，本次调研有 54 人未填写此问题。被调查者月收入在 4001 ~ 8000 元的最多，共有 130 人，8001 ~ 12000 元有 108 人，分别占比 38.01%、31.58%。4000 元以下和 12000 元以上收入最少，分别占比仅为 4.97%、14.91%。此题同样为非必答题，未填写者有 36 人，占比 10.53%。至于 69 名主管，他们男性居多（n = 41，占比 59.42%），年龄多为 36 ~ 45 岁（n = 36，占比 52.17%），月收入在 8000 ~ 12000 元最多（n = 38，占比 55.07%），有大专或以上学历（n = 40，占比 57.97%）。

表 6 - 6 　　　　　参与正式调研的一线员工基本信息统计（n = 342）

类别	值	频率	百分比（%）
性别	男	131	38.30
	女	211	61.70
年龄	18~35 岁	224	65.50
	36~45 岁	108	31.58
	46~60 岁	10	2.92
教育背景	初中及以下	23	6.73
	高中/中专	35	10.23
	大专/本科	212	61.99
	研究生及以上	18	5.26
	未填写	54	15.79
月收入	4000 元以下	17	4.97
	4001~8000 元	130	38.01
	8001~12000 元	108	31.58
	12000 元及以上	51	14.91
	未填写	36	10.53

正式调研问卷采取李克特 7 级量表。其中，用于结构方程模型分析的变量有 43 个，需要进行正态分布检验（不分析人口控制变量和调节变量）。利用 IBM SPSS 19 对这些变量的均值、标准差、偏度和峰度进行估计和检验，以了解样本整体分布情况，得到表 6 - 7 所示的结果。由此表可见，所有变量偏度统计值均位于 -1 到 1 之间，与标准值 0 的偏离极少。同时，绝大多数测量变量的峰度绝对值同样低于 1，仅有 4 个变量的峰度统计值小于 -1，但远远大于 -2。因此，我们认为各变量符合近似正态分布，可用于进行结构模型的检验。

表 6 – 7 核心构念的变量正态分布状况（n = 316）

变量	均值	标准差	偏度统计量	偏度的标准误	峰度统计量	峰度的标准误
AA1	5.21	1.185	−0.244	0.132	−0.663	0.263
AA2	4.89	1.342	−0.302	0.132	−0.599	0.263
AA3	4.76	1.311	−0.231	0.132	−0.624	0.263
AA4	4.93	1.280	−0.333	0.132	−0.318	0.263
AA5	4.79	1.252	0.010	0.132	−0.493	0.263
AA6	5.05	1.157	−0.166	0.132	−0.485	0.263
EA1	5.36	1.131	−0.319	0.132	−0.613	0.263
EA2	5.49	1.232	−0.522	0.132	−0.624	0.263
EA3	5.15	1.149	−0.196	0.132	−0.703	0.263
EA4	5.30	1.360	−0.308	0.132	−1.048	0.263
EA5	5.56	1.235	−0.647	0.132	−0.465	0.263
FA1	4.91	1.283	−0.428	0.132	−0.420	0.263
FA2	4.69	1.349	−0.227	0.132	−0.643	0.263
FA3	4.83	1.235	−0.435	0.132	−0.318	0.263
FA4	4.81	1.255	−0.463	0.132	−0.475	0.263
IA1	5.10	1.193	−0.074	0.132	−0.806	0.263
IA2	5.16	1.205	−0.156	0.132	−0.741	0.263
IA3	5.28	1.253	−0.426	0.132	−0.653	0.263
PF1	3.35	1.136	−0.316	0.132	−0.473	0.263
PF2	3.21	1.197	−0.196	0.132	−0.829	0.263
PF3	3.06	1.275	−0.061	0.132	−0.980	0.263
PF4	2.76	1.293	0.448	0.132	−0.321	0.263
PF5	2.69	1.250	0.398	0.132	−0.581	0.263
MF1	2.85	1.281	0.180	0.132	−0.905	0.263
MF2	2.83	1.332	0.349	0.132	−0.678	0.263
MF3	2.85	1.318	0.360	0.132	−0.374	0.263
MF4	2.73	1.236	0.261	0.132	−0.827	0.263
MF5	2.95	1.231	0.157	0.132	−0.749	0.263

续表

变量	均值	标准差	偏度统计量	偏度的标准误	峰度统计量	峰度的标准误
PE1	5.55	1.219	-0.603	0.132	-0.579	0.263
PE2	5.10	1.324	-0.277	0.132	-0.797	0.263
PE3	4.87	1.234	0.222	0.132	-0.935	0.263
PE4	4.75	1.184	0.417	0.132	-0.708	0.263
PE5	5.25	1.225	-0.392	0.132	-0.546	0.263
SH1	5.14	1.254	-0.273	0.132	-0.904	0.263
SH2	5.75	1.319	-0.789	0.132	-0.539	0.263
SH3	5.18	1.295	-0.265	0.132	-0.973	0.263
SH4	5.14	1.243	-0.268	0.132	-0.877	0.263
SH5	5.18	1.321	-0.199	0.132	-1.048	0.263
SH6	5.26	1.352	-0.269	0.132	-1.083	0.263
SH7	5.27	1.349	-0.294	0.132	-1.070	0.263
SH8	5.17	1.188	-0.326	0.132	-0.754	0.263
SH9	5.47	1.251	-0.465	0.132	-0.739	0.263
SH10	5.27	1.235	-0.389	0.132	-0.721	0.263

注：AA1～AA6 指 AI 技术的拟人属性；EA1～EA5 指娱乐属性；FA1～FA4 指功能属性；IA1～IA3 指信息属性；PF1～PF5 指一线服务员工的体力疲劳；MF1～MF5 指脑力疲劳；PE1～PE5 指积极情绪；SH1～SH10 指服务好客性。

二、测量模型评估

（一）AI 技术属性量表的验证

由于 AI 技术属性的测量是基于我们新开发的量表，因此，有必要对 AI 技术属性进行个体测量模型检验。采用 Mplus 7.4 进行验证性因子分析（CFA），得到的模型拟合指数表明 AI 技术属性的因子结构较好地契合了实证数据：卡方 $\chi^2 = 188.614$，自由度 df = 129，$\chi^2/\text{df} = 1.462$（<3），TLI = 0.974（>0.9），CFI = 0.978（>0.9），RMSEA = 0.037（<0.08）（Bowen and Guo，2011）。CFA 分析结果显示，各变量在 AI 技术属性的四个维度的因子载荷位于 0.519 与 0.884 之间，绝大部分大于 0.65。4 个因子的 α 值（组

合信度）大于 0.8，说明其具有较高的信度（>0.7）；它们的 AVE 值也都大于 0.5（位于 0.500 与 0.650 之间），说明各构念的效度也达到要求。因此，本书开发的 AI 技术属性量表得到验证，可用于未来相关研究中。

（二）整体测量模型的信效度分析

将结构模型中的构念之间的协方差考虑进来，通过 Mplus 7.4 对整体测量模型进行 CFA 分析。得到的拟合优度指标均表现良好：$\chi^2 = 922.998$，df = 815，$\chi^2/df = 922.998/815 = 1.133$（<3）；CFI = 0.985（>0.9）；TLI = 0.983（>0.9）；RMSEA = 0.020（<0.08）（Bowen and Guo, 2011）。因此，整体测量模型很好地拟合了样本数据。CFA 的结果见表 6-8，各测量题项的标准化因子载荷系数值介于 0.501~0.883，均大于 0.5。各构念的 Cronbach's α 值均大于 0.8，远高于标准的 0.7，显示了较高水平的信度。同时，各构念或维度的 AVE 值介于 0.50~0.65，均大于 0.5，说明潜变量能够较好地解释方差总量；各构念或因子的组合信度值介于 0.82~0.86，均大于 0.8，表明每个变量结构的内在质量水平较理想。因此，所有构念具有较好的收敛效度。同时，每个构念 AVE 值的开方都明显超过它与其他构念之间的相关系数值（见表 6-9）。因此，各构念之间的区分性较好。综上所述，整体测量模型的信度和效度较好，以此为基础进行结构模型分析的结论具有可靠性。

表 6-8　　　　　AI 技术属性测量模型的 CFA 分析结果（n=342）

构念/因子	变量	因子载荷	t 值	α 值
拟人属性	我们酒店应用的 AI 设备能识别、理解人的语言和表达	0.721	23.665 ***	0.852
	我们酒店应用的 AI 设备能执行指令，完成任务	0.744	25.697 ***	
	我们酒店应用的 AI 设备能与用户进行有效的交流	0.751	26.471 ***	
	我们酒店应用的 AI 设备能识别用户的情绪	0.511	11.627 ***	
	我们酒店应用的 AI 设备能够进行情绪表达	0.685	20.636 ***	
	我们酒店应用的 AI 设备能对人进行视觉识别	0.796	31.697 ***	

续表

构念/因子	变量	因子载荷	t 值	α 值
娱乐属性	我们酒店应用的 AI 设备令人感到愉快	0.538	12.744 ***	0.852
	我们酒店应用的 AI 设备很有吸引力	0.876	45.335 ***	
	我们酒店应用的 AI 设备给人一种科技感	0.704	22.473 ***	
	我们酒店应用的 AI 设备令人感到惊奇	0.797	32.660 ***	
	我们酒店应用的 AI 设备给人一种智能感	0.732	24.930 ***	
功能属性	我们酒店应用的 AI 设备能帮助客人快捷地完成酒店入住流程	0.684	20.242 ***	0.849
	我们酒店应用的 AI 设备能帮助客人快速完成点餐	0.779	28.992 ***	
	我们酒店应用的 AI 设备能帮助客人自主地实现酒店退房	0.827	34.777 ***	
	我们酒店应用的 AI 设备能帮助客人高效率地控制房内设施	0.782	29.123 ***	
信息属性	我们酒店应用的 AI 设备信息储存与提供比人工更稳定	0.809	31.507 ***	0.844
	我们酒店应用的 AI 设备在服务工作中比人工更可靠	0.742	24.806 ***	
	我们酒店应用的 AI 设备可以进行信息搜寻与分析	0.863	37.622 ***	
体力疲劳	在工作中，我感觉我只能投入很少体力	0.762	27.414 ***	0.847
	在工作中，我感觉很累	0.810	33.108 ***	
	在工作中，我觉得我体力状态很差	0.612	16.050 ***	
	在工作中，我很容易感到疲劳	0.737	24.914 ***	
	在工作中，我只把很少的事情完成了	0.725	23.732 ***	
脑力疲劳	在工作中，我很难集中精神	0.746	26.443 ***	0.859
	在工作中，我很难清晰地想问题	0.645	18.251 ***	
	在工作中，我说话有口误	0.770	29.000 ***	
	在工作中，我想正确地表达有困难	0.703	22.512 ***	
	在工作中，我的记忆变差了	0.861	43.072 ***	

续表

构念/因子	变量	因子载荷	t 值	α 值
积极情绪	在工作中，我是充满激情的	0.516	11.978***	
	在工作中，我是充满兴趣的	0.883	48.006***	
	在工作中，我是果断坚决的	0.820	36.506***	0.840
	在工作中，我是兴奋的	0.659	19.203***	
	在工作中，我是受鼓舞的	0.716	23.765***	
暖心（好客性1）	在对客服务中，该员工是热情欢迎的	0.768	28.656***	
	在对客服务中，该员工是有礼貌的	0.501	11.356***	0.821
	在对客服务中，该员工是恭敬的	0.879	45.518***	
	在对客服务中，该员工是友好的	0.799	32.811***	
安心（好客性2）	在对客服务中，该员工是值得信赖的	0.766	25.729***	
	在对客服务中，该员工是诚实的	0.805	29.050***	0.825
	在对客服务中，该员工是可靠的	0.773	26.554***	
舒心（好客性3）	在对客服务中，该员工是慷慨大方的	0.845	34.197***	
	在对客服务中，该员工是善于交际的	0.766	26.376***	0.825
	在对客服务中，该员工是开放的	0.733	23.439***	

注：*** p < 0.001。

表 6-9　AI 技术属性模型构念的相关系数、组合信度和 AVE 值（n = 342）

构念/因子	AA	EA	FA	IA	PF	MF	PE	HW	HA	HS
拟人属性（AA）	**0.71**									
娱乐属性（EA）	0.36	**0.73**								
功能属性（FA）	0.36	0.22	**0.77**							
信息属性（IA）	0.28	0.37	0.29	**0.81**						
体力疲劳（PF）	-0.44	-0.31	-0.40	-0.39	**0.73**					
脑力疲劳（MF）	-0.38	-0.29	-0.50	-0.42	0.41	**0.75**				
积极情绪（PE）	0.41	0.40	0.32	0.35	-0.38	-0.36	**0.73**			
暖心（好客性1，HW）	0.43	0.38	0.47	0.40	-0.46	-0.48	0.45	**0.75**		
安心（好客性2，HA）	0.40	0.33	0.38	0.38	-0.42	-0.41	0.43	0.45	**0.78**	

续表

构念/因子	AA	EA	FA	IA	PF	MF	PE	HW	HA	HS
舒心（好客性3，HS）	0.41	0.41	0.34	0.40	−0.46	−0.43	0.47	0.48	0.47	**0.78**
均值	4.94	5.37	4.81	5.18	3.02	2.84	5.10	5.30	5.24	5.30
标准差	0.95	0.97	1.06	1.06	0.97	1.02	0.97	1.03	1.15	1.05
组合信度 CR	0.86	0.86	0.85	0.85	0.85	0.86	0.85	0.83	0.82	0.83
AVE	0.50	0.54	0.59	0.65	0.54	0.56	0.53	0.56	0.61	0.61

注：（1）表中对角线的数值为其所对应构念的 AVE 的开方值；未加粗数值为各构念与其他构念之间的相关系数。（2）构念之间的相关分析统计值均在 $p < 0.01$ 水平上显著。

三、研究假设的检验

基于正式调研数据，我们通过 Mplus 7.4 对结构模型进行分析。得到的拟合优度指标均达到要求，说明结构模型很好地拟合了样本数据：$\chi^2 = 975.245$，$df = 830$，$\chi^2/df = 975.245/830 = 1.175$（$<3$）；CFI $= 0.980$（>0.9）；TLI $= 0.978$（>0.9）；RMSEA $= 0.023$（<0.08）（Bowen and Guo，2011）。

结构方程模型分析结果显示，AI 技术属性从体力、脑力、情绪等方面对一线服务员工的工作产生了积极而显著的影响，从而支持了 AI 技术赋能的研究假设。具体而言，AI 技术的拟人属性、功能属性、信息属性对体力疲劳的标准化路径系数（β 值）分别为 −0.333、−0.227、−0.253，t 值明显小于 −1.96（见表6 −10），均在 $p < 0.001$ 水平上显著，即 AI 技术的功能属性、拟人属性、信息属性均在一线员工体力疲劳的缓解方面存在显著影响，因此，研究假设 H6 −1a、H6 −1c 和 H6 −1d 得到支持。AI 技术的娱乐属性对员工体力疲劳的标准化路径系数（β 值）为 −0.061，t 值为 −0.964，未达到显著水平，说明假设 H6 −1b 未获支持。将 AI 技术属性的四个维度整体考虑，二阶结构方程模型的分析显示，AI 技术属性对降低一线员工体力疲劳效果显著（β = −1.067，t = −7.999[***]），因此，研究假设 H6 −1 成立。

表 6 – 10   AI 技术属性研究假设的检验结果

研究假设	路径	β 值	t 值	假设检验结果
H6 – 1a	拟人属性→体力疲劳	− 0.333	− 5.399 ***	支持
H6 – 1b	娱乐属性→体力疲劳	− 0.061	− 0.964	未支持
H6 – 1c	功能属性→体力疲劳	− 0.227	− 3.843 ***	支持
H6 – 1d	信息属性→体力疲劳	− 0.253	− 4.168 ***	支持
H6 – 2a	拟人属性→脑力疲劳	− 0.190	− 3.128 **	支持
H6 – 2b	娱乐属性→脑力疲劳	− 0.046	− 0.748	未支持
H6 – 2c	功能属性→脑力疲劳	− 0.386	− 7.006 ***	支持
H6 – 2d	信息属性→脑力疲劳	− 0.288	− 4.939 ***	支持
H6 – 3a	拟人属性→积极情绪	0.241	3.823 ***	支持
H6 – 3b	娱乐属性→积极情绪	0.260	4.150 ***	支持
H6 – 3c	功能属性→积极情绪	0.162	2.706 **	支持
H6 – 3d	信息属性→积极情绪	0.166	2.694 **	支持
H6 – 7a	体力疲劳→暖心（好客性 1）	− 0.281	− 4.744 ***	支持
H6 – 7b	体力疲劳→安心（好客性 2）	− 0.278	− 4.247 ***	支持
H6 – 7c	体力疲劳→舒心（好客性 3）	− 0.277	− 4.446 ***	支持
H6 – 8a	脑力疲劳→暖心（好客性 1）	− 0.324	− 5.668 ***	支持
H6 – 8b	脑力疲劳→安心（好客性 2）	− 0.242	− 3.817 ***	支持
H6 – 8c	脑力疲劳→舒心（好客性 3）	− 0.275	− 4.567 ***	支持
H6 – 9a	积极情绪→暖心（好客性 1）	0.303	5.489 ***	支持
H6 – 9b	积极情绪→安心（好客性 2）	0.298	4.873 ***	支持
H6 – 9c	积极情绪→舒心（好客性 3）	0.334	5.791 ***	支持

注： *** p < 0.001， ** p < 0.01。

同理，AI 技术属性的拟人属性、功能属性、信息属性对一线员工脑力疲
劳的标准化路径系数 β 值分别为 − 0.190、 − 0.386、 − 0.288，均在 p < 0.01
水平上显著（t < − 1.96），因此，研究假设 H6 – 2a、H6 – 2c 和 H6 – 2d 得到
支持。AI 技术的娱乐属性对脑力疲劳的标准化路径系数（β 值）为 − 0.046，
t 值为 − 0.748，未达到显著水平，说明假设 H6 – 2b 未得到支持，即 AI 技术

的娱乐属性未能显著缓解员工的脑力疲劳。将 AI 技术属性的四个维度整体考虑，二阶结构方程模型的分析显示，AI 技术属性对降低一线员工脑力疲劳效果显著（$\beta = -1.175$，$t = -7.826^{***}$），因此，研究假设 H6 - 2 成立。

AI 技术的拟人属性、娱乐属性、功能属性、信息属性对一线员工积极情绪的标准化路径系数 β 值分别为 0.241、0.260、0.162、0.166，均在 $p < 0.01$ 水平上显著（$t > 1.96$），即 AI 技术的四个属性均对积极情绪存在显著而正向的影响。可见，AI 技术仅在娱乐属性一个方面对于缓解员工体力和脑力疲劳方面并不显著，但对于调动员工积极情绪效果显著。将 AI 技术属性的四个维度整体考虑，二阶结构方程模型的分析显示，AI 技术属性对提高一线员工积极情绪效果显著（$\beta = 0.715$，$t = 6.523^{***}$），因此，研究假设 H6 - 3 成立。

一线服务员工的良好工作状态对于服务好客性的影响也得到支持，说明服务好客性的 AI 技术赋能（员工路径）成立。具体而言，一线服务员工体力疲劳对其服务好客性的三个维度——暖心（$\beta = -0.281$，$t = -4.744^{***}$）、安心（$\beta = -0.278$，$t = -4.247^{***}$）、舒心（$\beta = -0.277$，$t = -4.446^{***}$）存在显著而负面的影响，即体力疲劳的缓解有利于提高接待服务好客性，因此，研究假设 H6 - 7 成立。同样，一线服务员工脑力疲劳的缓解也可以引发其对客服务时暖心（$\beta = -0.324$，$t = -5.668^{***}$）、安心（$\beta = -0.242$，$t = -3.817^{***}$）、舒心（$\beta = -0.275$，$t = -4.567^{***}$）的水平，即体力疲劳的缓解正向影响服务好客性，因此，研究假设 H6 - 8 成立。一线服务员工积极情绪对其服务好客性的三个维度——暖心（$\beta = 0.303$，$t = 5.489^{***}$）、安心（$\beta = 0.298$，$t = 4.873^{***}$）、舒心（$\beta = 0.334$，$t = 5.791^{***}$）存在显著而正面的影响，因此，研究假设 H6 - 9 也得到支持。

基于主管对其负责的 342 名员工的评价数据进行分组，我们对工作心理要求的潜在调节效应进行评估，得到如表 6 - 11 所示的结果。我们对所有 342 名员工的工作心理要求分值取平均值，将高于平均值的员工列为"工作心理要求高"组（n = 163），低于平均值的员工归入"工作心理要求低"组（n = 179），从而将数据分成两组。基于这两组数据的分析显示，AI 技术属性对一线服务员工的体力、脑力和情绪劳动的影响都是显著的。然而，两组之间的影响系数大小上有所不同。在 AI 技术属性到一线员工体力疲劳的路径上，"工作心理要求高"组（β = −0.812，t = −6.544***）的影响效应显著强于"工作心理要求低"组（β = −0.603，t = −4.507***）。因此，AI 技术属性和工作心理要求交互影响员工的体力疲劳，研究假设 H6 − 4 得到支持。在 AI 技术属性缓解员工脑力疲劳的影响上，"工作心理要求高"组（β = −0.841，t = −6.230***）的影响效应强于"工作心理要求低"组（β = −0.691，t = −4.820***），但这种差异略低于显著水平（t = 1.931 < 1.96），因此，工作心理要求在该路径的调节作用不成立，H6 − 5 未得到支持。同样，在 AI 技术属性增强员工积极情绪的影响上，"工作心理要求高"组的影响效应比"工作心理要求低"组高，但这种差异未达到显著水平（t = −1.812），因此，样本数据未支持研究假设 H6 − 6。

表 6 − 11　　　　　　　　工作心理要求的潜在调节效应

路径	"工作心理要求高"组 （n = 163）		"工作心理要求低"组 （n = 179）		路径在两组间的比较 （t 值）
	标准化系数 β 值	t 值	标准化系数 β 值	t 值	
AI 技术属性 × 工作心理要求→体力疲劳（H6 − 4）	−0.812	−6.544***	−0.603	−4.507***	2.483*
AI 技术属性 × 工作心理要求→脑力疲劳（H6 − 5）	−0.841	−6.230***	−0.69i	−4.820***	1.931
AI 技术属性 × 工作心理要求→积极情绪（H6 − 6）	0.738	5.688***	0.658	4.647***	−1.812

注：*** p < 0.001，* p < 0.05。

第六节　讨论与启示

一、员工路径下的好客性技术赋能模型总结

在本章中，我们探讨了 AI 技术如何实现对服务好客性的技术赋能，即着

力于服务好客性的主要来源——一线服务员工，通过 AI 对其体力、脑力、情绪方面的赋能来维持其资源，促进其好客服务热情。在该技术赋能模型中，AI 技术以其特有属性通过减少体力疲劳、缓解脑力疲劳和增加积极情绪三种方式来赋能一线员工，从而以间接作用的形式提高接待服务的好客水平，这与第三章、第四章的顾客视角形成互补。由于工作要求与一线服务员工的资源消耗直接相关，我们还考察了工作心理要求的潜在调节作用，从而丰富了该技术赋能机制。

通过揭示员工路径的技术赋能，我们主要得到了四个方面的研究结果：第一，我们开发并验证了一个衡量 AI 技术属性的量表。我们基于以往的文献首先界定了 AI 技术属性的含义和领域，遵循分析规范从以往文献和深度访谈中筛选出 31 个测量题项，之后通过专家小组（共 7 位学者）优化了测量项目库，并通过问卷预调研、EFA 进行了测量题项的精练，最后基于正式调研（与其他构念一起）完善了该测量工具。因子分析结果表明，包含 4 个因子（拟人属性、娱乐属性、功能属性和信息属性）、18 个变量的结构可以很好地解释 AI 技术属性的概念，具有较高的信度和效度。第二，AI 技术属性整体上对一线服务员工的体力疲劳减少、脑力疲劳缓解和积极情绪存在显著的影响。更具体地说，AI 技术的拟人属性、功能属性和信息属性显著地降低了一线服务员工的体力疲劳和脑力疲劳，并增加了他们的积极情绪。AI 技术的娱乐属性与一线服务员工的体力疲劳和脑力疲劳呈负相关但不显著，而员工的积极情绪则很显著地受到娱乐属性的正面影响。第三，一线服务员工身体、心理和情绪状态的改善显著提高了他们服务的热情好客。数据分析表明，一线员工的体力疲劳和脑力疲劳与服务好客性的三个维度（暖心、安心、舒心）呈负相关关系，员工的积极情绪则在很大程度上促进了服务好客性。第四，心理工作要求可以调节 AI 技术属性对一线服务员工体力疲劳的影响，但不能调节对脑力疲劳和积极情绪的影响。虽然 AI 技术属性对员工的体力、脑力和情绪劳动的影响都很显著，但 AI 技术属性对一线员工体力疲劳的影响在不同心理工作要求情境下是不同的，高要求的心理工作要求比低要求的影响效应更大。

二、本章研究的启示

（一）理论方面

通过本章技术赋能机制的研究，我们实现了对 AI 技术属性的概念化与操作化，加深了对旅游接待业中 AI 技术应用的理解。为了揭示 AI 技术对旅游接待业的影响，识别其属性特征至关重要。为此，以往的研究主要集中在有载体的服务机器人（Bartneck et al.，2009）或用户使用 AI 技术的意愿（如 Lu et al.，2019），或者仅限于人机交互探讨（Tung and Law，2017）。然而，AI 技术融入旅游接待业服务后表现出的属性还有待揭示。虽然一些研究从单个方面考察了 AI 的某些属性，如 AI 的拟人性和社会存在（Fan et al.，2016；McLean et al.，2021），但系统地开发在旅游接待业服务采用 AI 后其展现的属性的量表还是很有必要的。我们的研究揭示了 AI 技术属性的测量工具、因子结构，加深了 AI 在服务中应用后的认识，为未来有 AI 介入的服务或一线工作相关的研究提供了衡量量表。

本章研究对 AI 技术属性对员工工作负荷/状况的影响进行了实证，有助于 AI 的应用与影响研究、资源保存理论和员工工作负荷管理理论，尤其是在旅游接待业服务的情境下。已有的文献阐述了 AI 技术应用对企业服务效率、成本和经济效益的影响（Chi et al.，2020），讨论了 AI 的用户接受问题和其服务体验（Gursoy et al.，2019）。然而，AI 技术属性对一线服务员工（作为接待服务的核心提供者）的服务工作的影响却被学者们忽略了（Mariani and Borghi，2021）。我们的研究弥补了这一差距，根据资源保存理论，对于在服务和带负荷工作中时刻面对紧张人际关系的旅游接待业一线员工来说，获取和保存资源对于完成工作任务至关重要（Teoh et al.，2019）。本书分析后发现，AI 技术由于其独特属性可以成为一线员工的外部资源。分析结果显示，AI 技术的拟人属性、功能属性和信息属性可以显著地减少员工的体力疲劳和脑力疲劳，这补充了贝克等（Bakker et al.，2004）学者的观点，即在工作环境中，有利的工作资源会减少工作要求所带来的身体或心理负担，如疲劳。不过，AI 技术的娱乐属性并没有显著降低员工个人资源中体力和脑力消耗。

尽管之前的一些研究强调了娱乐在解决一线服务员工身、心方面的挑战（Kamalan and Sutha，2017），但这一结论并不适用于 AI 技术的娱乐属性。同时，AI 技术四个维度的属性都会显著地影响一线服务员工的积极情绪。AI 技术作为工作"伙伴"有利于营造支持性的工作氛围，其属性可以触发一线服务员工的积极情绪。这项研究揭示了 AI 技术属性可以塑造支持性的环境，为工作增添新鲜感和乐趣，并激发一线员工对工作的兴趣和热情，不仅是替代部分任务和为顾客提供不间断的服务，从而对工作负荷管理的理论进行了补充（Ariza - Montes et al.，2018）。

本书的另一个理论贡献在于识别了服务好客性这个旅游接待业核心因素的前因变量。以往的研究将好客服务视为一线（人类）员工的自带属性（Ariffin，2013；Tasci and Semrad，2016）。很少有实证研究来探究好客的前因变量。而我们的研究则在这方面作了探索，得到以下发现：随着身、心疲劳的减少和积极情绪的增强，一线服务员工将表现出更高水平的服务好客性。以往的研究发现，工作疲劳或倦怠很容易导致服务出现冷漠或消极的态度，而积极的情绪会驱使员工热情地为顾客服务（Häusser et al.，2010），我们的研究结果在好客服务这个领域得到了类似的发现。本书揭示了 AI 技术如何通过赋能一线员工影响服务好客性的三种途径（体力、脑力和情绪），在旅游接待业服务的好客理论和一线员工管理理论方面作出了边际贡献。

本书还探讨了工作心理要求的作用，将工作要求 - 资源（JD - R）理论扩展到 AI 技术介入的服务工作中。JD - R 认为，对工作心理要求高的一线服务员工面临相当大的生理和心理资源消耗，并渴望获得外部资源以保持积极的服务态度和行为（Wang，2019）。本书研究发现，与工作心理要求低的一线员工相比，AI 技术属性对"工作心理要求高"的员工体力疲劳的影响效应更大。然而，工作心理要求在 AI 技术属性→脑力疲劳/积极情绪关系中的调节作用没有得到支持。研究成果为 AI 技术应用新背景下接待服务的工作要求与资源研究提供了一定的启示。

（二）实践启示

书中所开发的 AI 技术属性测量量表可用于为实践管理者评估和分析 AI 技术。在旅游接待业服务中采用人工智能时，应考虑该技术的拟人、娱乐、功能和信息属性，管理者可参考本书提供的测量题项进行分析。

旅游接待业企业应采取措施在服务中增强 AI 的这些属性，实现对一线服务员工的赋能。本书研究证实，基于 AI 属性的赋能有利于缓解一线服务员工身心疲劳，激发其积极情绪，赋能员工工作资源和能力，从而维持其好客服务的表现。旅游接待业一线服务的身体状况和工作情绪对于热情好客地提供和服务绩效至关重要。本书表明，AI 技术属性是减少一线服务员工生理和心理工作负荷的有效方法。旅游接待业管理者可以通过技术改进或数据积累，增加类人的视觉元素、内置声音和情感交流，这可以增强 AI 的拟人化属性。同时，AI 设备的外观和娱乐性可以通过在实践应用中精心设计来实现。例如，赋予其卡通形象，添加音乐和笑话等。这可以改善一线服务员工的情绪和最终服务结果。另外，行业管理者可以通过优化使用任务（例如签到）的流程、扩展信息提供的数据库等措施来提高 AI 的功能和信息属性，从而对员工赋能。

旅游接待业企业应合理管理一线服务的工作负荷以保持服务好客性。本书研究发现，一线服务员工的体力疲劳和脑力疲劳会负向影响其服务的好客性。换句话说，为员工保持良好的工作负荷状态对于其热情好客服务非常重要。一线服务员工在提供款待服务时会消耗身体和心理资源，缺乏工作资源会无形地增加他们的压力，并导致许多负面影响，如焦虑和倦怠等（Kong et al.，2021）。因此，为了向顾客提供热情好客的服务，旅游接待业企业应该关注一线员工的身体、心理和情绪状况。管理者可以通过优化工作任务的安排、关心员工幸福感、减轻工作压力或其他缓解员工身心压力的策略，帮助他们保持良好的工作状态。服务企业的所有支持性工作资源都会得到回报，因为充满活力和快乐的一线员工会热情好客地为顾客服务。

适当的工作要求设定是组织支持的另一种体现。本书研究发现，AI 技术属性和工作心理要求对一线服务员工的体力疲劳有交互作用。对于心理工作要求较高的一线员工，引入高属性的 AI 技术可以有效降低他们的身体疲劳。对于采用 AI 技术的旅游接待业企业，管理人员应谨慎将心理工作要求保持在合理水平，以便一线服务人员能够充满活力和热情地工作。

（三）AI 技术赋能员工的未来研究

我们的研究从员工体力、脑力、情绪等方面探讨了服务好客性的技术赋能问题。当然，AI 对员工的技术赋能是一个复杂的问题，本书的关注和研究还存在一些局限性，这也为未来的研究提供了一些方向。

第一个方向是一线服务员工的工作负荷测量问题。本书通过邀请一线员工回答问卷题项的形式来评估员工的身、心疲劳状态，但主观的评价可能与实际疲劳状态存在一定偏差。在未来的研究中，可以借助一些简易的医疗仪器更精确地测量员工相关的生理指标。

第二个方向是 AI 赋能中的领导角色问题。我们虽然对一线服务员工的主管进行了调查，以评估其下属的工作要求和服务热情，但模型中并未将管理和领导的因素真正纳入考虑。例如，领导风格和领导－成员交换（Leader-member exchange）可能会影响一线员工的工作负荷，这些因素可以在未来关于 AI 对员工影响的研究中进行考察。

未来研究还应在更深层次上考虑 AI 与员工之间的关系，尤其是 AI 技术给员工带来的负面影响方面。在 AI 被引入之后，一线服务员工可能产生对失业的恐惧，他们看到或未看到同事被 AI 替代，都会使他们对新技术看法和应对行为产生不同的影响，从而导致不同的服务结果（Häusser et al.，2010）。例如，AI 技术可能使员工信息、思想、行为上依赖于机器，从而不利于他们的服务创新行为。人工智能对一线服务员工的赋能还可能会随着 AI 和人力组合的形式、比例变化而变化。AI 介入旅游接待业服务并与员工互动的方式和层次可能会影响员工的角色和工作负荷，从而导致不同的服务结果。未来研究在分析 AI 对接待服务的影响时应考虑 AI 与员工的分工与合作。

| 第七章 |
服务好客性的技术赋能（下）——组织路径

第一节　服务场景智能化——好客性技术赋能的组织路径

在旅游接待业中，通过技术赋能给顾客创造殷勤好客的服务，并非只有员工这一种途径。例如，服务场景无时无刻不在跟顾客进行着无声的交流，以一种"润物细无声"的形式展现服务企业对于顾客的态度。旅游接待业服务（如主题乐园、休闲俱乐部、度假村、邮轮等）的完成需要顾客在企业所创造的物理环境中才能实现。如此，顾客对于自己身处的服务场景的感知会直接影响他/她对服务质量的评判，例如，顾客是否感到满意、是否感受到款待。有的旅游接待企业利用 AI 技术来进行大数据分析和辅助决策，从而使款待服务的系统设计、服务环境（包括社会和物理环境）更加优化，让客人感受到服务的温情。这种技术应用方式的影响面较广，它作用于整个企业组织层面，而不再仅局限于个人层面。因此，我们称之为"技术赋能的组织路径"，即旅游接待业组织在应用 AI 技术时充分发挥其大数据、智能决策辅助优势，从整体层面优化和提升旅游接待服务系统、服务环境。从而在服务过程中，让身处其中的顾客感受到服务企业的努力、用心和关爱，进而产生对其接待服务感到好客、温馨的认知。

服务场景对顾客好客性评价的影响是显而易见的。例如，一个残疾人顾客准备享受自己的晚餐，却发现必须自己独自经过一段漫长的台阶才能到达，而轮椅无法直接上去。此时，这个顾客不可能认为该餐厅是好客的。一个客人准备在休闲俱乐部与好友放松心情，却发现周围全是嘈杂的声音，这也会导致顾客对该俱乐部热情好客的质疑。而融入 AI 技术的服务场景是组织路径中最直接与顾客互动的技术赋能途径，测量其对服务好客性的影响是直观有效的（Yin et al.，2023a）。因此，我们在本章中重点考察服务场景在 AI 技术介入下，如何影响服务好客性，补上技术赋能的另一块拼图——服务场景智能化。

我们仍然以酒店这种典型的旅游接待业为研究情境来探讨服务场景智能化的问题。人工智能在旅游接待业中的使用能够创造不一样的服务场景，在疫情下减少了服务中的人际直接接触，为服务交换和传递增加了新的元素，增强了服务场景与顾客"互动"的能力。例如，在一些旅游接待服务场所，多媒体展示系统、电子标识在 AI 技术的加持下显得更加灵活、有趣。AI 技术也被应用于服务场所的温度调控、音乐切换（应顾客需求）等。一些酒店的客房内还安装了智能家居系统，使顾客对电视、窗帘、灯光等众多设备进行更加方便的设置和控制（也可自动运行）。这些新做法将产生何种结果还有待考察。首先，AI 技术及其应用仍处于发展阶段，以此为基础的智能化服务场景会达到什么程度，表现出什么样的特征？其次，身处其中的顾客又如何看待智能化的服务场景，是否会觉得其"哗众取宠"？最后，在顾客对他们所接受的服务变得越来越挑剔的背景下，智能化服务场景能满足其要求吗？在短暂地吸引了顾客的注意力之后，智能化服务场景如何实现顾客的好客体验？这是管理者非常关心的问题。

学术界对旅游接待业的智能应用有所关注，但并未有效回答上述关键问题。目前，关于 AI 应用于旅游接待业的研究侧重于人机交互和顾客的接受、行为意向（Gursoy et al.，2019；Giebelhausen et al.，2014），以及顾客如何通过智能技术的工具性和社会性实现价值共创（Belanche et al.，2020；Keyser et al.，2019）。然而，影响顾客情绪和体验的因素不仅来自人机交互，还可以来自环境线索、拟人化关怀等；了解 AI 与其周边实体之间的匹配关系、内在联系非常重要，这是科学应用 AI、管理服务系统的前提（Franklin et al.，2010）。为最大挖掘 AI 技术在旅游接待业服务中的潜力和利益，管理者和研究者需要深入了解智能化服务场景：这个新的服务模式由哪些部分构成？如何塑造智能化服务场景？智能化服务场景如何影响顾客的好客体验？

因此，为回答上述研究问题，我们将基于顾客的在线真实评论数据来解析智能化服务场景，并设计情景实验来探究和验证组织赋能路径下智能化服务场景对顾客好客体验的影响模型，为服务场景设计、AI 应用管理、顾客关系维护提供理论贡献和依据。

第二节　服务场景智能化下的技术赋能机制

一、智能化服务场景

有形的环境线索作为刺激因素，可以影响消费者的情绪状态，给他们带来愉悦感，改变他们的感知和行为——接近或回避反应（Dong and Siu，2013），如满足、重购、推荐、分享等。其背后的原因是：服务是在物理环境中同时生产和消费的，这使服务环境成为整体顾客服务体验不可或缺的一部分。比特纳（Bitner，1992）据此首先提出了"服务场景"（Servicescape）一词，将其解释为企业精心设计的环境线索，并提出环境线索的三个维度：环境条件、空间/功能、符号和产品服务。之后，无形要素也被考虑进来，学者们将服务场景拓展为经营者特意设计出的、能够容纳商业活动的直接有形环境和社交环境（Çelik，2015；张辉、陈雅清，2020），不仅包括服务企业为产品和服务创造的人造物理环境元素（如壮观的建筑、宜人的气氛、合适的设施、精致的装修等），也包括服务所呈现和诠释的社会环境因素、人文线索等。服务场景是顾客判断企业投入和感知产品质量的主要信号来源，同时它还传达着一些不可见产品和氛围的信息。顾客可以利用物理环境线索形成对服务企业的印象，并根据企业的典型顾客来感知对自身的匹配度。因此，服务场景往往会影响顾客对企业的认同感、自我一致性、满意度、口碑推荐等服务结果（Ariffin et al.，2013；张辉、陈雅清，2020）。

理论上，智能化服务场景可溯源于情景智能（Franklin et al.，2010）。情景智能（Ambient Intelligence）由欧盟信息社会技术咨询小组（ISTAG）提出，主要是指：考虑到人们特定的习惯和需要，将信息和通信系统嵌入在用户环境中，使得情景设备有能力地、智能地、适应性地对语言或动作作出反应（徐林强，2016）。ISTAG 描述了情景智能的六个特征：用户友好、智能、嵌入式、个性化、自适应和不引人瞩目。同时指出，情景智能由智能设备包围的环境构成，这些设备以无缝、不引人瞩目和不可见的方式识别并响应人们不断变化的需求（ISTAG，2003）。ISTAG 提出的这一情景智能概念至今仍可部分适用，但其提出的特征则被证明与现在的实践存在很大的差异，需要更新。例如，桑托菲米等（Santofimi et al.，2008）提出智能化情景的特征是高动态性，即环境中存在的设备集和提供的服务是不断变化的。加姆斯等（Gams et al.，2019）补充了情景智能中识别用户的上下文感知特征。智能化的情景包含听觉、视觉、语言和知识等，这些都与 AI 有关（ISTAG，2003），AI 的嵌入影响了环境智能系统可以提供的服务范围，并增加应用的灵活性和准确性（Santofimia et al.，2008），并且一个系统的社会智能对同一环境下的其他实体会产生重要的溢出效应（Gams et al.，2019）。为反映这种新发展，我们根据理论将"智能化服务场景"／"AI 服务场景"定义为：服务提供者通过预先的推理、规划和后台操作技术设备，给予顾客直接的、智能的场景氛围刺激，并使得 AI 设备能够检测和回应顾客行为，与其他因素共同为顾客提供完整的前、中、后服务体验。

二、服务场景智能化下的服务好客性感知

服务场景是企业精心设计的环境线索，而智能化服务场景具有非惯常性、突出性的特征。在旅游接待业，AI 技术塑造了感官上"不同寻常的情境"，具有直接改变顾客感知的服务场景的非惯常性。相比传统服务场景，在 AI 导致的非惯常性中，顾客更容易从新奇的感官体验中体会到自己在知识、情绪等方面得到的好处，这有利于顾客产生积极的态度（如信任）和参与情境中的互动（Ivanov et al.，2020）。以往的研究表明，在消费行为发生之前，顾客倾向于将自己沉浸在物理环境中（Park，2020）。依据功能可见性理论，基于环境隐喻的行为线索，只有当个体从情景中能感知到"行动后的受益"时，才会采取行动（Jones，2018）。相比传统服务场景，智能化服务场景基

于 AI 技术的创新和可见性提供了高度的可观察标记，这有助于观察者识别和快速感知 AI 技术带来的利益——顾客能轻易地从场景中获得感官上新奇、沉浸的体验，这激励顾客与 AI 设备或场景内主体进行更多的身体、社会、情感和行为的接触（Sun et al.，2021），从而更深入地感知到服务组织的精心设计与努力，更全面地感知温情服务（郑向春，2012）。基于此，我们提出以下假设：

H7-1　相比传统服务场景，AI 服务场景更能提升顾客对旅游接待服务的好客感知。

三、自我一致性的作用

智能化服务场景能够直接引发顾客的积极偏好和行为，是因为其（相比于传统服务场景）包含更丰富和生动的环境线索，产生更身临其境和深入的场景感知，有助于顾客在符号和功能元素上形成与自我概念的一致性。自我一致性是指自我概念与品牌或服务场景在认知上相互匹配的状态（Roy and Rabbanee，2015）。自我一致性理论（Self-congruity theory）认为，顾客之所以更喜欢与自己联系在一起的品牌/服务/场景，是因为他们拥有一系列与自身存在方式相一致的特征，且顾客有维持、提升自我形象的动机（Malär et al.，2011）。当顾客试图将自己的真实自我概念与服务品牌或场景相匹配时，就会产生实际的自我一致性；当顾客试图将自己的理想自我概念与服务品牌或场景相匹配时，就会产生理想的自我一致性（Wang et al.，2021）。高水平的实际/理想自我一致性往往会增强对服务品牌/场景的积极态度，而顾客可以通过消费一个他/她认为与实际或理想自我相似的个性品牌来实现自我和谐（Roy and Rabbanee，2015）。

以往研究曾探讨一般场景对自我一致性的影响，认为个体会将个人特质与场景评价相结合，并受自我服务偏见的影响，偏好那些有助于提高其自我效能感和进行自我肯定的正面反馈，从而增加了其在情景中参与的自我一致性感知；服务场景反映了顾客对自己的印象，这些线索积极地影响并预测了顾客的自我一致性，而良好的服务场景感知有助于顾客在符号和功能元素上形成形象一致性（Yin et al.，2023b）。相比于传统服务场景，AI 服务场景包含更多的元素与内容，顾客往往更容易将理想自我与内容丰富的智能化服务场景相关联，因为智能化的服务场景对于追求新奇体验的旅游接待业顾客而言是生动的、个性化的，甚至是非现实的、梦幻的，因而与顾客的理想自我更为接近（Oravec，2019）。自我一致性使顾客以更加积极和主动的态度感受款待服务和环境，这便增强了顾客对于旅游接待服务的认同感，其对好客服务的评价也可能提高（Dong and Siu，2013）。基于上述分析，我们提出以下研究假设：

H7 - 2 理想自我一致性在服务场景智能化对服务好客性感知的影响中起中介作用。

H7 - 2a 相比传统服务场景，AI 服务场景更能提升顾客的理想自我一致性。

H7 - 2b 顾客的理想自我一致性对服务好客性感知存在积极的影响。

四、技术就绪度的作用

智能化服务场景对一致性和好客感知的影响关系受到顾客对技术认知的影响，例如技术就绪度。技术就绪度（Technology readiness）代表了一个人接受、使用新技术的倾向，体现在对技术乐观、创新、适应等方面的积极认识；高技术就绪度的顾客对技术的看法积极，相信技术为人们的生活提供了更多的控制、灵活性和效率，同时对创新包容，勇于尝试引领性的技术，对新技术的信任水平较高，有控制技术的欲望，且较少有对技术未来发展的担忧（Chang and Chen，2021）。

对于高技术就绪度的顾客而言，智能化服务场景具有技术乐观和创新的象征意义，可以满足其心理需求。高技术就绪度的顾客认为 AI 重塑服务场景是一种明确的尝试，旨在创造一种高科技的放松环境，强化顾客的理想自我形象（Cruz - Cárdenas et al.，2021）。也就是说，当顾客是乐观、创新的高技术就绪类型时，AI 服务场景（相比于传统服务场景）提供了将创新体验经历顾客身份融合来表现自我的平台，激发个体追求理想自我的心理。与理想自我概念的匹配会激励顾客形成积极的对场景的态度和情感，并对整个款待服务过程产生更高的好客认知（Prentice and Nguyen，2020；Wang et al.，

2021），而传统服务场景则相对较难激发高技术就绪度的顾客产生理想自我一致性的认知。对于低技术就绪度较低的顾客，他们对新技术服务更容易感觉不适应和不安全，较难从融合了 AI 的服务场景中激发与自我概念的一致性。当服务场景在 AI 技术介入下变得越来越智能，技术就绪度低的顾客从装饰、布局、服装、环境氛围等线索中仍可能感受到接待企业的用心和努力（进而产生好客感知），仍可能形成与酒店典型顾客的形象的自我一致性，但这种效果会因技术不适应性大为减弱（Çelik，2015；Li et al.，2021a）。基于以上分析，我们提出以下研究假设：

H7 - 3 顾客的技术就绪度调节服务场景智能化对服务好客性感知的影响，表现为：后二者的关系对于高技术就绪度的顾客（相比于低技术就绪度的顾客）更加显著。

H7 - 4 顾客的技术就绪度调节服务场景智能化对顾客自我一致性的影响，表现为：后二者的关系对于高技术就绪度的顾客（相比于低技术就绪度的顾客）更加显著。

第三节　论证设计与方法

本书采用了情景实验的方式进行模型及假设的验证。这是一种通过记录被试在不同实验组的一系列反应及感受，收集相关数据的实证方法。通过 2×2 组间实验设计，就服务场景智能化与顾客技术就绪度设计实验，研究不同情境下的服务好客性感知。在实验问题中还设置了自我一致性的题项，目的是检验顾客对智能化场景的自我一致性是否如假设一样在好客感知的影响中起到中介作用（见表 7 - 1）。

表 7 - 1　　　　　　　　　模型实验设计思路

研究	研究目的	研究设计	控制变量	实验材料
预实验	确保实验操作材料的可靠性和有效性	在线情景实验，基于两种情境（传统服务场景 VS. AI 服务场景）	无	图片＋文字

续表

研究	研究目的	研究设计	控制变量	实验材料
实验1 n = 201	主效应：服务场景×顾客技术就绪度→服务好客性感知	两种情境（传统服务场景 VS. AI 服务场景）顾客技术就绪度（高 VS. 低）组间实验（实验室实验）线下招募相关酒店的实习生	被试情绪 统计特征（性别、年龄）AI 技术熟悉度	图片＋文字（小卡片）
实验2 n = 307	中介（调节）效应：理想自我一致性	两种情境（传统服务场景 VS. AI 服务场景）顾客技术就绪度（高 VS. 低）组间实验 在线调查平台	被试情绪 统计特征（性别、年龄、教育、收入）酒店价格 AI 技术熟悉度	视频＋文字

具体而言，在正式调查之前，我们对 AI 服务场景的显著性及相关概念进行了预实验，以确保用来测量服务场景智能化（AI 服务场景 VS. 传统服务场景）的实验材料有足够的区分度且能成功地引发被调查者的响应。之后，实验 1 基于实验室的组间实验检验了主效应假设 H7 - 1 和交互效应 H7 - 3，即（相比传统服务场景）AI 服务场景激发了更高水平的顾客自我一致性感知（H7 - 1），以及顾客技术就绪度在其中所起的调节作用：当顾客技术就绪度较高时，（相比于传统服务场景）AI 服务场景更能提升顾客对好客服务的感知；当顾客技术就绪度较低时，两种服务场景下顾客服务好客性感知的差异将会相对较弱（H7 - 3）。实验 2 基于社会调查平台情景实验，研究了不同服务场景下对顾客自我一致性的影响，以及顾客理想自我一致性在其影响服务好客性感知中的中介作用（H7 - 2）。

在实验材料上，为了控制视频色调及视频主人公情绪等因素对参与者服务感知的影响，实验 1 采用了图片＋文字材料的形式描述情景。为了使材料更具备语境意义，也更好地描述这种新现象，实验 2 采用了以智能无人酒店／传统酒店宣传片作为原始视频材料。两份视频材料中均包含了主要的服务流程，且酒店价格水平相当，整体风格、音乐背景及视频主人公等均保持一致，使得潜在干扰因素尽可能地得到控制。

被试在阅读完实验材料后，对主要构念进行测量。其中，基于 AI 的智能化服务场景作为新现象，将在下一节扎根分析之后确定其测量维度。对于自我一致性的测量改编自瑟吉等（Sirgy et al.，2000）的测量量表（α = 0.698），测项包括："这种场景形象符合我对自己的看法""这种场景体验与我想看到的自己是一致的""我相信这种场景里的我，与别人怎么看我是一致的""在这种场景体验，与我希望别人如何看待我是一致的"4 个题项。技术就绪度的测量主要参考了帕拉休拉曼和柯尔比（Parasuraman and Colby，2015）的做法，测量了乐观、创新这两个最主要、最核心的维度。在测量问项上有："新技术有助于提高生活质量"（α = 0.805）、"我了解我感兴趣领域的最新技术发展"（α = 0.791）等 8 个题项（量表综合 Cronbach α 值为 0.784）。根据测量结果，按顾客技术就绪度的平均数，把被测对象分为高、低技术就绪度两组。我们采用派勒吉等（Pijls et al.，2017）的测量方法来评估顾客的服务好客性感知，它包含受欢迎、关爱和舒适 3 个维度，由 13 个题项组成（α = 0.890）（参见第四章），如"身处该服务场景中，我感觉到受欢迎"等。以上所有的题项都是按李克特 7 级量表进行评分，1 为"非常不同意"，7 为"非常同意"。

为避免被试性别、年龄等因素对服务场景及结果的影响，我们对这些变量进行了控制。为了避免被测试者可能的预先情绪对实验结果的影响，我们还进行了被试的正负情绪测试。为了控制场景相关的固定效应，结合文献收集了产品特定变量的数据：酒店价格，因为在酒店消费中顾客往往对价格的敏感度较高，将酒店的价格（标记为 p）作为控制变量。除此之外，虽然此次实验分析设置的是同种档次的酒店，但为避免可能存在顾客技术熟悉程度对结果造成的影响，将技术熟悉度设置为了控制变量。

第四节　智能化服务场景的扎根分析

学术界对智能化服务场景还未有系统研究，缺乏相关理论，需要对其进行探索性挖掘和解释，适宜基于扎根理论进行学术探讨。扎根理论作为一种基于质化策略开发新理论的方法，并非先提出假设，而是把原始数据拆分成不同的部分，对材料中主人公所进行的行动进行定义和提炼，去寻找默认的假设。通过收集的资料数据在阅读时进行逐词编码、逐行编码，保留内容中的"行动"并进行不断的比较，提炼、归并、整合概念直至新数据不能再产生新的理论见解时为止。据此，我们进行开放式编码（概念化）、轴心式编码（范畴化）和选择性编码（确定主题），将要点组织起来，梳理"行动"的因果关系和条件。

行业数据显示，无人智能酒店含有智能服务场景，其顾客往往熟悉并适应数字化技术，且多数是互联网时代的"原住民"，在旅游消费中常借助于网络，也有在线分享和评论服务经历的积极性。因此，将无人智能酒店的用户生成评论进行挖掘分析可以较有效地理解、评估顾客对智能技术应用与服务场景的态度、服务结果。我们在携程旅行网以"智能""无人酒店""智慧酒店"等为关键词来搜索相关的顾客评论，并根据评论找到相应的酒店。数据范围界定在 2020 年 1 月至 2021 年 1 月。删减重复和缺失数据后，共获得 1085 条评论，涉及 5 家智能酒店（如杭州菲住布渴酒店等）。

接下来，我们用扎根理论分析智能化服务场景的整体特征、构成要素等内容。我们借助 Nvivo 12 软件对 5 家酒店数据进行编码，选取评论文字表述大于 80 字的高质量评论，共 138 篇。借助开放式编码，确定节点形成初步的概念和范畴；通过轴心式编码，进一步提炼、比较范畴，发现范畴存在的关系链，形成主范畴；基于选择性编码，发现核心范畴和范畴间存在关系链。

（1）开放式编码。

编码时优先选取字数最多的评论展开节点确定和树形编码，由三位硕士研究生进行背对背编码，形成树状型的节点结构，开放式编码分别形成 897、1224、1103 个节点，当编到大约 100 条数据时不再出现新的概念，其余 38 条将用于验证上面的理论。

（2）轴心式编码。

继续对编码进行提炼、对比和调整，通过主轴式编码依据"因果条件 – 现象 – 脉络 – 中介条件 – 行动 – 结果"分别形成 16、20、23 个范畴和 4、5、5 个主范畴（主要区别在于是否包含公共设施和食宿）。小组成员进行面对面讨论，得出更加严谨的范畴和逻辑关系，最终生成了智能化酒店的场景氛围、技术交互、员工服务补救、场景规则特征。

（3）选择性编码。

选择性编码阶段，我们进一步提炼和分析，最终生成了智能化服务场景这一概念，并将核心范畴与四个主范畴之间的关系链描绘出来，形成概念模型。

一、范畴提炼与解释

为了发现"智能化服务场景如何影响顾客情感和好客体验"，我们对 5 家智能酒店 138 篇顾客评论进行开放式编码，挖掘其潜在假设，提炼智能化服务场景概念化特征。最终生成了智能化服务场景这一概念及其 4 个抽象维度：场景氛围、技术交互、员工服务补救、场景规则（见表 7-2）。

表 7-2 智能化服务场景的内容及构成

维度	范畴	概念	原始编码	文本示例
场景氛围	反常规	智能化酒店与众不同的设计与服务	不是传统的/超级/没有人/高级/奇特/特色/与众不同	负责接待的不是前台而是酒店机器人"天猫精灵福袋"；床超级大，可以睡下三个人
	美感	环境和设施形成统一而丰富的视觉美感	Ins风/搭配/大气/色调/好看/拍照/风格/突兀/不好看	房间设计和颜色的搭配我很喜欢；整体风格类似 ins 风，可以拍拍照
	新奇	新颖的氛围吸引顾客去探索	新奇/创新/很酷/科技感/未来感/现代感/先进/新颖/激动	自己办入住也挺新奇的；酒店装修很酷，极具现代感
	舒适	环境给顾客带来身体、精神上和情感上的放松	舒适/舒服/轻松/自由/明亮/大方/简约/细致	灯光设计得很舒服；超级喜欢在房间听着轻音乐，无论干啥的轻松自由感
技术交互	智能化	与各种智能化设备交互完成服务过程	智能化/人脸识别/面部识别/自助/天猫精灵/智能家居/自动/电动	从抵达入住到离店办理，全部实现智能化，上电梯+入住房间=刷脸+语音
	控制	顾客对服务过程的掌控	控制/操作/操控/掌握/实现/帮助/使用/方便	天猫精灵可以帮你智能操作各种设备；机器人小助手，随时呼叫、随时帮助我们
	深度参与	技术交互激发顾客深度参与的兴趣	有趣/好玩/有意思/惊喜/震惊/不亦乐乎/玩个不停/逗/互动/真好	无意中发现酒店中内置天猫精灵，可以自动开关灯，开窗帘，孩子就一直在逗天猫精灵；点的外卖会有机器人送来，当时可震惊了哈哈 拍了视频！

续表

维度	范畴	概念	原始编码	文本示例
技术交互	移情	智能设备的外观、声音、动作等激发顾客的共鸣	可爱/萌/嫌弃/失望/遗憾/生气/爱了/喜欢/兴奋/适合	客房服务需要日用品会有小机器人送来，超可爱的
员工服务补救	亲切	员工服务补救时的态度	亲切/冷漠/贴心/热情/高冷/耐心/不耐烦/温柔/高傲/主动	第一次使用客房设备不太熟悉遇到点问题，在电话中也给予耐心指导和解答，感受酒店温馨服务
	技术智力	使用技术设备和恢复服务的能力	懂/了解/熟悉度/培训/技能/能力	前台服务人员需要加强培训，早上我来咨询开票的步骤，第一位工作人员的解释不清楚，第二位工作人员提醒我们去自助机上打印发票
	技术辅助	员工是否有效地解决问题	响应快/反应速度快/解释清楚/办理速度快/有求必应	所有流程按照工作人员指导还比较顺利、办理出入都很快
	融洽关系	顾客从服务补救中感知到员工的亲切和帮助	服务周到/温馨/很棒/愉快/享受/感谢	感谢有一位胖乎乎的经理，临走前的服务也很到位，让我印象很深，感谢
场景规则	非社会性	智能化酒店中的机器人不具有自我意识，不能自我反思和情感理解	骗人/噱头/愚蠢/笨/仅仅只是/不科学	豆二机器人做冰淇淋坏了，小孩子都要哭了
	预设	人为推理预先设定每个机器人的职责分工和服务范围	自助入住/电梯自动化/天猫精灵声控/机器人送餐/机器人做冰淇淋/机器人调酒	我遇到一个（配送）机器人跟他打招呼他不理我；客房入住，可以实现自助登记和取房卡
	规范化	顾客必须按照机器的各种使用方法进行规范化的选择和操作	去自助机上打印发票/手机操作/手机先连 Wi－Fi/刷脸/普通话	天猫精灵有点儿笨哈，好多话听不懂；开票要注意，如果是出差要开增值税专用发票，记得到一楼自助机打印出来哦，这个不是发送到你邮箱上的电子发票
	冲突	智能化"无人酒店"却是有人服务，既自由的又约束的，既智能又笨拙	技术故障/没识别出来/刷脸失败/复杂化/安全隐患大/服务失败/落差/为了无人而无人	我一个人订的票，自助开票非要几个人一个一个去机器开票；小伙伴面部识别出来还是办了好久，进房间门也一直刷不出来，没有想象的那么好

资料来源：作者根据顾客原始评论文本整理。

（一）场景氛围

场景氛围是智能化酒店富有表现力的有形界面，包括了反常规、美感、新奇和舒适 4 个主范畴。智能化酒店打破原有的员工主导服务模式，以一种反常规的方式为顾客提供服务，如"负责接待的不是前台而是酒店机器人'天猫精灵福袋'"。基础设施的设计也体现着反常规，如"空旷的大厅没有传统酒店的沙发和水晶灯而是大 3D 显示屏""床超级大，可以睡下三个人"。首先，反常规是智能化场景氛围的前提条件，以一种直接的与众不同的视觉冲击，使顾客初入酒店便受到美与新的视觉冲击。其次，美感是塑造氛围的中介，智能化酒店环境和设施形成统一而丰富的视觉美感体验，使顾客获得身心愉悦感，如"房间设计和颜色的搭配我很喜欢""整体风格类似 ins 风，可以拍拍照"。反常规和美感能激发顾客的新奇诉求。然后，新奇是氛围的第三个维度，智能化酒店基于科学技术打造出现代化、科技感、创新、智能化的整体设计感，紧抓顾客的眼球，包括酒店的内外部装修，如"酒店装修很酷，极具现代感"。在反常规情景刺激、美感等因素的中介作用下，顾客新奇感会进一步增加，顾客会在氛围中获得到更多的舒适感。最后，舒适是智能化酒店场景塑造的结果，包括环境的布局、温度、气味、声音、音乐和光线等给顾客带来身体、精神上和情感上的放松，如"灯光设计得很舒服""超级喜欢在房间听着轻音乐无论干啥的轻松自由感"。

场景智能的重点不仅在于这些系统的可用性，而且在于它们诱发最终用户特定体验的潜力（Ruyter，2011）。海德和格朗豪哥（Heide and Gronhaug，2015）指出酒店服务氛围包括特殊性、热情、放松和精致 4 个因素。其中，特殊性是氛围的主要因素和前提，这与本书提出的"场景氛围"主范畴相契合。此外，金等（Kim et al.，2020）验证了顾客的审美感知通过在酒店情境中的愉悦感和支配感来影响他们的接近反应，也对主范畴的关系链提供了支持。

（二）技术交互

技术交互是顾客在智能化酒店中与各种技术设备的互动（言语上和行为上），包含 4 个二级维度：智能化、控制、深度参与、情感唤起。首先，智能化是技术交互的前提，包括需求信息化、设备自动化、服务定制化，也是顾客控制、深度参与和情感唤起的前提条件。在智能化酒店中与各种智能化设备交互构成了顾客体验的主要部分，如"从抵达入住到离店办理，全部实现智能化，上电梯＋入住房间＝刷脸＋语音……"其次，控制是技术交互的中介条件，是顾客对服务过程的掌控，直接影响顾客的深度参与。顾客可以在智能化酒店中获得更多的控制，拥有更多的选择和更及时的服务，如"天猫精灵可以帮你智能操作各种设备""机器人小助手，随时呼叫、随时帮助我们"。再次，深度参与是行动策略。当顾客需求得到有效契合，会激发其参与更深度价值创造的兴趣，如"房间完全都是人工智能控制，孩子兴奋了一晚上"。最后，当顾客愿意深度参与到技术交互中，智能设备的外观、声音、动作等便可能给顾客带来个性化的、移情的体验，如与传统酒店技术和员工服务相比，"客房服务需要日用品会有小机器人送来，超可爱的"。

吕泰尔（Ruyter，2011）提出智能场景中的科技以其智能、在场性和可靠性等支持社会互动，对人类的身心健康产生重大影响，其"在场性"和"可靠性"与我们提出的"控制"相似，"社会互动"与我们提出的"深度参与"吻合，这也一定程度上支持了"技术交互"的二级维度。

（三）员工服务补救

员工服务补救维度由亲切、技术智力、技术辅助、融洽关系4个范畴构成。首先，亲切是员工服务补救的前提条件。服务补救作为智能化酒店人类员工出现的第一场景，亲切的态度、热情的服务是塑造智能化酒店顾客情感体验的关键，直接关系到顾客的温情感知和重购行为，如"大堂女经理高冷服务让你心塞满血不想再归来"。其次，技术智力是服务补救的中介条件。员工要具备熟练使用技术设备和恢复服务的能力，需要在技术服务失败后准确识别顾客的问题，可靠地实现顾客所期望的继续服务。技术智力直接影响员工和顾客的技术辅助和融洽关系。然后，技术辅助是员工补救的行为策略。员工的辅助旨在降低顾客技术压力和服务失败的消极影响，实现无差异的服务流程，如"所有流程按照工作人员指导还比较顺利、办理出入都很快"。最终结果是员工、技术和顾客的融洽关系建立。顾客从服务补救中感知到员工的亲切和帮助，如"工作人员很热情，超级喜欢这家酒店"。

霍尼格和奥龙吉拉德（Honig and Oron – Gilad，2018）提出人机交互服务失败主要包括沟通失败、感知和理解失败、解决失败等三个过程，而预先通知、礼貌沟通和员工及时有效的帮助对于服务恢复和故障解决非常重要。这种技术导向的工作要求，会影响顾客对智能服务的满意度和愉悦感，因而本书提出的"员工服务补救"维度具有合理性。

（四）场景规则

场景规则包括4个维度，即非社会性、预设、规范化和冲突。非社会性是智能化酒店秩序的潜在特征。智能化酒店中的机器人不具有自我意识，不能自我反思和情感理解。因此，机器人犯错时便不能像社会性的人类那样，不会因为顾客的不悦进行感知、道歉和弥补，如"豆二机器人做冰淇淋坏了，小孩子都要哭了"。由于机器服务存在的非社会性，机器人服务场景中的服务秩序必须是预先设定的，通过人为推理使得每个机器人具有固定的职责分工和服务范围，当出现无法预见的情况或需求时便会出现矛盾。因此，有顾客反映"我遇到一个（配送）机器人跟他打招呼他不理我"。在预设的服务秩序下，顾客必须按照机器的各种使用方法进行规范化的选择和操作，如"天猫精灵有点儿笨哈，好多话听不懂"，要求顾客与机器人交流时要使用普通话。并且由于技术的限制，一些智能设备也是无差异化的，如"天猫精灵要是能更了解自己酒店的一些产品和制度就更好了"。最终的结果表现为：在非社会性的前提条件下，加之智能设备需要预先设定的限制，顾客要在智能化酒店规范行为，最终产生场景规则的冲突。即，既是"无人酒店"又是有人服务的；既是自由的又是约束的；既是智能的又是笨拙的，如"智能入住没识别出来还是办了很久"。

奥古斯托和夏皮罗等学者提出情景智能与智能代理以及知识表示、推理、规划和执行密切相关，动态环境中的自动服务组合需要高度的适应性和推理性（Gams et al.，2019），这说明本书提出的"场景规则"主范畴具有合理性。

基于核心范畴、主范畴及其二级维度之间的关系和逻辑，我们将智能化场景运作和服务过程汇成一个整体的关系链（见图7－1）。我们基于138条原始资料构建了智能化服务场景的实现过程，将其余947条短评论用于理论饱和度检验，发现已有的理论机制可用于解释并未有新范畴出现，由此可以推断理论上智能化服务场景的实现因素和作用机制已饱和。

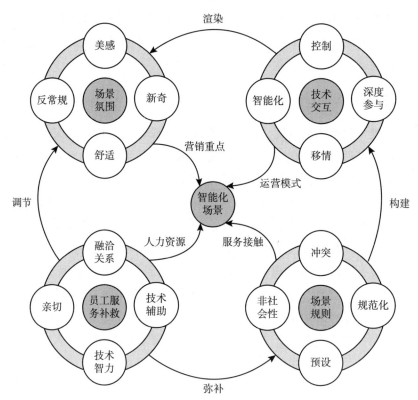

图 7-1　智能化服务场景的实现路径

注：外曲线是智能化服务场景中 4 个维度的作用定位，内曲线是 4 个维度如何从实践的角度构建智能化场景。

二、智能化场景顾客好客服务体验模型

"智能化服务场景"或"AI 服务场景"是对智能化无人酒店选择性编码确定的核心范畴，是氛围、技术交互、员工服务补救和场景规则的概括与归结。为了揭示智能化场景特点对顾客情感体验的影响机制，我们采用主轴式编码的典型分析范式发展顾客情绪形成的证据链。智能化酒店氛围、技术交互、员工服务补救和场景规则都是影响顾客情感体验的前提条件，基于自我一致性理论，消费者的自我概念与感知服务形象之间的匹配程度，会影响顾

客在产品评价、积极行为表现和满意度等方面的水平。因此，我们将四个维度的最后一个结果范畴组合（舒适、移情、融洽关系和冲突），作为顾客体验的中介条件——自我一致性。顾客融洽与冲突是影响好客感知的行动策略，顾客在智能化场景中产生的一致性直接推动了顾客情感体验，由此形成图 7-2 所示的证据链。其中，由于智能化服务场景的"员工服务补救"维度与技术赋能的员工路径有所重叠，因而在组织路径中不纳入考察。

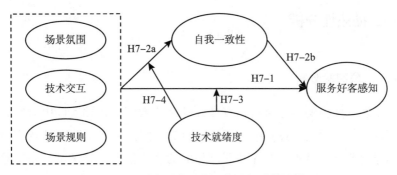

图 7-2　智能化服务场景下顾客好客体验模型

智能化服务场景给顾客带来的情感感受体现在为顾客带来了好客体验。智能化场景作为一种服务系统创新，给顾客提供了新的服务场景氛围，在一种全新的场景规则下顾客与机器进行智能交互。顾客动机、人口统计特征、技术特征等直接决定能否在智能化场景中得到好客感知和积极体验。虽然智能化场景在短期内由于技术性、服务性等被诟病，但是绝大多数顾客仍认为智能化场景带来的创新体验是有前景的、值得一试的，正如某顾客所说"总体最直观地感受到人工智能是在 check-in、check-out，以及人脸识别和送餐服务上。超级喜欢在房间听着轻音乐无论干啥的轻松自由感，天猫精灵……就更好了。总体来说还是蛮值得体验的。"由前文分析结果可知，不同顾客的人口统计特征（如年龄、职业等）、动机（新奇体验社交维持等）、技术和酒店熟悉度等因素可能造成不同的顾客情绪，Van Doorn 等（2017）也提出心理所有权（顾客关系定位、人格化倾向和技术就绪程度）会影响顾客体验及其服务结果。因此，我们在模型中增加了顾客技术就绪度作为智能化场景影响顾客感知的调节变量。同时，顾客特征也是影响自我与服务契合的因素

（例如，有评论提及："无人酒店难得体验一次或者纯商旅出差还可以，家庭出游还是找个有人服务的比较适合"），因此在后续实验中被设为控制变量。

第五节　数据分析与结果

一、描述性分析

（一）预实验分析

为了保证操控的实验材料具有良好的区分效度，在预实验中对实验材料进行了前测。在预实验过程中，研究采用了"图片＋文字"的情景实验启动方式，通过要求被试观看图片并阅读相应的文字信息，将被试带入实验情境完成施测。实验材料的设计以国内某酒店中服务项目的场景作为蓝本，设计实验情景，并将参与实验的被试随机分配到 2 个实验组中。

我们对服务场景进行了前测。实验情境设置为当自己外出旅游时，随机走进了一家酒店。选择酒店情景的原因在于消费者在酒店相比其他接待场景（如机场、会展场馆）有更长的接触时间，更熟悉、更容易带入实验情景。

在此次预实验中，56 名有效被试被随机分为 2 组，要求被试对实验材料中的场景智能水平进行评价。独立样本 t 检验结果发现，智能化服务场景的均值显著高于传统服务场景组（$M_{传统} = 4.97$，$M_{智能化} = 5.88$，$t = 3.590$，$p = 0.001$），实验材料对自变量的操控成功有效，可以在此基础之上进行正式的实验研究。

（二）正式实验

实验 1 的操作流程与预实验保持一致。来自国内几所高校的 224 名有酒店实习经历的学生参与了此次实验，他们通过用手机扫描带有图片、视频、文字的问卷二维码参与实验，这些被试被随机分配到 4 个实验组中。在实验操作中，这些被试者要求观看一段实验材料，他们首先对图片和文字中描绘的酒店服务场景进行智能化程度评分，然后被告知此刻正处于图片和文字描述的场景中。最后，通过数据的筛查，剔除因错填、漏填及未能进入实验情境等原因而产生的无效问卷 23 份。实验的有效样本量为 201 份，有效率为89.73%。

在实验 2 中，342 名来自某在线调查平台的被试参与了本次实验作答问卷有效。本实验采用 2（服务场景智能程度：传统服务场景 VS. AI 服务场景）×2（顾客技术就绪度：高 VS. 低）的组间实验设计，所有被试被随机分配到 2 个情境中。我们仍采用预实验的方法，即通过研究问卷使用虚拟情景式假设将被试带入决策环境进行选择。实验 2 中重点关注的解释变量为服务场景智能化和顾客技术就绪度，中介变量为顾客的理想自我一致性。为了排除选择偏差对研究内部效度的威胁，我们采用了一系列控制变量的数据，如被试的性别、年龄、年收入、受教育程度、技术熟悉度等。实验 2 共有 2个独立问卷，被试者先被要求报告自己对技术的看法，阅读完材料后，对自我一致性等进行评分。通过数据的筛查，剔除因错填、漏填及未能进入实验情境等原因而产生的无效问卷 35 份。实验的有效样本量为 307，有效率为89.77%。

二、结果分析与研究假设的检验

我们先对实验 1 进行操作性检验和分析。通过独立样本 t 检验发现，由场景氛围、技术交互、场景规则衡量的两种服务场景差异显著（$M_{传统服务场景}$ = 4.88，$M_{AI服务场景}$ = 5.72，t = 4.214，p < 0.001），说明变量操纵是成功的。

以被试的服务好客性感知为因变量，服务场景为分组变量，通过独立样本 t 检验发现，服务场景智能化对顾客的服务好客性感知影响显著（$SH_{传统服务场景}$ = 5.16，$SH_{AI服务场景}$ = 5.45，t = 2.785，p < 0.01），因此，研究假设 H7 - 1 成立。我们更具体地分析服务场景智能程度对受欢迎、关爱和舒适等各服务好客性维度的影响。结果发现，顾客在 AI 服务场景中具有更高水平的被关爱感知（$CA_{传统服务场景}$ = 5.16，$CA_{AI服务场景}$ = 5.47，t = 2.250，p = 0.026）和舒适感知（$COM_{传统服务场景}$ = 5.11，$COM_{AI服务场景}$ = 5.46，t = 2.582，p = 0.011），但受欢迎感知水平差别不太显著（$INV_{传统服务场景}$ = 5.12，$INV_{AI服务场景}$ =

5.24，t=0.820，p>0.05）。

接下来进行方差分析。以被试的服务好客性感知为因变量，服务场景智能化和顾客技术就绪度为自变量。顾客技术就绪度取中位数3.75，将大于3.75的分为高技术就绪度顾客，其余为低技术就绪度顾客。结果发现，控制变量性别、年龄不显著（p>0.05），顾客AI技术熟悉度显著（F=4.887，p<0.05），服务场景智能程度（F=10.039，p<0.01）、顾客技术就绪度（F=39.886，p<0.001）以及两者的交互作用（F=6.602，p=0.011）均显著。

在此基础上，我们进行简单效应检验，结果发现：当顾客技术就绪度较高时，AI服务场景（M=5.903，SD=0.096）比传统服务场景（M=5.351，SD=0.104）使被试产生更高的服务好客性感知（F（1，200）=15.177，p<0.001）。相反，当顾客技术就绪度较低时，AI服务场景（M=5.046，SD=0.096）与传统服务场景（M=4.986，SD=0.089）的被试在服务好客性感知上的差异不再显著（F（1，200）=0.213，p>0.05），如图7-3所示。因此，顾客技术就绪度显著地调节了服务场景智能化对服务好客性感知的影响关系，H7-3成立。

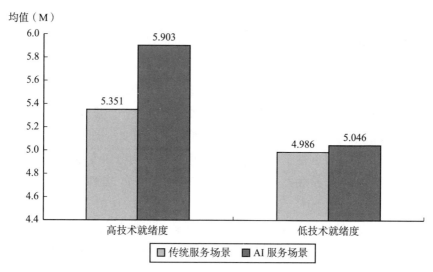

图7-3 服务场景智能程度和顾客技术就绪度对服务好客性的影响

我们进一步分析服务场景智能化和顾客技术就绪度交互作用下对顾客在

接待服务中感知受欢迎、被关爱和舒适等服务好客性具体维度的影响（见表 7 – 3）。研究发现，当顾客技术就绪度较高时，相比传统服务场景，顾客在 AI 服务场景中能感知到更高水平的受欢迎程度（F = 5.465，p < 0.05）和被关爱程度（F = 9.089，p < 0.01）。同时，身处两种不同类型服务场景的顾客在感知服务的舒适度上的差异较为细微（F = 2.268，p > 0.05）。

表 7 – 3   高技术就绪度情况下的交互效应

维度	AI 服务场景 M（SD）	传统服务场景 M（SD）	均值差异 MD
服务好客性感知	5.903 (0.096)	5.351 (0.104)	$\Delta M = 0.552$ *** F = 15.177
受欢迎	5.878 (0.139)	5.403 (0.148)	$\Delta M = 0.475$ * F = 5.465
关爱	5.969 (0.126)	5.413 (0.135)	$\Delta M = 0.556$ ** F = 9.089
舒适	5.852 (0.132)	5.314 (0.140)	$\Delta M = 0.538$ F = 2.268

注：M 指均值，SD 指标准差。*** p < 0.001，** p < 0.01，* p < 0.05。

实验 2 的操作性检验也获通过：独立样本 t 检验发现，（由场景氛围、技术交互、场景规则衡量的）两种情境差异显著（$M_{传统服务场景}$ = 5.11，$M_{AI服务场景}$ = 6.42，t = – 12.282，p < 0.001），说明变量操纵是成功的。

以被试对服务场景的自我一致性、好客性感知为因变量，服务场景为分组变量，通过独立样本 t 检验发现，服务场景智能化对顾客自我一致性（$SC_{传统服务场景}$ = 5.57，$SC_{AI服务场景}$ = 5.78，t = – 2.545，p = 0.011）、服务好客性感知（$SH_{传统服务场景}$ = 5.63，$SH_{AI服务场景}$ = 5.85，t = – 3.141，p < 0.01）影响显著，与实验 1 结果方向基本一致，H7 – 2a 成立。

我们基于实验数据进行单因素方差分析。以被试对服务好客性的感知水平作为因变量，服务场景智能化和顾客技术就绪度为自变量，顾客技术就绪度取中位数 4，将大于 4 的分为高技术就绪度顾客，其余为低技术就绪度顾客。结果发现，控制变量被试情绪、统计特征（性别、年龄、教育、收入）不显著（$p > 0.05$），顾客 AI 技术熟悉度显著（$p < 0.05$）。控制顾客 AI 技术熟悉度后，AI 服务场景和顾客技术就绪度的交互作用（$F = 3.894$，$p < 0.05$）对顾客自我一致性的影响显著，因此，H7－4 成立（见图 7－6）。将两种服务场景中试对 AI 服务的好客性做简单分析，结果发现：当顾客技术就绪度较高时，AI 服务场景（$M = 6.082$，$SD = 0.068$）比传统服务场景（$M = 5.836$，$SD = 0.081$）更能够激发顾客对服务好客性的感知（$F (1, 306) = 5.458$，$p < 0.05$）；相反，当顾客技术就绪度较低时，传统服务场景下（$M = 5.335$，$SD = 0.080$）的被试在服务好客性感知上的差异不再显著（$F (1, 306) = 0.588$，$p > 0.05$）。

最后，我们检验理想自我一致性的中介效应。理想自我一致性的中介效应分析时，以被试对服务好客性的评价作为因变量，2×2 方差分析表明，服务场景智能化和顾客技术就绪度之间的交互效应边界显著（$F (1, 306) = 3.959$，$p = 0.048$）。当顾客技术就绪度较高时，AI 服务场景（相比传统服务场景）能够显著地激发顾客的理想自我一致性（$M_{传统服务场景} = 5.544$，$M_{AI服务场景} = 5.851$，$F (1, 306) = 5.310$，$p < 0.05$）。低技术就绪度的顾客在传统服务场景和 AI 服务场景中的理想一致性没有显著差异（$M_{传统服务场景} = 5.109$，$M_{AI服务场景} = 5.143$，$F (1, 306) = 0.249$，$p > 0.05$），如图 7－4 所示。PROCESS 程序有中介的调节分析（Model 8，$n = 5000$）结果显示：当顾客技术就绪度较高时，AI 服务场景经由理想自我一致性对服务好客性感知（$\beta = 0.0987$，$SE = 0.0387$，$LLCI = 0.0277$，$ULCI = 0.1799$）产生显著影响；而在控制理想自我一致性后，AI 服务场景对顾客好客性感知（$\beta = 0.152$，$SE = 0.0985$，$LLCI = -0.0418$，$ULCI = 0.3458$）的影响不再显著，说明理想自我一致性的中介作用显著，且是完全中介，如图 7－5 所示。在顾客技术就绪度较低的情况下，服务场景经由理想自我一致性对顾客好客性感知的影响相对较弱，但结论基本一致，因此，假设 H7－2 成立。

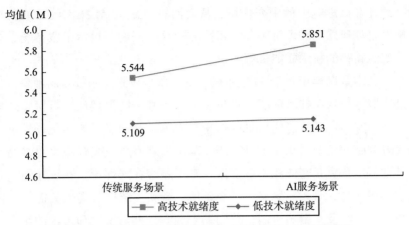

图7-4　服务场景和技术就绪度对顾客自我一致性的影响

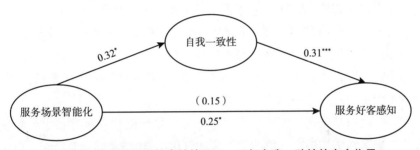

图7-5　技术就绪度较高的情况下，理想自我一致性的中介作用

注：中介分析显示，在顾客技术就绪度较高的情况下，存在显著的中介效应。括号中的值代表在控制中介变量后，AI服务场景对因变量的影响。路径系数为非标准化系数，* 表示在 0.05 水平上显著相关，*** 表示在 0.001 水平上显著相关。

第六节　讨论与启示

一、本章结论和理论贡献

区别于以往有关 AI 服务的研究，本章聚焦于 AI 技术塑造的智能化服务场景，基于评论数据对这一新现象进行了扎根分析，并设计了情景实验，考察了服务场景智能化、顾客技术就绪度对服务好客性感知的影响，以及顾客自我一致性在该影响中的中介作用，从而回答"融入 AI 技术的智能化场景下，顾客是如何感知和评价服务好客性的"这一问题，揭示了服务场景智能化作为组织路径的技术赋能机制。

第一，本章聚焦于基于 AI 技术的智能化服务场景这一较新的现象，进一步拓展了服务场景、技术赋能的理论和领域；基于扎根理论进行探索式理论建构，提出并界定了智能化场景的概念与内容，并构建了智能化场景下的顾客服务好客感知模型。相比于以往研究基于文献回顾或实践观察总结情景智能的特征，本章更紧密依托行业实践，基于顾客在线评论，系统地通过扎根理论"因果条件－现象－脉络－中介条件－行动－结果"提炼智能化服务场景的概念、内容及其影响机制。我们基于文本挖掘与实践和理论的结合，得出智能化场景包括场景氛围、技术交互、员工服务补救和场景规则 4 个维度。这个更加精益化的概念有助于为顾客创造更加高质量的情感体验，在智能服务创新与升级上具有理论贡献。同时，我们发现智能化场景是引人注目的。首先，通过反常规、美感、新奇和舒适的场景氛围给顾客带来直观的感官冲击和体验；其次，各种类型的机器人在场景中穿梭也是引人注意的。因此，本书也扩展了情景智能的理论。

第二，我们基于情景实验，考察了服务场景智能化和顾客技术就绪度对顾客服务好客性感知的交互影响，支持和深化了 AI 技术的赋能机制。以往有关服务场景的研究缺乏顾客基于个人特质和情境线索的交互影响探索，而这些关系到顾客感知的服务结果。我们的研究不仅支持了服务场景智能化对服务好客性的直接影响，还解释了顾客技术就绪度在其中的调节作用。顾客基于个体独特性和场景可见性对智能化场景中的物体进行辨识、感知受益，继而产生认知、情绪反应。当顾客的技术观念相对不那么创新、乐观时，其在传统服务场景和 AI 服务场景下均较难产生高水平的服务好客性感知。相比之下，高技术就绪度的顾客更偏好 AI 服务场景（相比传统服务场景），在该场景下显著感受到服务好客性。研究考察 AI 技术塑造的智能化场景服务模式的影响，有利于发展智能化场景服务的模式和特点，丰富 AI 应用的相关研究。

第三，本章从自我一致性这一角度，揭示出顾客在服务场景智能化下认知和情绪变化的过程，细化并发展了顾客在 AI 应用于服务场景下的心理研究。在以往研究中，服务场景是静态的，其通过身处其中的顾客/员工的认知、态度、情绪、生理感，影响其社交、逗留或逃避倾向（Bitner，1992）。我们的研究将 AI 技术纳入了分析，发现：当顾客本身对新技术乐观或包容创新时，AI 服务场景的功能可见性（相比传统服务场景）更有助于激发情境与理想自我的一致性，进而产生更积极的服务好客感知；当顾客技术就绪度较低时，AI 服务场景对理想自我一致性的影响则大为减弱；同时，顾客自我一致性在服务场景智能化对服务好客性的影响中起中介作用。这一研究结果一方面为服务场景智能化的影响确定了边界条件，另一方面也通过自我一致性的视角扩展了不同服务场景中的 AI 技术应用下的顾客心理研究。本书提出和验证的服务场景智能化对服务好客性的影响机制模型，为研究 AI 服务场景的设计、管理、影响提供了理论启示。

二、实践启示

随着 AI 技术在旅游接待业应用的加快，管理者非常关心智能化的服务场景如何塑造顾客的好客体验。本章基于真实评论数据对服务场景智能化的解析，以及基于情景实验对作为组织路径的服务场景智能化对服务好客性影响的机制分析，能帮助管理者更好地制定服务场景和顾客关系管理的决策。

研究结论有助于从顾客心理和好客体验的角度更好地理解和把握智能化场景的塑造与提升。塑造智能化服务场景需要做好场景氛围、技术交互、员工服务补救、场景规则的设计。旅游接待业企业在利用智能技术提升服务和管理时，不应忽略其服务场景和基础设施，这些仍是决定好客服务的关键因素。同时，要重视智能技术服务恢复问题，关注智能技术在服务功能的局限性，并在服务前适当提示顾客，以避免形成过大期望落差。另外，服务场景的智能化仍然要重视技术交互和员工接触的优势互补问题。

在旅游接待业中，AI 技术塑造的智能化服务场景能通过激发顾客自我一致性来产生服务的好客性感知，尤其更能够满足高技术就绪度的顾客自我概念提升的诉求。因此，管理者可以加深顾客对此方面需求的了解，有针对性地利用 AI 塑造更符合目标顾客自我形象的服务场景，也可以根据顾客的个人特质，向顾客精准推送具有个性化设计的服务。管理者还可以通过鼓励顾客互帮互助、对机器人等 AI 设备进行反馈来增加顾客与企业的关系黏性。

三、关于服务场景智能化的未来研究

AI 技术在旅游接待业应用的场景或形式还有很多，本章从情境智能化程度的角度，基于智能酒店的特殊性对服务场景智能化这个技术赋能的组织路径进行了探讨。还有其他 AI 服务场景以及在未来可能出现的更多智能化服务模式，值得未来研究进行探索和验证。本章所选的心理中介基于营销学中的"自我一致性"，智能化场景对于顾客情感和好客体验的影响可能还存在其他的中介，如价值感知、同属顾客互动等，可以在以后的学术研究中不断探讨和完善理论。此外，我们识别出了智能化服务场景的四个维度，但在情景实验中，我们将服务场景智能化作为一个整体来评估其影响（有效性已通过预实验和操作性检验得到确认），而其具体的四个维度对顾客自我一致性和服务好客性的影响可能存在差异，这需要在未来的研究中进行针对性的考察和分析。

| 第八章 |

结论、启示与政策建议

第一节　基本结论

一、总结了 AI 介入下的好客服务接触模式

根据服务互动的特点和 AI 技术的作用，我们最终确定了基于 AI 技术的服务接触的 4 种模式、9 种表现形态，分别为：（1）模式 A：AI 补充型服务接触，包括社交媒体智能推荐带来的供需匹配和智能虚拟现实（VR）技术形成的沉浸互动两种典型形态。（2）模式 B：AI 生成型服务接触，包括机械智能（如自助入住）、分析智能（如智能家居）和直觉智能（如 AR）三类表现形态下的众多应用。（3）模式 C：AI 中介型服务接触，包括社交媒体在线服务和生产/送货机器人两种典型表现。（4）模式 D：AI 促进型服务接触，主要表现为智能化客户关系管理（CRM）系统和具有较完善性能的服务机器人。

在此基础上，我们通过资料分析，提出了 AI 介入下的服务接触影响因素及结果的概念框架（见图 3 - 1），该框架阐述 AI 技术介入下的服务接触在受到顾客、企业、环境三类非技术因素影响下，对旅游接待业服务结果形成两个层次的影响。

二、提出并论证了服务好客性的技术补偿（两种情境）

我们分"有员工参与一线服务""纯 AI 服务/无员工参与一线"两种情境探讨了好客性的技术补偿问题。在有员工参与旅游接待业一线服务的情境下，我们对北京、武汉和成都的 5 家酒店/餐饮集团的 14 名顾客和基层管理者进行了深度访谈，得到其对服务机器人的感知与态度、服务机器人应用情境下的互动与关系、服务机器人特征对好客体验的潜在影响等三方面的启示，并找到了该情境下好客性技术补偿的关键：融洽关系与融洽构建。我们不仅确认了顾客 - 员工融洽关系，还发现了顾客 - 服务机器人融洽构建这种新形态。之后，我们通过模拟情景实验，发现服务机器人的两个属性（拟人性和感知智能程度）显著地导致顾客对服务机器人的融洽构建行为。最后，我们对曾在酒店/餐厅消费过程中被服务机器人服务过或与服务机器人接触过的顾客进行问卷调查，分析发现，服务机器人的两大属性显著地影响好客服务体验，且顾客 - 员工融洽关系在其中扮演了中介角色，但顾客 - 服务机器人融洽构建并未起到中介作用。

纯 AI 服务情境下，员工退出了一线（一般在后台支持），由 AI 独立地服务顾客，在新冠疫情背景下通过无接触服务水平的提升来实现技术补偿。基于手段 - 目标链理论（MECT），我们得到形似 SP/A 理论（安全、潜力和期望理论）的技术补偿模型，阐释 AI 无接触服务如何通过顾客的心理安全、价值评估影响感知的好客服务质量。基于线上、线下（实地）两个数据集和 SEM 评估模型，我们发现，AI 无接触服务的互动性和响应性（而非感官特性）可显著增强顾客的心理安全感；AI 无接触服务的感官特性和响应性（而非互动性）可显著增强顾客对服务的控制感；AI 无接触服务的三个维度（感官特性、响应性、互动性）均对顾客的享乐价值感知存在积极而显著的影响；AI 无接触服务所带来的心理安全感、感知控制价值、享乐价值则进一步对好客服务质量产生积极的影响，实现了另一种形式的技术补偿。

三、开发了 AI 技术属性的测量量表

我们开发并验证了一个衡量 AI 技术属性的量表。我们基于以往的文献先

界定了 AI 技术属性的含义和领域，遵循分析规范从以往文献和深度访谈中筛选出 31 个测量题项，之后通过专家小组（共 7 位学者）优化了测量项目库，并通过问卷预调研、EFA 进行了测量题项的精练，最后基于正式调研（与其他构念一起）完善了该测量工具。因子分析结果表明，包含 4 个因子（拟人属性、娱乐属性、功能属性和信息属性）、18 个变量的结构可以很好地解释 AI 技术属性的概念，具有较高的信度和效度。

四、揭示了服务好客性的技术赋能机制（两条路径）

本书从员工和组织层面探讨了服务好客性的技术赋能机制。我们先着力于服务好客性的主要来源——一线服务员工，通过 AI 对其体力、脑力、情绪方面的赋能来维持、增进其资源，激发其好客服务热情。在员工路径下的技术赋能模型中，AI 技术以其特有属性通过减少体力疲劳、缓解脑力疲劳和增加积极情绪三种方式来赋能一线员工，从而以间接作用的形式提高接待服务的好客性水平，这与技术补偿下的顾客视角形成互补。由于工作要求与一线服务员工的资源消耗直接相关，我们还考察了工作心理要求的潜在调节作用，从而丰富了该技术赋能机制。基于本书项目组成员在 15 家酒店调研所得到的主管-员工匹配数据（共 342 名一线员工），我们发现，AI 技术的拟人属性、功能属性、信息属性对一线员工的体力疲劳、脑力疲劳均有显著的缓解作用（娱乐属性则效果不显著）；AI 技术的拟人属性、娱乐属性、功能属性、信息属性对一线员工积极情绪都存在积极而显著的影响；而体力疲劳缓解、脑力疲劳缓解、积极情绪提升都对员工最后的服务好客性存在显著的提升作用，从而支持了 AI 技术赋能的研究假设。当然，企业对员工的工作心理要求也不能忽视，AI 对工作要求高的员工赋能效应更明显。

AI 在组织层面的赋能更为复杂。本书项目组重点考察了服务场景的智能化问题。我们基于文献和行业资料首先对旅游接待业服务场景智能化进行了界定。其次，基于 1085 条网络评论数据，采用扎根理论分析，我们得到智能化服务场景的 4 个抽象维度（场景氛围、技术交互、员工服务补救、场景规则）和 16 个细化特征，并提出了智能化场景顾客好客服务体验模型。最后，我们设计并组织完成了预实验和 2 次情景实验，各获得 201 份和 307 份的样本数据。分析结果支持了服务场景智能化对服务好客性的积极影响，即相比于传统的服务场景，顾客对 AI 服务场景的好客服务评价更高。当然，这种影响主要是基于顾客自我一致性的中介作用来完成的。同时，顾客技术就绪度在服务场景智能化－服务好客性、服务场景智能化－自我一致性的关系中起调节作用：这些关系的影响效应在技术就绪度高（相对于低者）的顾客中更为显著。

总体而言，技术补偿与技术赋能作为 AI 应用作用于服务好客性的两大机制，其具有不同的内在机理。技术补偿机制通常指的是使用技术手段弥补人为因素的不足，解决传统服务模式下存在的问题，这种机制主要强调在传统服务模式下无法解决的问题，AI 可以通过技术手段来达到相应的效果，从而提高服务的质量和效率（Song et al.，2022）。例如，在酒店服务中，AI 设备可以通过自然语言处理、图像识别等技术，为客人提供 24 小时在线的沟通渠道和远程服务体验。技术赋能机制则强调 AI 技术在服务领域的创新和变革作用。具体地说，AI 可以通过数据分析、推荐算法等技术手段，挖掘和利用客户信息，实现个性化服务和定制化需求，这种机制强调 AI 技术对于旅游接待服务的创新和提升，以实现在传统服务模式下无法达到的服务水平（Malik et al.，2023）。例如，在酒店服务中，AI 系统可以根据客人的喜好和习惯，提供个性化的娱乐、餐饮和旅游建议，从而实现更加贴近客人需求的服务体验。值得注意的是，在实际应用过程中技术补偿机制和技术赋能机制往往是相互补充的。在部分场景下可以同时采用这两种机制，以更好地增强服务好客性。例如，旅游场馆可以引入智能语音助手，为消费者提供便利的自助服务，同时通过分析消费者行为数据和旅游偏好，向他们推荐更符合个性化需求的服务产品。这样既可以弥补传统服务模式中存在的问题，又可以增强旅游接待服务品质，提高顾客满意度。

第二节　理论价值

一、本书首次提出并论证了服务好客性的技术补偿理论

服务好客性的技术补偿理论是本书的首创，我们通过两项子研究，分两

种情境（有员工参与一线、纯 AI 服务）论证了 AI 技术通过属性的提升实现对服务好客性的补偿。一方面，AI 等新技术在旅游接待业越来越广泛和深入地应用已成必然趋势（这导致部分替代人力）；另一方面，对美好生活向往的旅游接待业顾客对人情味、好客服务有内在的需求（这需要人类员工来提供）。旅游接待业必须要在技术效率与人类温情上进行权衡取舍吗？本书研究后认为，我们可以利用 AI 技术所具有的独特优势，并改善其属性，来维持和提升服务的好客性。这是一种解决问题的新思路，即在一个服务系统中，当某个要素不可避免地受到削弱，通过技术强化其他要素性能的方式，实现同样的服务效果，这就是技术补偿。

本书对心理学的代偿理论进行了迁移，结合技术应用、人机互动和好客服务相关理论（Fitzsimmons et al.，2015；Lashley，2015；Marinova et al.，2017），归纳出服务系统的技术补偿理论，并以 AI 技术为代表进行了理论的检验，该理论框架阐释了 AI 技术的不同属性对好客服务体验的影响机制以及不同的边界条件（分两种情境）。本书的研究结果表明 AI 技术对服务好客性的补偿是三方面综合作用的结果。第一，服务机器人随着其拟人性、智能程度等属性的提升，给顾客一种拟社会存在的形象，在二者间形成拟社会关系，顾客产生与机器人之间的融洽关系感知，产生服务提供方好客感知的结果。第二，AI 设备在属性上的改善，使员工有更大的主动性、更多的时间投入到增强自身服务能力和对客服务中，与顾客建立融洽关系，从而补偿顾客的好客体验。第三，旅游接待业管理者通过应用于接待服务中的 AI 属性特征的加强来直接影响顾客的心理安全、感知控制和享乐价值，从而提升其感知的服务好客性。本书所构建的技术补偿理论是对技术应用与管理领域的一大贡献。

"融洽"是本书的重要概念，它部分地解释了服务机器人感知属性影响顾客好客体验的机制。以往对好客体验的理解，无论是理论层面还是实践层面，都认识到员工或"人情味"的重要作用，但并未明确员工行为或"人情味"是如何在款待体验中发生作用的（Pijls et al.，2017）。本书通过深度访谈，并结合服务领域的文献资料，发现这一影响好客体验的人际因素就是"融洽"。除顾客－员工融洽关系外，本书项目组还识别并考察了旅游接待业情境下顾客与机器人之间的融洽。顾客－机器人融洽构建形成一种拟社会关系，我们基于人－机互动与传统融洽研究整合优化得到的顾客－机器人融洽测度通过了信效度检验，表明这种拟社会关系在旅游接待业服务情境下是存在的。顾客－机器人融洽构建的识别及其操作化工具对人机互动（HRI）、服务融洽关系等领域有理论贡献。

本书界定了 AI 无接触服务。我们在新冠疫情的背景下，考察了纯 AI 服务情境下的技术补偿问题。基于预调研和正式调研（线上线下两组）两阶段数据的分析结果显示，AI 应用于旅游接待业服务所展现的感官特性、交互性和响应性较好地反映了 AI 无接触服务，并在技术补偿模型实证中表现出较好的信度和效度。因此，本书对 AI 无接触服务及其影响的研究对于服务接触、新冠疫情下的顾客关系管理等方面有理论上的贡献。

二、本书将媒介等同理论拓展到 AI 技术应用情境

媒介等同理论认为，人们以一种类似社交规则与媒介技术或机器互动，好似这些媒介是真实的社会实体（Reeves and Nass，1996）。这一理论表明当技术装置提供恰当的社会线索时，人们会以社会化的方式进行回应，并且这些回应行为是下意识完成的。在旅游接待业越来越广泛应用 AI 技术的背景下，这个理论还适用吗？它的边界条件在哪里？我们的研究对此有一定的理论启示。本书中，AI 技术在旅游接待业应用后，其承担了部分原来由人类员工完成的工作任务（甚至岗位），在一定程度上扮演了一个"准员工"的角色，那它还能像人类员工那样给顾客一种温情的体验，让顾客感觉到服务的好客吗？答案是肯定的，而条件正是高水平的 AI 属性。本书研究发现，AI 作为技术要素，随着其属性的增强能给客人一种自动化社会存在的感知，从而也能在某种程度上产生类似人类员工的效果，进行传统上强调人情味的接待服务，从而对好客体验产生积极的补偿作用。这一结论将媒介等同理论拓展到 AI 技术应用情境，具有重要的理论意义。

三、本书在 AI 技术属性的操作化和技术赋能员工的深化上具有理论价值

本书实现了对 AI 技术属性的概念化与操作化，加深了对旅游接待业中

AI 技术应用的理解。为了揭示 AI 技术对旅游接待业的影响，识别其属性特征至关重要。为此，以往的研究主要集中在用户使用 AI 技术的意愿（如 Lu et al.，2019），或者仅限于人机交互探讨（Tung and Law，2017）。然而，AI 技术融入旅游接待业服务后表现出的属性还有待揭示。虽然一些研究从单个方面考察了 AI 的某些属性，如 AI 的拟人化和社会存在（Fan et al.，2016；McLean et al.，2021），但系统地开发在旅游接待业服务中采用 AI 后其展现的特征或功用的量表仍然很有必要。我们的研究揭示了 AI 技术属性的测量工具、因子结构，加深了对 AI 在服务中应用后的认识，为未来有 AI 介入的服务或一线工作相关的研究提供了衡量量表。

旅游接待业应用 AI 技术的一个重要目的是赋能，但 AI 赋能目前在学术界基本上仍处于概念和定性探讨层面。本书对"AI 技术属性如何影响员工工作负荷/状况，并进一步影响服务好客性"进行了实证研究，揭示了员工路径的技术赋能机制，有助于 AI 应用与影响、资源保存理论和员工工作负荷管理理论的研究，尤其是在旅游接待业服务的情境下。已有的文献阐述了 AI 技术应用对企业服务效率、成本和经济效益的影响（Chi et al.，2020），讨论了用户对 AI 技术的接受问题和其服务体验（Gursoy et al.，2019）。然而，AI 技术属性对一线服务员工（作为接待服务的核心提供者）服务工作的影响却被学者们忽略了（Mariani and Borghi，2021）。我们的研究弥补了这一空缺。本书研究表明，对于在服务和带负荷工作中时常面对人际关系紧张和压力的旅游接待业一线员工来说，AI 技术属性有利于其资源的获取和保存，显著地减少其体力疲劳和脑力疲劳，激发其积极情绪，从而提高其好客服务水平。这对 AI 应用影响和资源保存理论都具有理论贡献（Teoh et al.，2019）。AI 技术属性可以塑造支持性的环境，为工作增添新鲜感和乐趣，并激发一线员工对工作的兴趣和热情，而不仅是替代一线员工部分任务和为顾客提供不间断的服务，从而对工作负荷管理理论进行了补充（Ariza‐Montes et al.，2018）。

四、本书对智能化服务场景的界定和影响研究对服务管理理论有推进作用

有形的环境线索作为刺激因素，能够影响顾客情绪状态，给他们带来愉悦感，改变他们的感知和行为。其背后的逻辑是：服务是在物理环境中同时

生产和消费的，这使环境成为整体顾客服务体验不可或缺的一部分。服务场景正是其典型表现（Lin and Mattila，2010）。在 AI 技术应用的新背景下，旅游接待业的服务场景发生了改变。其中，一些服务场景出现了智能化的元素。本书正是以此为切入点，探讨对好客性技术赋能的组织路径。我们基于网络评论数据和扎根理论，提出并界定了智能化服务场景的概念与内容，总结了智能化服务场景的实现路径，并构建了智能化服务场景顾客好客体验模型。本书通过提炼并阐述智能化服务场景，拓展了服务场景理论，对服务管理与营销、AI 技术应用影响研究领域有理论启示。

本书以智能化服务场景为对象，探讨了 AI 技术对服务好客性在组织层面的赋能机制。以往的研究较多关注 AI 技术直接对顾客态度和行为的影响，而对环境隐喻的重要性有所忽视，本书通过对融入了 AI 技术的服务场景及其结果的考察弥补了这一不足。本书基于预实验和两项情景实验探索了服务场景中三大要素——服务场景智能化（传统服务场景 VS. AI 服务场景）、顾客技术就绪度（高 VS. 低）和顾客自我一致性对服务好客性感知的影响，揭示了其影响关系：服务场景智能化通过顾客自我一致性的中介作用，激发顾客对服务好客性的感知，而技术就绪度则构成了其边界条件，即 AI 技术通过服务场景对高技术就绪度的顾客赋能效应更为明显。该研究将场景的功能可见性理论拓展到了 AI 技术应用下的服务场景，完善了 AI 服务场景对顾客心理和认知影响理论，从环境、组织视角推进了技术赋能理论，对服务管理理论也有边际贡献。

五、本书推进了服务互动与好客性的理论

本书提供了关于服务场景中人与技术之间互动的新知识。以往服务场景下的互动关系研究大部分建立在社会互动理论的基础上，聚焦于员工与顾客之间或顾客与顾客的人际互动。本文通过对 AI 技术的相关理论进行了梳理，转变了技术在服务场景中的工具观，提出技术与员工和顾客之间存在三方互动关系。技术不仅能够为员工和顾客赋能，提升员工的服务能力和顾客好客体验，同时，技术本身的非中立性使其能够形成与员工、顾客之间的拟社会关系（van Doorn et al.，2017），这是以往服务互动理论研究未受到重视的知识。本文提出技术在补偿服务系统缺失中可以扮演社会化角色，并且可以塑

造和改善顾客体验，这打破了过去服务理论中将技术单纯作为提升效率和服务质量的工具的观点。因此，本书丰富了技术应用、服务互动理论。

我们此项研究的另一个理论贡献在于识别了服务好客性这个旅游接待业核心因素的前因变量。本书少有的对服务好客性进行了实证研究，是旅游接待业的行业属性的必然结果，也符合中国的殷勤好客文化逻辑，对旅游接待业服务管理、关系营销具有理论和实践意义。以往的研究将好客服务视为一线（人类）员工的自带属性（Ariffin，2013）。以往的研究虽然对好客服务的结构与影响因素方面有所提及，但缺乏对好客前因变量的实证研究。而我们的研究则在这方面做了探索，得到以下发现：能带来服务好客性的不仅是人类员工，还可以是 AI 技术、服务场景等非人类因素、环境因素；服务好客性不仅依赖于员工自身的个人品质和素质，还会受到外在资源（比如 AI）的影响，外在因素使员工身心疲劳的减少和积极情绪的增强会促使其表现出更高水平的服务好客性。因此，本书中对于深化服务好客性理论，尤其是其前导因素的认识具有理论贡献。

第三节　管理启示

本书的选题来自国家政策方向和具体行业实践，我们在 AI 技术被越来越多地应用于旅游接待业的背景下，探讨其对旅游接待服务的好客性问题，深入分析新背景下服务接触问题，阐释了 AI 对服务好客性的技术补偿（有员工参与一线 + 纯 AI 服务）和赋能（员工 + 组织层面）机制。我们力图解决实际问题，因而对行业有一定的管理启示。其中，对每个假设研究的结果，我们提出了相关精准施策方面的建议，列于表 8 - 1 中。

表 8 - 1　　　　　　本书研究假设、验证结果及对应政策建议

研究假设	验证结果	政策建议
H4 - 1：服务机器人属性→好客体验（受欢迎、关爱、舒适）（+）	成立	可以通过增强服务机器人的属性，或者至少让机器人看起来更像人或者更智能，来提高顾客的服务体验，比如适当增加机器人的肢体语言、为机器人预设尽可能多的应对方案、必要时让员工在后台进行适当控制等

研究假设	验证结果	政策建议
H4-2：服务机器人属性→顾客-机器人融洽关系的构建→好客体验（+）	中介效应假设不成立；服务机器人属性→顾客-机器人融洽关系成立	如果服务企业想要鼓励顾客与机器人建立融洽关系，可以考虑在服务机器人的人性化设计上进行改进，但这种融洽关系对好客体验的提升效果较弱
H4-3：服务机器人属性→顾客-员工融洽关系的构建→好客体验（+）	中介效应假设成立	不应该完全用机器人代替人类员工，其理想状态是机器人与人类员工一起服务顾客，而人类员工在与顾客进行个人接触和互动方面承担更多的责任，以建立与顾客的融洽关系
H5-1a：纯AI服务的感官特性→顾客心理安全感	不成立	在设计纯AI服务时，外在感官特性不能给顾客带来显著的安全感
H5-1b：纯AI服务的互动性→顾客心理安全感（+）	成立	纯AI服务设计过程中，要根据历史消费资料、环境大数据定制沉浸式的互动形式，让顾客在疫情下与现实短暂"分离"，在心理上产生获得感、安全感
H5-1c：纯AI服务的响应性→顾客心理安全感（+）	成立	在设计纯AI服务时，应简化流程，强化顾客反馈系统，缩短AI设备的响应时间，从而让顾客获得安全感
H5-2a：纯AI服务的感官特性→顾客感知控制价值（+）	成立	行业管理者可以通过采用丰富的、有形的形态（如屏幕展示表情符号）使AI技术可见，以增强顾客对服务的控制感
H5-2b：纯AI服务的互动性→顾客感知控制价值	不成立	纯AI服务的互动性不能显著带来顾客感知对服务的控制
H5-2c：纯AI服务的响应性→顾客感知控制价值（+）	成立	纯AI服务的设计和管理必须确保AI及时响应顾客，并适当降低顾客使用纯AI服务的门槛，以增强顾客的控制感，改善服务接触和结果
H5-3：顾客心理安全→感知控制价值（+）	不成立；关系显著，但方向相反	新冠疫情对顾客心理的影响太大，顾客心理安全感越高时反而使服务的控制感知变弱
H5-4a：纯AI服务的感官特性→顾客心理安全→感知控制价值	中介效应假设不成立	感官特性不能明显提升顾客心理安全，心理安全也不会带来控制感

研究假设	验证结果	政策建议
H5-4b：纯 AI 服务的互动性→心理安全→感知控制价值	中介效应假设不成立	顾客从纯 AI 服务的互动性中获得心理安全，但未最终形成控制感
H5-4c：纯 AI 服务的响应性→心理安全→感知控制价值（+）	假设不成立，但中介效应存在，方向相反	纯 AI 服务的响应性增强了顾客的紧迫感，使其心理安全有所变弱，但最后顾客所感知到对服务的控制感有所增强。因此，纯 AI 服务的响应时间和方式上应适应顾客个人需求
H5-5：顾客感知控制价值→享乐价值（+）	成立	在纯 AI 服务的流程管理中，应增加顾客的服务参与度、鼓励其在服务内容和方式上的自我决策，以增强控制感，从而创造接待服务的享乐价值
H5-6a：纯 AI 服务的感官特性→顾客享乐价值（+）	成立	在设计纯 AI 服务时，可通过改进其视觉展现、音频功能，使 AI 在外观、声音和触觉方面更具吸引力，这些可以提高顾客享乐体验
H5-6b：纯 AI 服务的互动性→顾客享乐价值（+）	成立	在设计纯 AI 服务时，可以改进 AI 的语音和面部识别系统，增强互动性，提高顾客的享乐价值
H5-7：顾客心理安全→享乐价值（+）	成立	管理者应优先考虑顾客的心理安全，并关注可以消除顾客在疫情期间的恐惧、不信任和沮丧等情绪的因素，采取针对性的措施，以增强顾客享乐体验
H5-8a：纯 AI 服务的感官特性→顾客心理安全→享乐价值	中介效应假设不成立	纯 AI 服务在感官特性上对顾客的安全心理和享乐感知的影响未达到显著水平
H5-8b：纯 AI 服务的互动性→心理安全→享乐价值（+）	中介效应假设成立	心理安全在纯 AI 服务的影响中起中介传导作用，需要在服务设计时重视；管理人员应提高 AI 服务的交互性能（如升级识别系统和数据库），以增强顾客的心理安全感和享乐体验
H5-8c：纯 AI 服务的响应性→心理安全→享乐价值（+）	中介效应假设成立	要为顾客创造更高的享乐价值，可以通过服务流程优化、后台员工适当支持等措施提升纯 AI 服务的响应能力，进而提高顾客心理安全感来实现更高的享乐价值

续表

研究假设	验证结果	政策建议
H5-9：顾客心理安全→好客服务质量（+）	成立	加强顾客心理安全是提升好客服务质量的关键，行业管理者应该调查顾客的心理需求，重视技术应用于服务后的心理结果，构建心理安全体系
H5-10：顾客感知控制价值→好客服务质量（+）	成立	给予顾客授权和控制感可以使其感受到殷勤好客，这可以通过减少服务中的不确定性、管理好顾客预期（如进行宣传教育）等管理措施来实现
H5-11：顾客享乐价值→好客服务质量（+）	成立	旅游接待服务须提供享乐价值，纯 AI 服务也不例外，通过服务内容、形式的活化、多样化可以在给顾客创造享乐的同时让其感知到服务好客性
H6-1a：AI 技术的拟人属性→员工体力疲劳（-）	成立	可以通过技术改进或数据积累，使 AI 设备贴近人类的表达、有效理解并执行指令，增强 AI 的拟人化属性，以减少一线员工的体力疲劳
H6-1b：AI 技术的娱乐属性→员工体力疲劳	不成立	AI 技术的娱乐属性不能显著缓解一线员工体力疲劳
H6-1c：AI 技术的功能属性→员工体力疲劳（-）	成立	可以通过优化 AI 技术的实用任务（如签到）的流程来增强其功能表现，缓解一线员工的体力疲劳
H6-1d：AI 技术的信息属性→员工体力疲劳（-）	成立	在 AI 技术应用管理和设计中，扩展其信息搜寻的接入范围，并使信息分析更贴近接待服务，从而缓解一线员工的体力疲劳
H6-2a：AI 技术的拟人属性→员工脑力疲劳（-）	成立	可以增加 AI 设备的类人的视觉元素、内置声音和情感交流等，赋予其卡通形象，通过提升拟人属性来缓解一线员工的脑力疲劳
H6-2b：AI 技术的娱乐属性→员工脑力疲劳	不成立	AI 技术的娱乐属性不能显著缓解一线员工的脑力疲劳

研究假设	验证结果	政策建议
H6-2c：AI 技术的功能属性→员工脑力疲劳（-）	成立	可以通过强化 AI 技术的可达途径、交易表现、业务控制等方式提升其功能属性，来缓解一线员工的脑力疲劳
H6-2d：AI 技术的信息属性→员工脑力疲劳（-）	成立	可以采取扩展信息提供的数据库等措施来提高 AI 的信息属性，来缓解员工的脑力疲劳
H6-3a：AI 技术的拟人属性→员工积极情绪（+）	成立	可以基于工程学和心理学，提升 AI 设备在情绪的识别、表达上的能力（如融入网络流行语、表情包），调动一线员工的积极情绪
H6-3b：AI 技术的娱乐属性→员工积极情绪（+）	成立	为促进一线员工的积极情绪，使其更好地投入工作，可以通过增加娱乐元素（如音乐和笑话）、科技感、奇特感的方式增强 AI 技术的娱乐性
H6-3c：AI 技术的功能属性→员工积极情绪（+）	成立	可以通过提升 AI 技术在接待业务和功能方面的表现，使员工在工作中表现出积极情绪
H6-3d：AI 技术的信息属性→员工积极情绪（+）	成立	可以通过提高 AI 技术在信息方面的稳定、可靠性，使一线员工保持服务的积极情绪
H6-4：AI 技术属性×工作心理要求→体力疲劳（-）	成立	对于心理工作要求较高的一线员工，可引入高属性的 AI 技术来降低他们的身体疲劳。采用 AI 技术时，应将心理工作要求保持在合理水平，以便一线服务人员能够充满活力和热情地工作
H6-5：AI 技术属性×工作心理要求→脑力疲劳	不成立	工作心理要求在技术属性对脑力疲劳的影响中不起调节作用
H6-6：AI 技术属性×工作心理要求→积极情绪	不成立	工作心理要求在技术属性对积极情绪的影响中不起调节作用
H6-7：员工体力疲劳→服务好客性（暖心、安心、舒心）（-）	成立	应合理管理一线服务的工作负荷以保持服务好客性。管理者应该关注一线员工的身体状况。通过合理安排工作任务、优化人机的分工与配合等措施来缓解员工体力疲劳，从而提升其服务的好客水平

续表

研究假设	验证结果	政策建议
H6-8：员工脑力疲劳→服务好客性（暖心、安心、舒心）（-）	成立	一线服务员工在提供款待服务时会消耗身心资源，产生脑力疲劳。管理者应为员工提供工作资源（如技术性支持），减轻其记忆性压力，缓解员工的脑力疲劳，从而提升其服务的好客水平
H6-9：员工积极情绪→服务好客性（暖心、安心、舒心）（+）	成立	为员工保持良好的工作状态对于其热情好客的服务非常重要。管理者应注意关心员工幸福感，帮助员工进行情绪管理（如培训），使其在服务顾客时保持积极情绪，展现热情好客
H7-1：服务场景智能化→服务好客感知（+）	成立	利用 AI 塑造智能化服务场景时，需做好场景氛围（奇特、美感等）、技术交互（鼓励参与、增强控制等）、场景规则（规范化、预设职责等）的设计，以使顾客在其中感受服务好客性
H7-2：服务场景智能化→顾客自我一致性→服务好客感知（+）	成立	AI 服务场景通过激发顾客自我一致性来产生服务的好客性感知。应该加深对顾客自我概念与需求的了解，有针对性地利用 AI 塑造更符合目标顾客自我形象的服务场景，也可以根据顾客的个人特质，向顾客精准推送具有个性化设计的服务
H7-3：服务场景智能化×技术就绪度→服务好客感知（+）	成立	AI 服务场景结合高技术就绪度的顾客更容易产生服务好客性，旅游接待业企业在设计智能化服务场景时应该了解并适应其主要客源的技术就绪状况
H7-4：服务场景智能化×技术就绪度→顾客自我一致性（+）	成立	AI 服务场景更能够满足高技术就绪度的顾客自我概念提升的诉求。可以通过鼓励顾客互帮互助、对机器人等 AI 设备的反馈来提升顾客的自我一致性感知，增强其与企业的关系黏性

注：→表示左侧构念对右侧的影响关系；（+）表示正向影响，（-）表示负向影响；×表示两个构念对结果产生交互效应（×右侧构念为调节变量）。

一、采用合适的 AI 技术以优化服务接触的管理

服务接触是服务企业管理与营销的关键，服务的每一个真实瞬间构成了企业的竞争优势。我们基于旅游接待业服务接触的文献与行业资料，阐述了新冠疫情背景下 AI 技术注入一线后服务接触的变化，并围绕 AI 技术的引导、替代、中介和增强作用分类总结了 AI 技术的应用表现与特征，以及对顾客体验和行为意向的影响（见图 3 - 1），对服务接触的管理有实践启示。在全球新冠疫情为代表的公共卫生事件下，服务接触三元交互的主体（顾客、员工、组织因素）都发生了一定的变化，AI 作为组织所提供的非人类因素重塑了接待服务中的互动方式。我们总结的四大类、九小类 AI 服务接触类型及其前导因素的分析，对服务结果产生的潜在影响，有助于旅游接待业企业基于自身需求针对性地设计、引入和评估相关 AI 技术，提供更加符合消费者期望的智能产品，利用 AI 技术抓住机遇"降本增效"，增强企业竞争力。

本书所提出的技术补偿和赋能正是实现利用 AI 技术来"降本增效"的重视方式。（1）"降本"主要通过技术补偿来实现。多数行业管理者使用 AI 技术的一个直接动机就是降低人工成本，因为在老龄化、招工难等背景下，人工成本已成为旅游接待企业总成本中占比最大的，远远超过物料成本、行政成本和财务成本，在服务类企业运营成本占比将近一半，是运营成本的最主要构成部分（Yang et al.，2020），而 AI 设备的确能降低人工的需求（第四章访谈分析中已提到）。一种"降本"是人力方面。AI 机器人通过特定的服务功能包括语音识别与反馈、问题咨询、货物配送、智能引领等以类人的方式与顾客互动，在一定程度上承担了本来由人类员工完成的任务，节省了人力成本。例如，一些酒店礼宾员一年的人工成本达六万元左右，而其租借云迹相关服务机器人的费用仅一万多元，这种成本优势是显而易见的。但是，AI 技术的应用、人工的适度减少，不能以牺牲最终的接待服务质量为代价。如果旅游消费者感觉自己所期待的友善、热情服务大打折扣甚至消失了，他们就会用脚投票，这使得单纯降低人工成本的做法毫无意义。正因为如此，服务好客性的技术补偿是"降本"的前提。本书研究发现可以通过 AI 技术属性的不断提升来提高顾客的安全感、价值感知，提高员工（或机器人）与

顾客的融洽关系，让顾客仍然感受到旅游接待企业的用心和殷勤好客，从而补偿了人工被部分替代的损失。另一种"降本"是营销方面。一些旅游接待企业把采用 AI 技术作为一个卖点，吸引顾客前来，节约营销成本。当然，这种效果对于较早使用 AI 技术的企业较为明显。而这也依赖于技术补偿：如果顾客从中感受到优质服务，其新奇的体验与消费后的分享、口碑传播可以形成持续营销效果，否则会产生反效果。（2）"增效"更多地靠技术赋能。作为强调人情味服务的旅游接待企业，其与顾客直接接触的员工是其持续发展的关键。本书的实证分析显示，AI 技术可以通过属性的优化来降低服务员工的体力疲劳、脑力疲劳，并调动其服务的积极情绪，从而提高其热诚服务的工作投入度和效率。同时，通过 AI 技术对服务场景进行智能化塑造，可以有效提升顾客的自我感知一致性、对服务系统的认同感，进而显著提高顾客对好客服务的评价，实际上提高了整个接待服务系统的效率。此外，在疫情防控新背景下，大数据至关重要，企业可以通过 AI 技术改善管理和决策；也可以通过 AI 建立有关疫情防控的信息平台服务，给予顾客更加准确、及时的健康风险防控和安全保障（Novelli et al.，2018）。

在旅游接待企业购买和使用 AI 设备时，其限制因素不能忽视。除高层支持、经费预算外，这些限制因素主要表现为技术的属性特征、员工的技术能力与适应性、顾客的态度与接受度等方面，是技术应用管理时必须考虑和解决的问题。（1）AI 技术属性是实现技术补偿和赋能的关键，也是技术应用管理最大的制约因素，旅游接待企业应该采购合适属性的 AI 设备，并与机器人公司协商在服务应用层面的设计自主（如语音的输入）。旅游接待企业应适当地采用与其服务和工作任务相匹配的 AI 技术。例如，在新冠疫情常态化背景下，很多酒店都推出了无接触式智能服务，顾客可以根据智能推荐或 VR 选择会员酒店，快速完成自助入住，跟随服务机器人定位客房，与聊天机器人进行闲聊，无须与员工面对面互动即可获取所需信息。同时，旅游接待业企业应根据基于客户、基于企业和基于外在环境的因素评估相关 AI 技术与设备，将新冠疫情等事件的威胁转化为机遇。比如，可以适当探索"云"旅游作为一种补充的旅游形式，顺应游客消费的转变，将不能密切接触的劣势变成优势。（2）AI 技术得到员工的支持才能发挥效果，而这受制于员工的技术能力与适应性。员工看到一些工作被 AI 技术替代，可能会产生忧虑感和排斥感。同时，如何操作和使用 AI 技术、如何与 AI 设备分工与协作等问题对员工技术能力与适应性提出了挑战。应对这些问题的有效办法是对员工进行培训，使其在思想和行为上适应新的工作环境。在后疫情时代，还需要基于 AI 技术建立数据库，为员工学习、成长创造条件，也为定制化服务和服务创新创造条件。（3）顾客的态度与接受度是 AI 技术应用的另一个限制因素。新技术的应用也是迎合顾客消费升级（如对技术便利、好客度的要求）的结果，尤其是互联网与大数据"原住民"们相对青睐新技术。旅游接待企业的目标顾客始终是重要因素。本书发现顾客的技术就绪度、顾客自我一致性会影响 AI 技术的服务结果。因此，旅游接待企业在应用 AI 技术前需要做好市场调研，深入了解目标顾客的需求；在应用 AI 技术后则应做好宣传，引导顾客预期，适当进行知识教育，科学管理服务现场。

二、科学设计与管理 AI 技术以提高服务好客性

提升顾客的好客服务不仅是旅游接待业企业增强竞争力的关键要求，对于其他服务行业赢得顾客满意和顾客忠诚也有重要启发意义。旅游接待业企业在进行是否采用 AI 技术与设备的决策时，需要通盘考虑 AI 对顾客、员工以及组织的影响，在采用了 AI 技术之后要进行科学管理以使其真正发挥作用来提高服务绩效。一些酒店和餐厅将服务机器人作为营销噱头，希望在短期内达到吸引顾客的目的。然而，当前服务机器人等 AI 技术仍不够成熟，在服务过程中存在很多局限性。短暂的新奇感过后，顾客的关注点依然会回归到服务质量。因此，旅游接待业管理者需要正视服务机器人等 AI 技术的真实价值并合理应用。

本书发现 AI 技术会随着属性的提升，带来服务中的融洽关系、增强顾客的心理安全感与价值、改善人类员工的工作状态，从而提高旅游接待业服务的好客性。顾客 – 服务机器人融洽关系构建会随着服务机器人属性的提升得到加强。如果旅游接待业企业想要鼓励顾客与机器人建立融洽的关系，那么服务机器人等 AI 设备的设计应该在人性化的特点上进行改进，同时其智能技术也需要进一步完善。本书的研究结论支持了顾客 – 员工融洽关系在服务机器人属性和服务好客体验之间的中介作用。旅游接待业管理人员在管理 AI 技

术时可采用如适当增强机器人的识别系统、基于顾客信息预设问题应对等措施来助力员工构建与顾客的融洽关系，从而提高顾客的好客体验。在疫情常态化背景下，旅游接待业管理者应优先考虑顾客的心理安全，并关注可以消除顾客在疫情期间的恐惧、不信任和沮丧等负面情绪的因素，采取针对性的措施。例如，通过服务流程优化和后台员工的适当支持来提高 AI 服务的响应能力，在视觉美学、拟人化声音和亲密接触等方面为顾客创造亲切的 AI 认知形象。

AI 技术具有拟人属性、娱乐属性、功能属性、信息属性四个维度的重要属性，总体上对好客服务质量有积极影响。企业在进行使用 AI 技术的决策和应用设计时，需结合企业的服务目标和场景着重对这四个方面的属性进行评估和强化。例如，在服务机器人等 AI 设备与顾客直接互动的服务接触中，一方面，通过对 AI 设备的外观整饰、语言脚本设计、赋名等方式强化其社会特性、拟人属性。另一方面，旅游接待业企业不应过度追求机器人外形上对人类造型的模仿。人体结构是人类适应自然演化的结果，并不是实现某些具体功能的最优结构，一味追求外形上的逼真可能会造成功能属性、信息属性等维度的损失。因此，为实现机器人多个维度的均衡，可以在保证性能不受影响的同时，采用人性化、社会化的自然线索来提升其整体属性水平，以及顾客和员工对其感知评价，从而产生积极的服务结果。AI 技术应用背景下，管理者要通过优化工作任务的安排、关心员工幸福感、减轻工作压力或其他缓解员工身心压力的策略，帮助他们保持良好的工作状态。服务企业的所有支持性工作资源都会得到回报，因为充满活力和快乐的一线员工会热情地为顾客服务。

三、合理安排人机分工与合作以改进服务流程

本书确认了 AI 技术与设备在顾客服务中协助员工服务的"准员工"角色。因此，管理层需要重视员工与 AI 设备的分工协作，将机器人无缝整合到顾客服务团队中。

为了建立人机混编的服务团队，组织需要完成三方面的工作。首先，重新设计服务流程。根据服务团队的工作目标、顾客可能与服务团队发生的互

动以及 AI 技术和员工各自的优劣势重新设计服务流程。其次，重组服务团队。根据服务流程选择合适的 AI 设备和服务员工。选用的智能机器人应当保证在各种情况下都能正常运行，还要满足顾客所要求的拟人性、社会性。合适的服务员工需要乐于与智能机器人一起工作，并在技术上胜任并具有创造力地解决 AI 设备无法解决的复杂服务问题。组织需制定一些激励计划，鼓励员工与智能机器人合作。然后，组织需要为服务团队提供支持，例如，对员工的全面培训、对 AI 设备的定期维护以及硬件和软件的更新等。当服务机器人因为技术局限而出现失误时，要保证员工能及时进行服务补救。

当前的技术条件下，服务员工是不可以被完全替代的。AI 设备只在简单、常规、重复以及以算法为基础的任务方面表现突出，却不适应需要创造性、直觉和社交技巧的任务。服务员工在人文关怀方面具有独特优势，尤其是在旅游接待业服务场景方面，温情服务是必不可少的。

合理使用 AI 技术与设备能够节约一定的劳动力成本，并且随着 AI 技术的成熟和普及，服务机器人的使用成本将进一步降低。在这一技术趋势下，服务企业应当重新审视对员工的能力诉求，在一线员工的招聘、培训与管理方面，提高人才使用的效用。在对一线员工的能力需求方面，降低对简单可重复的技能要求，转而注重员工在沟通、共情、灵活应变等方面的能力，并充分利用 AI 技术，释放员工的精力。给一线员工适度的授权，使其尽可能地满足个性化服务的需求。

四、构建智能化服务场景以增强顾客情感体验

本书界定了智能化服务场景，并基于评论数据在一定程度上支持了 AI 技术通过服务场景这条路径对服务好客性的赋能。因此，旅游接待业管理者可以通过构建智能化服务场景来增强顾客的好客体验。能给顾客带来好客感觉的不仅是人，也可能是非人类因素的技术和设备，还有顾客在享受接待服务时所处的环境——服务场景。服务场景由许多元素组成，这些元素将转化为特定的环境线索。当一个顾客通过他/她的感觉系统感知到这些特定的线索时，他/她本质上是在基于感知对象和自身条件创造一个认知图式并形成特定的心理形象，而基于 AI 的服务场景智能化使顾客个性化的需求更容易被触

及，因为顾客可以根据其自身需求对服务场景进行调整（如调节温度、湿度），从而形成令人愉快的服务环境。服务管理者在对旅游接待业服务环境的整体布局和设计进行决策时，应发挥 AI 技术与设备的优势，有目的地将视觉目标考虑在内，使其组合在一起，并实现某种程度的智能化，形成一个以人为本、照顾个体情感的感性形象。这样，一个生动的好客形象将烙印在顾客的脑海中。当然，智能化服务场景应符合目标客户的期望，旅游接待业管理者必须在确定服务景观的整体布局和设计之前定义其目标客户，采取针对性的措施进行服务场景的智能化，提高顾客的自我一致性和好客服务感知。

第四节　研究局限与未来展望

技术赋能和技术补偿作为本书研究人工智能影响服务好客性的两大机制，在全面系统实证上仍有进一步推进的空间。例如，AI 不仅与消费者和员工打交道会产生赋能效应和补偿效应，而且与旅游接待组织结合也会产生上述效应。那么这两种情境（人/组织）中的影响和边界是否存在差异？这值得进一步探讨，如结合组织和人的内在关联性，以分析 AI 应用对服务好客性的综合影响。基于本书的局限性，未来研究在服务好客性的组织赋能机制和 AI 技术的内部差异影响两方面特别值得关注。

一、服务好客性的组织赋能机制

本书以"智能化服务场景"为研究对象探讨了服务好客性的组织赋能问题，在全面的分析和严谨的实证上存在不足。一方面，AI 技术对整个组织进行赋能是一个庞大的系统工程，不是一个项目能够完全解决的，本书所阐述的服务场景智能化只是其中一个代表性的视角，其他组织因素不能忽视。例如，采用 AI 技术后，旅游接待业企业可利用其可储存、可回溯、动态更新等特征进行数据库建设，获取和管理顾客信息，并在此基础上进行信息转换、利用，从而在组织层面建立起数据支持，实现与顾客需求的无缝对接，提高顾客感知到的好客服务程度。可见，基于 AI 的数据库建设与管理也是其对组织赋能以提升服务好客性的一种方式，也是未来研究可以关注的。另一方面，关于服务场景智能化，我们从顾客自我一致性的视角讨论了其对好客服务结果的影响，但服务场景所关联的顾客心理和行为因素还有很多，例如，情绪唤醒、归属感与信任等。本书拘于篇幅和时间等所限，未对此一一进行考察，这正可以作为未来的研究方向，更全面和深入地讨论组织赋能问题。

二、AI 技术的内部差异影响

AI 技术是计算机程序在没有人为干预和参与的情况下获取和应用知识的能力，其用途广泛、类型多样。在旅游接待业应用的 AI 技术也有众多不同的形式和表现，例如，处理客人问询的语音助手、运送行李或引领的服务机器人、客房内设备的智能控制系统，等等。这些 AI 设备在具体功能上存在一定的差异，而且应用于不同的工作岗位或任务上，因此可能表现出特征、属性上的差异，而这种差异可能会对我们进行好客性的技术补偿与赋能评估产生影响。例如，在有员工参与服务一线情境下的技术补偿机制中，我们重点考察应用于酒店/餐厅的服务机器人，那么其他类型的 AI（如智能安全监控）是否能产生类似的技术补偿影响和效果？这需要进一步研究。本书倾向于探讨在旅游接待业应用最广泛、最显眼的 AI 技术种类（这样也方便调研），并对其适当简化，抽象出其一般特征，因而对 AI 技术的内部差异有所忽略。未来的研究可以重点考察不同类型、用途的 AI 技术的独特属性，将不同 AI 的内部差异纳入考虑，更具针对性地研究其对服务好客性乃至其他服务结果的影响。

参 考 文 献

[1] Aghazamani Y, Hunt C A. Empowerment in Tourism: A Review of Peer – Reviewed Literature [J]. Tourism Review International, 2017, 21 (4): 333 – 346.

[2] Ahmed M Z, Ahmed O, Aibao Z, Hanbin S, Siyu L, Ahmad A. Epidemic of COVID – 19 in China and Associated Psychological Problems [J]. Asian Journal of Psychiatry, 2020, 51 (6): 1 – 7.

[3] Ahn J A, Seo S. Consumer Responses to Interactive Restaurant Self – Service Technology (IRSST): The Role of Gadget – Loving Propensity [J]. International Journal of Hospitality Management, 2018, 74: 109 – 121.

[4] Al Harbi J A, Alarifi S, Mosbah A. Transformation Leadership and Creativity: Effects of Employees Pyschological Empowerment and Intrinsic Motivation [J]. Personnel Review, 2019, 48 (5): 1082 – 1099.

[5] Allam Z, Dey G, Jones D S. Artificial Intelligence (AI) Provided Early Detection of the Coronavirus (COVID – 19) in China and Will Influence Future Urban Health Policy Internationally [J]. AI, 2020, 1 (2): 156 – 165.

[6] Andrei D M, Griffin M A, Grech M, Neal A. How Demands and Resources Impact Chronic Fatigue in the Maritime Industry. The Mediating Effect of Acute Fatigue, Sleep Quality and Recovery [J]. Safety Science, 2020, 121 (1): 362 – 372.

[7] Anwer S, Li H, Antwi – Afari M F, Umer W, Wong A Y L. Evaluation of Physiological Metrics as Real – Time Measurement of Physical Fatigue in Construction Workers: State-of-the – Art Review [J]. Journal of Construction Engineering and Management, 2021, 147 (5): 20 – 33.

［8］ Ariffin M. Generic Dimensionality of Hospitality in the Hotel Industry： A Host – Guest Relationship Perspective ［J］. International Journal of Hospitality Management, 2013, 35：171 – 179.

［9］ Ariffin M, Nameghi E N, Zakaria N I. The Effect of Hospitableness and Servicescape on Guest Satisfaction in the Hotel Industry ［J］. Canadian Journal of Administrative Sciences, 2013, 30 (2)：127 – 137.

［10］ Ariffin M, Maghzi A. A Preliminary Study on Customer Expectations of Hotel Hospitality：Influences of Personal and Hotel Factors ［J］. International Journal of Hospitality Management, 2012, 31 (1)：191 – 198.

［11］ Ariffin S K, Mohan T, Goh Y. Influence of Consumers' Perceived Risk on Consumers' Online Purchase Intention ［J］. Journal of Research in Interactive Marketing, 2018, 12 (3)：309 – 327.

［12］ Ariza – Montes A, Arjona – Fuentes J M, Han H, Law R. Work Environment and Well – Being of Different Occupational Groups in Hospitality：Job Demand – Control – Support Model ［J］. International Journal of Hospitality Management, 2018, 73：1 – 11.

［13］ Aryal A, Ghahramani A, Becerik – Gerber B. Monitoring Fatigue in Construction Workers Using Physiological Measurements ［J］. Automation in Construction, 2017, 82 (10)：154 – 165.

［14］ Bailen N H, Green L M, Thompson R J. Understanding Emotion in Adolescents：A Review of Emotional Frequency, Intensity, Instability, and Clarity ［J］. Emotion Review, 2019, 11 (1)：63 – 73.

［15］ Baker M A, Magnini V P. The Evolution of Services Marketing, Hospitality Marketing and Building the Constituency Model for Hospitality Marketing ［J］. International Journal of Contemporary Hospitality Management, 2016, 28 (8)：1510 – 1534.

［16］ Bakker A B, Demerouti E, Verbeke W. Using the Job Demands – Resources Model to Predict Burnout and Performance ［J］. Human Resource Management, 2004, 43 (1)：83 – 104.

［17］ Balakrishnan J, Dwivedi Y K. Conversational Commerce：Entering the

Next Stage of AI – Powered Digital Assistants [J]. Annals of Operations Research, 2021, 315 (1): 1 –35.

[18] Bartneck C, Kulić D, Croft E, Zoghbi S. Measurement Instruments for the Anthropomorphism, Animacy, Likeability, Perceived Intelligence, and Perceived Safety of Robots [J]. International Journal of Social Robotics, 2009, 1 (1): 71 –81.

[19] Beatson A, Lee N, Coote L V. Self – Service Technology and the Service Encounter [J]. Service Industries Journal, 2007, 27 (1): 75 –89.

[20] Belanche D, Casaló L V, Flavián C, Schepers J. Service Robot Implementation: a Theoretical Framework and Research Agenda [J]. Service Industries Journal, 2020, 40 (3 –4): 203 –225.

[21] Bethmann C. 'Getting Milk From the Chicken': Hospitality and Hospitableness in Bulgaria's Mass Tourism Resorts [J]. Hospitality & Society, 2017, 7 (1): 19 –41.

[22] Bitner M J. Servicescapes: The Impact of Physical Surroundings on Customers and Employees [J]. Journal of Marketing, 1992, 56 (2): 57 –71.

[23] Blain M, Lashley C. Hospitableness: the New Service Metaphor? Developing an Instrument for Measuring Hosting [J]. Research in Hospitality Management, 2014, 4 (1/2): 1 –8.

[24] Bogicevic V, Seo S, Kandampully J A, Liu S Q, Rudd N A. Virtual Reality Presence as a Preamble of Tourism Experience: The Role of Mental Imagery [J]. Tourism Management, 2019, 74: 55 –64.

[25] Borges A F, Laurindo F J, Spínola M M, Gonçalves R F, Mattos C. A. The Strategic Use of Artificial Intelligence in the Digital Era: Systematic Literature Review and Future Research Directions [J]. International Journal of Information Management, 2021, 57 (4): 10 –22.

[26] Bowen J, Morosan C. Beware Hospitality Industry: The Robots are Coming [J]. Worldwide Hospitality and Tourism Themes, 2018, 10 (6): 726 –733.

[27] Bowen N K, Guo S. Structural Equation Modeling [M]. Oxford Univer-

sity Press，2011.

［28］Bringsjord S. Psychometric Artificial Intelligence ［J］. Journal of Experimental and Theoretical Artificial Intelligence，2011，23（3）：271 –277.

［29］Broadbent E. Interactions with Robots：The Truths We Reveal about Ourselves ［J］. Annual Review of Psychology，2017，68（1）：627 –652.

［30］Brotherton B. The Nature of Hospitality：Customer Perceptions and Implications ［J］. Tourism and Hospitality Planning & Development，2005，2（3）：139 –153.

［31］Brotherton B，Wood R C，et al. The Sage Handbook of Hospitality Management ［M］. Sage，2008.

［32］Brown D M Y，Bray S R. Effects of Mental Fatigue on Exercise Intentions and Behavior ［J］. Annals of Behavioral Medicine，2019，53（5）：405 –414.

［33］Buhalis D，Harwood T，Bogicevic V，Viglia G，Beldona S，Hofacker C. Technological Disruptions in Services：Lessons from Tourism and Hospitality ［J］. Journal of Service Management，2019，30（4）：484 –506.

［34］Buhalis D，Law R. Progress in Information Technology and Tourism Management：20 Years on and 10 Years After the Internet—The State of eTourism Research ［J］. Tourism Management，2008，29（4）：609 –623.

［35］Buhalis D，Leung R. Smart Hospitality—Interconnectivity and Interoperability Towards an Ecosystem ［J］. International Journal of Hospitality Management，2018，71：41 –50.

［36］Buhalis D，Sinarta Y. Real –Time Co –Creation and Nowness Service：Lessons from Tourism and Hospitality ［J］. Journal of Travel & Tourism Marketing，2019，36（5）：563 –582.

［37］Čaić M，Mahr D，Oderkerken-schröder G. Value of Social Robots in Services：Social Cognition Perspective ［J］. Journal of Services Marketing，2019，33（4）：463 –478.

［38］Čaić M，Odekerken-schröder G，Mahr D，Martina Č，Odekerkenschröder G. Service Robots：Value Co –Creation and Co –Destruction in Elderly

Care Networks [J]. Journal of Service Management, 2018, 29 (2): 178 - 205.

[39] Cain L N, Thomas J H, Alonso Jr M. From Sci - Fi to Sci - Fact: the State of Robotics and AI in the Hospitality Industry [J]. Journal of Hospitality and Tourism Technology, 2019, 10 (4): 624 - 650.

[40] Chalder T, Berelowitz G, Pawlikowska T, Watts L, Wessely S, Wright D. Development of a Fatigue Scale [J]. Journal of Psychosomatic Research, 1993, 37 (2): 147 - 153.

[41] Chan A P H, Tung V W S. Examining the Effects of Robotic Service on Brand Experience: the Moderating Role of Hotel Segment [J]. Journal of Travel & Tourism Marketing, 2019, 36 (4): 458 - 468.

[42] Chang C L, McAleer M, Wong W K. Risk and Financial Management of COVID - 19 in Business, Economics and Finance [J]. Journal of Risk and Financial Management, 2020, 13 (5): 102 - 108.

[43] Chang Y W, Chen J. What Motivates Customers to Shop in Smart Shops? The Impacts of Smart Technology and Technology Readiness [J]. Journal of Retailing and Consumer Services, 2021, 58 (1): 10 - 23.

[44] Çelik A D K. Bank Hospitality and Servicescape Evaluation by Bank Customers and Their Effects on Satisfaction [D]. Eastern Mediterranean University (EMU) - Doğu Akdeniz Üniversitesi (DAÜ), 2015.

[45] Cruz - Cárdenas J, Guadalupe - Lanas J, Ramos - Galarza C. Drivers of Technology Readiness and Motivations for Consumption in Explaining the Tendency of Consumers to Use Technology - Based Services [J]. Journal of Business Research, 2021, 122 (1): 217 - 225.

[46] Corbin J, Strauss A. Strategies for Qualitative Data Analysis: Basics of Qualitative Research. Techniques and Procedures for Developing Grounded Theory [M]. 2008, CA: SAGE Publications.

[47] 陈晨, 秦昕, 谭玲, 卢海陵, 周汉森, 宋博迪. 授权型领导——下属自我领导匹配对下属情绪衰竭和工作绩效的影响 [J]. 管理世界, 2020, 36 (12): 145 - 162.

[48] 陈麦池. 基于旅游亲和力的"好客中国"国家旅游品牌形象构建

研究 [J]. 旅游论坛, 2018, 11 (1): 38 - 47.

[49] 陈志钢, 刘丹, 刘军胜. 基于主客交往视角的旅游环境感知与评价研究——以西安市为例 [J]. 资源科学, 2017, 39 (10): 1930 - 1941.

[50] Cheung M, Mohammed F. The Trajectory of Bombing - Related Posttraumatic Stress Disorder Among Iraqi Civilians: Shattered World Assumptions and Altered Self - Capacities as Mediators; Attachment and Crisis Support as Moderators [J]. Psychiatry Research, 2019, 273 (3): 1 - 8.

[51] Chi N W, Grandey A A. Emotional Labor Predicts Service Performance Depending on Activation and Inhibition Regulatory Fit [J]. Journal of Management, 2019, 45 (2): 673 - 700.

[52] Chi O H, Denton G, Gursoy D. Artificially Intelligent Device Use in Service Delivery: A Systematic Review, Synthesis, and Research Agenda [J]. Journal of Hospitality Marketing & Management, 2020, 29 (7): 757 - 786.

[53] Chiang F F, Birtch T A, Kwan H K. The Moderating Roles of Job Control and Work - Life Balance Practices on Employee Stress in the Hotel and Catering Industry [J]. International Journal of Hospitality Management, 2010, 29 (1): 25 - 32.

[54] Chon K, Maier T A. Welcome to Hospitality: An Introduction (Third Edition) [M]. Delmar Cengage Learning, 2009.

[55] Choi Y, Choi M, Oh M, Kim S. Service Robots in Hotels: Understanding the Service Quality Perceptions of Human - Robot Interaction [J]. Journal of Hospitality Marketing & Management, 2019, 29 (6): 613 - 635.

[56] Christou P, Simillidou A, Stylianou M C. Tourists' Perceptions Regarding the Use of Anthropomorphic Robots in Tourism and Hospitality [J]. International Journal of Contemporary Hospitality Management, 2020, 32 (11): 3665 - 3683.

[57] Chronister K M, McWhirter E H. Applying Social Cognitive Career Theory to the Empowerment of Battered Women [J]. Journal of Counseling and Development, 2003, 81 (4): 418 - 425.

[58] Churchill G A A. Paradigm for Developing Better Measures of Marketing

Constructs ［J］. Journal of Marketing Research，1979，16（1）：64 - 73.

［59］Claviez T.（Ed.）The Conditions of Hospitality：Ethics，Politics，and Aesthetics on the Threshold of the Possible ［M］. NY：Fordham Univ Press，2013.

［60］Cobanoglu C，Berezina K，Kasavana M L，Erdem M. The Impact of Technology Amenities on Hotel Guest Overall Satisfaction ［J］. Journal of Quality Assurance in Hospitality & Tourism，2011，12（4）：272 - 288.

［61］Cohen S A，Hopkins D. Autonomous Vehicles and the Future of Urban Tourism ［J］. Annals of Tourism Research，2020，74：33 - 42.

［62］Cong Z，An L. Developing of Security Questionnaire and its Reliability and Validity ［J］. Mental Health Impurity in China，2004，18（2）：97 - 99.

［63］Coulson A B，MacLaren A C，McKenzie S，et al. Hospitality Codes and Social Exchange Theory：The Pashtunwali and Tourism in Afghanistan ［J］. Tourism Management，2014，45：134 - 141.

［64］Cranmer E E，tom Dieck M C，Fountoulaki P. Exploring the Value of Augmented Reality for Tourism ［J］. Tourism Management Perspective，2020，35：doi. org/10. 1016/j. tmp. 2020. 100672.

［65］Crawford A，Hubbard S S，O'Neill M，Guarino A. Mediating Effects：A Study of the Work Environment and Personality in the Quick - Service Restaurant Setting ［J］. Journal of Hospitality and Tourism Management，2009，16（1）：24 - 31.

［66］de Kervenoael R，Hasan R，Schwob A，Goh E. Leveraging Human - Robot Interaction in Hospitality Services：Incorporating the Role of Perceived Value，Empathy，and Information Sharing into Visitors' Intentions to Use Social Robots ［J］. Tourism Management，2020，78.

［67］邓海生. 从领导幽默行为到下属积极情绪的内在形成机制研究 ［D］. 武汉：武汉大学，2019.

［68］Derrida J，Dufourmantelle A. Of hospitality ［M］. Stanford University Press，2000.

［69］Dong P，Siu N Y M. Servicescape Elements，Customer Predispositions and Service Experience: The Case of Theme Park Visitors [J]. Tourism Management, 2013, 36: 541 –551.

[70] Dorrian J, Baulk S D, Dawson, D. Work Hours, Workload, Sleep and Fatigue in Australian Rail Industry employees [J]. Applied ergonomics, 2011, 42 (2): 202 –209.

[71] 段文婷，江光荣. 计划行为理论述评 [J]. 心理科学进展，2008, 16 (2): 315 –320.

[72] Duman T, Mattila A S. The Role of Affective Factors on Perceived Cruise Vacation Value [J]. Tourism Management, 2005, 26 (3): 311 –323.

[73] Edwards J L, Green K E, Lyons C A. Personal Empowerment, Efficacy, and Environmental Characteristics [J]. Journal of Educational Administration, 2002, 40 (1): 67 –86.

[74] Elliott K, Meng G, Hall M. The Influence of Technology Readiness on the Evaluation of Self – Service Technology Attributes and Resulting Attitude Toward Technology Usage [J]. Services Marketing Quarterly, 2012, 33 (4): 311 –329.

[75] Ernst E, Merola R, Samaan D. Economics of Artificial Intelligence: Implications for the Future of Work [J]. IZA Journal of Labor Policy, 2019, 9 (1): 1 –35.

[76] Ertel W. Introduction to Artificial Intelligence [M]. Springer, 2018.

[77] Evanschitzky H, Groening C, Mittal V, Wunderlich M. How Employer and Employee Satisfaction Affect Customer Satisfaction: An Application to Franchise Services [J]. Journal of Service Research, 2011, 14 (2): 136 –148.

[78] Fan A, Wu L, Mattila A S. Does Anthropomorphism Influence Customers' Switching Intentions in the Self – Service Technology Failure Context? [J]. Journal of Services Marketing, 2016, 30 (7): 713 –723.

[79] Fang D, Jiang Z, Zhang M, Wang H. An Experimental Method to Study the Effect of Fatigue on Construction Worker's Safety Performance [J]. Safety Science, 2015, 73 (1): 80 –91.

[80] Fang S, Zhang C, Li Y. Physical Attractiveness of Service Employees

and Customer Engagement in Tourism Industry [J]. Annals of Tourism Research, 2020, 80: (1).

[81] Fitzsimmons J A, Fitzsimmons M J, Bordoloi S. Service Management: Operations, Strategy, and Information Technology [M]. New York: McGraw - Hill, 2015.

[82] Filimonau V, Brown L. 'Last Hospitality' as an Overlooked Dimension in Contemporary Hospitality Theory and Practice [J]. International Journal of Hospitality Management, 2018, 74: 67 - 74.

[83] Franklin S, Finn A, Pattison J, Jain L C. Towards Scene Understanding Using a Co-operative of Robots [J]. Journal of Intelligent & Fuzzy Systems, 2010, 21 (1 - 2): 101 - 112.

[84] Frey C B, Osborne M A. The Future of Employment: How Susceptible are Jobs to Computerisation? [J]. Technological Forecasting and Social Change, 2017, 114 (1): 254 - 280.

[85] Fritz R L, Corbett C L, Vandermause R, Cook D. The Influence of Culture on Older Adults' Adoption of Smart Home Monitoring [J]. Gerontechnology, 2016, 14 (3): 146 - 156.

[86] Froehle C M. Service Personnel, Technology, and Their Interaction in Influencing Customer Satisfaction [J]. Decision Sciences, 2006, 37 (1): 5 - 38.

[87] Froehle C M, Roth A V. New Measurement Scales for Evaluating Perceptions of the Technology - Mediated Customer Service Experience [J]. Journal of Operations Management, 2004, 22 (1): 1 - 21.

[88] 傅小兰. 情绪心理学 [M]. 上海: 华东师范大学出版社, 2020.

[89] Gams M, Gu I Y, Härmä A, Muñoz A, Tam V. Artificial Intelligence and Ambient Intelligence [J]. Journal of Ambient Intelligence and Smart Environments, 2019, 11 (1): 71 - 86.

[90] 高星, 马英楠, 朱伟, 靳宗振, 温亚男. 北京市白领职业疲劳现状问卷调查与分析 [J]. 中国安全科学学报, 2015, 25 (6): 142 - 148.

[91] Gavalas D, Konstantopoulos C, Mastakas K, Pantziou G. Mobile Rec-

ommender Systems in Tourism [J]. Journal of Network and Computer Applications, 2014, 39 (3): 319 – 333.

[92] 阿尔弗雷德·阿德勒. 个体心理学 [M]. 张俊贤, 译. 北京: 中国致公出版社, 2018.

[93] Gera R. Modelling the Service Antecedents of Favourable and Unfavourable Behaviour Intentions in Life Insurance Services in India: An SEM Study [J]. International Journal of Quality and Service Sciences, 2011, 13 (5): 225 – 242.

[94] Ghantous N. Re – Examining Encounter Intensity's Conceptualisation, Measurement and Role [J]. Service Industries Journal, 2015, 35 (5): 237 – 254.

[95] Giebelhausen M, Robinson S G, Sirianni N J, Brady M K. Touch Versus Tech: When Technology Functions as a Barrier or a Benefit to Service Encounters [J]. Journal of Marketing, 2014, 78 (4): 113 – 124.

[96] Golubovskaya M, Robinson R N S, Solnet D. The Meaning of Hospitality: Do Employees Understand? [J]. International Journal of Contemporary Hospitality Management, 2017, 29 (5): 1282 – 1304.

[97] Grandey A A, Fisk G M, Mattila A S, Jansen K J, Sideman L A. Is "Service with a Smile" Enough? Authenticity of Positive Displays During Service Encounters [J]. Organizational Behavior and Human Decision Processes, 2005, 96 (7): 38 – 55.

[98] Gretzel U, Jamal T. Conceptualizing the Creative Tourist Class: Technology, Mobility, and Tourism Experiences [J]. Tourism Analysis, 2009, 14 (4): 471 – 481.

[99] Gullo H L, Fleming J, Bennett S, Shum D H. Cognitive and Physical Fatigue are Associated with Distinct Problems in Daily Functioning, Role Fulfilment, and Quality of Life in Multiple Sclerosis [J]. Multiple sclerosis and related disorders, 2019, 31 (6): 118 – 123.

[100] Gursoy D, Chi O H, Lu L, Nunkoo R. Consumers Acceptance of Artificially Intelligent (AI) Device Use in Service Delivery [J]. International Journal of Information Management, 2019, 49 (6): 157 – 169.

［101］Ha H Y，Pan H. The Evolution of Perceived Security：The Temporal Role of SNS Information Perceptions ［J］. Internet Research，2017，28（4）.

［102］Hair J F，Black W C，Babin B J. Multivariate Data Analysis ［M］. NJ：Upper Saddle River，Pearson – Prentice Hall，2014.

［103］Haenlein，M，Kaplan，A. A Brief History of Artificial Intelligence：On the Past，Present，and Future of Artificial Intelligence ［J］. California management Review，2019，61（4）：5 – 14.

［104］Häusser J A，Mojzisch A，Niesel M，Schulz – Hardt S. Ten Years on：A Review of Recent Research on the Job Demand – Control（ – Support）Model and Psychological Well – Being ［J］. Work & Stress，2010，24（1）：1 – 35.

［105］He H，Harris L. The Impact of Covid – 19 Pandemic on Corporate Social Responsibility and Marketing Philosophy ［J］. Journal of Business Research，2020，116（8）：176 – 182.

［106］赫伯特 . J. 鲁宾 . 质性访谈方法：聆听与提问的艺术 ［M］. 卢晖临，连佳佳，李丁，译 . 重庆：重庆大学出版社，2010.

［107］Henkel A P，Bromuri S，Iren D，Urovi V. Half Human，Half Machine – Augmenting Service Employees with AI for Interpersonal Emotion Regulation ［J］. Journal of Service Management，2020，31（2）：247 – 265.

［108］Heide M，Gronhaug K. Key Factors in Guests' Perception of Hotel Atmosphere ［J］. Cornell Hospitality Quarterly，2015，50（1）：29 – 43.

［109］Hemmington N. From Service to Experience：Understanding and Defining the Hospitality Business ［J］. The Service Industries Journal，2007，27（6）：747 – 755.

［110］Hobfoll S E，Halbesleben J，Neveu J P，Westman M. Conservation of Resources in the Organizational Context：The Reality of Resources and Their Consequences ［J］. Annual Review of Organizational Psychology and Organizational Behavior，2018，5（1）：103 – 128.

［111］Honig S，Oron – Gilad T. Understanding and Resolving Failures in Human – Robot Interaction：LiteRature Review and Model Development ［J］.

Frontiers in Psychology, 2018, 9 (6): 1 – 21.

[112] Hoyer W D, Kroschke M, Schmitt B, Kraume K, Shankar V. Transforming the Customer Experience Through New Technologies [J]. Journal of Interactive Marketing, 2020, 51 (1): 57 – 71.

[113] Hu L, Bentler P M. Cutoff Criteria for Fit Indexes in Covariance Structure Analysis: Conventional Criteria Versus New Alternatives Cutoff Criteria for Fit Indexes in Covariance Structure Analysis: Conventional Criteria Versus New Alternatives [J]. Structural Equation Modeling: A Multidisciplinary Journal, 2009, 6 (1): 1 – 55.

[114] Huang J. The Relationship Between Employee Psychological Empowerment and Proactive Behavior: Self – Efficacy as Mediator [J]. Social Behavior and Personality: an International Journal, 2017, 45 (7): 1157 – 1166.

[115] Huang H, Rust T. Artificial Intelligence in Service [J]. Journal of Service Research, 2018, 21 (2): 155 – 172.

[116] Huang J, Wang Y, You X. The Job Demands – Resources Model and Job Burnout: The Mediating Role of Personal Resources [J]. Current Psychology, 2016, 35 (4): 562 – 569.

[117] Hur M H. Empowerment in Terms of Theoretical Perspectives: Exploring a Typology of the Process and Components Across Disciplines [J]. Journal of Community Psychology, 2006, 34 (5): 523 – 540.

[118] Hwang J, Hyun S S. The Impact of Nostalgia Triggers on Emotional Responses and Revisit Intentions in Luxury Restaurants: The Moderating Role of Hiatus [J]. International Journal of Hospitality Management, 2013, 33: 250 – 262.

[119] Ishii A, Tanaka M, Shigihara Y, Kanai E, Funakura M, Watanabe Y. Neural Effects of Prolonged Mental Fatigue: A Magnetoencephalography Study [J]. Brain Research, 2013, 1529 (5): 105 – 112.

[120] Ivanov S, Webster C. Robots, Artificial Intelligence, and Service Automation in Travel, Tourism and Hospitality [M]. Emerald Publishing Limited, 2019.

［121］Ivanov S, Webster C, Berezina K. Adoption of Robots and Service Automation by Tourism and Hospitality Companies ［J］. Revista Turismo & Desenvolvimento, 2017, 27 (28): 1501 – 1517.

［122］Ivanov S H, Webster C, Stoilova E. Biosecurity, Crisis Management, Automation Technologies and Economic Performance of Travel, Tourism and Hospitality Companies – A Conceptual Framework ［J］. Tourism Economics, 2020, 28 (1): 1 – 24.

［123］John S P, De'Villiers R. Elaboration of Marketing Communication Through Visual Media: An Empirical Analysis ［J］. Journal of Retailing and Consumer Services, 2020, 54 (3).

［124］Jones K S. How Shall Affordances Be Refined?: Four Perspectives: a Special Issue of Ecological Psychology ［M］. London: Psychology Press, 2018.

［125］Jung T, tom Dieck M C. Augmented Reality and Virtual Reality: Empowering Human, Place and Business ［M］. Cham: Springer International Publishing, 2018.

［126］Kamalan K, Sutha J. Influence of Fun/Entertainment at Workplace on Employee Performance in Sri Lankan IT Sector ［J］. Scholars Journal of Economics, Business and Management, 2017, 4 (11): 739 – 748.

［127］Kandampully J, Zhang T, Jaakkola E. Customer Experience Management in Hospitality: A Literature Synthesis, New Understanding ［J］. International Journal of Contemporary Hospitality Management, 2018, 30 (1): 21 – 56.

［128］Katz – Navon T, Vashdi D R, Naveh E. The Toll of Service Climate on Employees: an Emotional Labor Perspective ［J］. Journal of Service Theory and Practice, 2020, 30 (2): 105 – 121.

［129］Kehoe R R, Wright P M. The Impact of High – Performance Human Resource Practices on Employees' Attitudes and Behaviors ［J］. Journal of management, 2013, 39 (2): 366 – 391.

［130］Kellmann M. Preventing Overtraining in Athletes in High Intensity Sports and Stress/Recovery Monitoring ［J］. Scandinavina Journal of Medicine & Science in Sports, 2010, 20 (2): 95 – 102.

［131］Kelly P, Lawlor J, Mulvey M. Customer Roles in Self – Service Technology Encounters in a Tourism Context ［J］. Journal of Travel and Tourism Marketing, 2017, 34 (2): 222 – 238.

［132］Keng C J, Huang T L, Zheng L J, Hsu M K. Modeling Service Encounters and Customer Experiential Value in Retailing: An Empirical Investigation of Shopping Mall Customers in Taiwan ［J］. International Journal of Service Industry Management, 2007, 18 (4): 349 – 367.

［133］Kern M, Trumpold K, Zapf D. Emotion Work as a Source of Employee Well-and Ill – Being: The Moderating Role of Service Interaction Type ［J］. European Journal of Work and Organizational Psychology, 2021, 30 (6): 850 – 871.

［134］Keyser A D, Köcher S, Alkire L, Verbeeck C, Kandampully J. Frontline Service Technology Infusion: Conceptual Archetypes and Future Research Directions ［J］. Journal of Service Management, 2019, 30 (1): 156 – 183.

［135］Kim C K, Jun M, Han J, Kim M, Kim J Y. Antecedents and Outcomes of Attachment Towards Smartphone Applications ［J］. International Journal of Mobile Communications, 2013, 11 (4): 393 – 411.

［136］Kim J J, Han H. Hotel of the Future: Exploring the Attributes of a Smart Hotel Adopting a Mixed – Methods Approach ［J］. Journal of Travel & Tourism Marketing, 2020, 37 (7): 804 – 822.

［137］Kim S S, Kim J, Badu – Baiden F, Giroux M, Choi Y. Preference for Robot Service or Human Service in Hotels? Impacts of the COVID – 19 Pandemic ［J］. International Journal of Hospitality Management, 2021, 93: doi. org/ 10. 1016/j. ijhm. 2020. 102795.

［138］Klowait N. The Quest for Appropriate Models of Human – Likeness: Anthropomorphism in Media Equation Research ［J］. AI & SOCIETY, 2018, 33 (4): 527 – 536.

［139］Kong H, Yuan Y, Baruch Y, Bu N, Jiang X, Wang K. Influences of Artificial Intelligence (AI) Awareness on Career Competency and Job Burnout

[J]. International Journal of Contemporary Hospitality Management, 2021, 33 (2): 717 – 734.

[140] Kontogianni A, Alepis E. Smart Tourism: State of the Art and Literature Review for the Last Six Years [J]. Array, 2020, 6.

[141] Krishnan B C, Netemeyer R G, Boles J S. Self-efficacy, Competitiveness, and Efforts as Antecedents of Salesperson Performance [J]. Journal of Personal Selling and Sales Management, 2002, 22 (4): 285 – 295.

[142] Kuppelwieser V G, Finsterwalder J. Psychological Safety, Contributions and Service Satisfaction of Customers in Group Service Experiences [J]. Journal of Services Marketing, 2011, 26 (5): 332 – 341.

[143] Kuo C, Chen L, Tseng C. Investigating an Innovative Service with Hospitality Robots [J]. International Journal of Contemporary Hospitality Management, 2017, 29 (5): 1305 – 1321.

[144] Larivière B, Bowen D, Andreassen T W, Kunz W, Sirianni N J, Voss C, et al. "Service Encounter 2. 0": An Investigation into the Roles of Technology, Employees and Customers [J]. Journal of Business Research, 2017, 79 (10): 238 – 246.

[145] Lashley C. In Search of Hospitality: Towards a Theoretical Framework [J]. International Journal of Hospitality Management, 2000, 19 (1): 3 – 15.

[146] Lashley C. Studying Hospitality: Insights From Social Sciences [J]. Scandinavian Journal of Hospitality and Tourism, 2008, 8 (1): 69 – 84.

[147] Lashley C. Hospitality and Hospitableness [J]. Research in Hospitality Management, 2015, 5 (1): 1 – 7.

[148] Le V H, Thai H, Nguyen T, Nguyen N, Pervan S. Development and Validation of a Scale Measuring Hotel Website Service Quality (HWebSQ) [J]. Tourism Management Perspectives, 2020, 35: doi. org/10. 1016/j. tmp. 2020. 100697.

[149] Lee B, Cranage D A. Causal Attributions and Overall Blame of Self – Service Technology (SST) Failure: Different from Service Failures by Employee and Policy [J]. Journal of Hospitality Marketing & Management, 2019, 27 (1):

61 – 84.

[150] Lee K M. Media Equation Theory, In Donsbach W. (ed.). The International Encyclopedia of Communication [M]. NJ: Wiley – Blackwell, 2008.

[151] Lee K H, Choo S W, Hyun S S. Effects of Recovery Experiences on Hotel Employees' Subjective Well – Being [J]. International Journal of Hospitality Management, 2016, 52: 1 – 12.

[152] Lee S M, Lee D. Opportunities and Challenges for Contactless Healthcare Services in the Post – COVID – 19 Era [J]. Technological Forecasting and Social Change, 2021, 167 (6).

[153] Lemaignan S, Warnier M, Sisbot E A, Clodic A, Alami R. Artificial Cognition for Social Human – Robot Interaction: An Implementation [J]. Artificial Intelligence, 2017, 247 (6): 45 – 69.

[154] Levy S E. The Hospitality of the Host: A Cross – Cultural Examination of Managerially Facilitated Consumer-to – Consumer Interactions [J]. International Journal of Hospitality Management, 2010, 29 (2): 319 – 327.

[155] Li J, Bonn M A, Ye B H. Hotel employee's Artificial Intelligence and Robotics Awareness and Its Impact on Turnover Intention: The Moderating Roles of Perceived Organizational Support and Competitive Psychological Climate [J]. Tourism Management, 2019, 73: 172 – 181.

[156] Li J, Canziani B F, Barbieri C. Emotional Labor in Hospitality: Positive Affective Displays in Service Encounters [J]. Tourism and Hospitality Research, 2018, 18 (2): 242 – 253.

[157] Li M, Yin D, Qiu H, Bai B. A Systematic Review of AI Technology – Based Service Encounters: Implications for Hospitality and Tourism Operations [J]. International Journal of Hospitality Management, 2021, 95 (1).

[158] Li M, Yin D, Qiu H, Bai B. Examining the Effects of AI Contactless Services on Customer Psychological Safety, Perceived Value, and Hospitality Service Quality During the COVID – 19 Pandemic [J]. Journal of Hospitality Marketing & Management, 2021b, 31 (1): 24 – 48.

[159] Li Y, Hu C, Huang C, Duan L. The Concept of Smart Tourism in the

Context of Tourism Information Services［J］. Tourism Management，2017，58（2）：293－300.

［160］李浩培，王贵国. 中华法学大辞典：国际法学卷［M］. 北京：中国检察出版社，1996.

［161］李天元，向招明. 目的地旅游产品中的好客精神及其培育［J］. 华侨大学学报（哲学社会科学版），2006（04）：66－72.

［162］李旭培，时雨，王桢，时勘. 抗逆力对工作投入的影响：积极应对和积极情绪的中介作用［J］. 管理评论，2013，25（1）：114－119.

［163］李正欢. 旅游业"好客"研究的多维视野审视［J］. 北京第二外国语学院学报，2009，31（11）：25－31.

［164］Lin J C，Hsieh P. Assessing the Self-service Technology Encounters：Development and Validation of SSTQUAL Scale［J］. Journal of Retailing，2011，87（2）：194－206.

［165］Lin I Y，Mattila A S. Restaurant Servicescape，Service Encounter，and Perceived Congruency on Customers' Emotions and Satisfaction［J］. Journal of Hospitality Marketing & Management，2010，19（8）：819－841.

［166］Lin H，Chi，O H，Gursoy D. Antecedents of Customers' Acceptance of Artificially Intelligent Robotic Device Use in Hospitality Services［J］. Journal of Hospitality Marketing & Management，2020，29（5）：530－549.

［167］Liu H，Wu L，Li X R. Social Media Envy：How Experience Sharing on Social Networking Sites Drives Millennials' Aspirational Tourism Consumption［J］. Journal of Travel Research，2019，58（3）：355－369.

［168］刘欣，谢礼珊，黎冬梅. 旅游服务机器人拟人化对顾客价值共创意愿影响研究［J］. 旅游学刊，2021，36（6）：13－26.

［169］刘艳红，黄雪涛，石博涵. 中国"新基建"：概念、现状与问题［J］. 北京工业大学学报（社会科学版），2020，20（6）：1－12.

［170］Lobera J，Rodríguez C F，Torres－Albero C. Privacy，Values and Machines：Predicting Opposition to Artificial Intelligence［J］. Communication Studies，2020，71（11）：1－18.

［171］Lombarts A. The Hospitality Model Revisited：Developing a Hospitality

Model for Today and Tomorrow [J]. Hospitality & Society, 2018, 8 (3): 297 – 311.

[172] Lorist M M, Bezdan E, ten Caat M, Span M M, Roerdink, J B T M, Maurits N M. The Influence of Mental Fatigue and Motivation on Neural Network Dynamics: an EEG Coherence Study [J]. Brain Research, 2009, 1270 (5): 95 – 106.

[173] Lu L, Cai R, Gursoy D. Developing and Validating a Service Robot Integration Willingness Scale [J]. International Journal of Hospitality Management, 2019, 80: 36 – 51.

[174] Lundberg C. Critical Service Encounters in Hotel Restaurants: The Personnel's Perspective [J]. Scandinavian Journal of Hospitality and Tourism, 2011, 11 (1): 1 – 19.

[175] 吕兴洋, 杨玉帆, 许双玉, 刘小燕. 以情补智: 人工智能共情回复的补救效果研究 [J]. 旅游学刊, 2021, 36 (8): 86 – 100.

[176] Jiang Y, Wen J. Effects of COVID – 19 on Hotel Marketing and Management: a Perspective Article [J]. International Journal of Contemporary Hospitality Management, 2020, 32 (8): 2563 – 2573.

[177] 马红丽. 中国旅游热点城市入境游客居民好客度感知研究 [D]. 西安: 陕西师范大学, 2010.

[178] Ma L, Sun B. Machine Learning and AI in Marketing – Connecting Computing Power to Human Insights [J]. International Journal of Research in Marketing, 2020, 37 (3): 481 – 504.

[179] 马勇. 旅游接待业 [M]. 武汉: 华中科技大学出版社, 2018.

[180] Macinnis D J. A Framework for Conceptual Contributions in Marketing [J]. Journal of Marketing, 2011, 75 (4): 136 – 154.

[181] Malär L, Krohmer H, Hoyer W D. Emotional Brand Attachment and Brand Personality: The Relative Importance of the Actual and the Ideal Self [J]. Journal of Marketing, 2011, 75 (4): 35 – 52.

[182] Makki A M, Ozturk A, Singh D. Role of Risk, Self – Efficacy, and Innovativeness on Behavioral Intentions for Mobile Payment Systems in the Restau-

rant Industry ［J］. Journal of Foodservice Business Research, 2016, 19 (5): 454 – 473.

［183］ Makridakis S. The Forthcoming Artificial Intelligence (AI) Revolution: Its Impact on Society and Firms ［J］. Futures, 2017, 90 (6): 46 – 60.

［184］ Mariani M, Borghi M. Customers' Evaluation of Mechanical Artificial Intelligence in Hospitality Services: a Study Using Online Reviews Analytics ［J］. International Journal of Contemporary Hospitality Management, 2021, 33 (11): 3956 – 3976.

［185］ Marinova D, de Ruyter K, Huang M H, Meuter M L, Challagalla G. Getting smart: Learning from Technology – Empowered Frontline Interactions ［J］. Journal of Service Research, 2017, 20 (1): 29 – 42.

［186］ Massad N, Heckman R, Crowston K. Customer Satisfaction with Electronic Service Encounters ［J］. International Journal of Electronic Commerce, 2006, 10 (4): 73 – 104.

［187］ McLean G, Osei – Frimpong K, Barhorst J. Alexa, Do Voice Assistants Influence Consumer Brand Engagement? – Examining the Role of AI Powered Voice Assistants in Influencing Consumer Brand Engagement ［J］. Journal of Business Research, 2021, 124 (1): 312 – 328.

［188］ Miao L, Lehto X, Wei W. The Hedonic Value of Hospitality Consumption: Evidence From Spring Break Experiences ［J］. Journal of Hospitality Marketing & Management, 2014, 23 (2): 99 – 121.

［189］ Min H. Artificial Intelligence in Supply Chain Management: Theory and Applications ［J］. International Journal of Logistics Research and Applications, 2009, 13 (1): 13 – 39.

［190］ Mody M, Suess C, Lehto X. Going Back to Its Roots: Can Hospitableness Provide Hotels Competitive Advantage Over the Sharing Economy? ［J］. International Journal of Hospitality Management, 2019, 76: 286 – 298.

［191］ Morita T, Kashiwagi N, Yorozu A, Suzuki H, Yamaguchi T. Evaluation of a Multi – Robot Cafe Based on Service Quality ［J］. The Review of Socionetwork Strategies, 2019, 14 (1): 55 – 76.

[192] Mosak H, Maniacci M. Primer of Adlerian Psychology: The Analytic – Behavioural – Cognitive Psychology of Alfred Adler [M]. London: Routledge, 2013.

[193] Moshe J. The 'customer journey': Learning from Customers in Tourism Experience Encounters [J]. Tourism Management Perspectives, 2018, 28: 201 – 210.

[194] Munasinghe S, Hemmington N, Schänzel H, Poulston J, Fernando T. Hospitality: Ideologies, Characteristics and Conditionality in Theravada Buddhism and Western philosophy [J]. Hospitality & Society, 2017, 7 (2): 157 – 180.

[195] Murphy J, Gretzel U, Pesonen J. Marketing Robot Services in Hospitality and Tourism: the Role of Anthropomorphism [J]. Journal of Travel & Tourism Marketing, 2019, 36 (7): 784 – 795.

[196] Mustelier – Puig L C, Anjum A, Ming X. Service Encounter Communication, Altruistic Value, and Customer Satisfaction: A Study of Overseas Tourists Buying Transportation Services in Shanghai [J]. Journal of China Tourism Research, 2019, 15 (2): 149 – 171.

[197] Nambisan S, Baron R A. Virtual Customer Environments: Testing a Model of Voluntary Participation in Value Co – Creation Activities [J]. Product Development & Management Association, 2009, 518 (5): 388 – 406.

[198] Nass C, Brave S. Wired for Speech: How Voice Activates and Advances the Human – Computer Relationship [M]. Cambridge, MA: MIT Press, 2005.

[199] Navío – Marco J, Ruiz – Gómez L M, Sevilla – Sevilla C. Progress in Information Technology and Tourism Management: 30 Years on and 20 Years After the Internet – Revisiting Buhalis Law's Landmark Study about eTourism [J]. Tourism Management, 2018, 69, 460 – 470.

[200] Neuhofer B, Buhalis D, Ladkin A. Smart Technologies for Personalized Experiences: a Case Study in the Hospitality Domain [J]. Electronic Markets, 2015, 25 (3): 243 – 254.

［201］Nguyen H, Groth M, Johnson A. When the Going Gets Tough, the Tough Keep Working: Impact of Emotional Labor on Absenteeism ［J］. Journal of Management, 2016, 42 (3): 615 – 643.

［202］Nifadkar S, Tsui A S, Ashforth B E. The Way You Make Me Feel and Behave: Supervisor – Triggered Newcomer Affect and Approach – Avoidance Behavior ［J］. Academy of Management Journal, 2012, 55 (5): 1146 – 1168.

［203］Noone B M, Mattila A S, Kimes S E, Wirtz J. Perceived Service Encounter Pace and Customer Satisfaction: An Empirical Study of Restaurant Experiences ［J］. Journal of Service Management, 2009, 20 (4): 380 – 403.

［204］Novelli M, Burgess L G, Jones A, Ritchie B W. 'No Ebola…Still Doomed' – The Ebola – Induced Tourism Crisis ［J］. Annals of Tourism Research, 2018, 70: 76 – 87.

［205］O'Connor D. Towards a New Interpretation of Hospitality ［J］. International Journal of Contemporary Hospitality Management, 17 (3): 267 – 271.

［206］O'Gorman K D. Origins of the Commercial Hospitality Industry: From the Fanciful to Factual ［J］. International Journal of Contemporary Hospitality Management, 2009, 21 (7): 777 – 790.

［207］O'neill J W, Davis K. Work Stress and Well – Being in the Hotel Industry ［J］. International Journal of Hospitality Management, 2011, 30 (2): 385 – 390.

［208］Oravec J A. Artificial Intelligence, Automation, and Social Welfare: Some Ethical and Historical Perspectives on Technological Overstatement and Hyperbole ［J］. Ethics and Social Welfare, 2019, 13 (1): 18 – 32.

［209］Osman H, Johns N, Lugosi P. Commercial Hospitality in Destination Experiences: McDonald's and Tourists' Consumption of Space ［J］. Tourism Management, 2014, 42: 238 – 247.

［210］Pantano E, Pizzi G, Scarpi D, Dennis C. Competing During a Pandemic? Retailers' Ups and Downs During the COVID – 19 Outbreak ［J］. Journal of Business Research, 2020, 116 (8): 209 – 213.

［211］Park S. Multifaceted Trust in Tourism Service Robots ［J］. Annals of

Tourism Research, 2020, 81 (3).

[212] Paschen J, Kietzmann J, Kietzmann T C. Artificial Intelligence (AI) and Its Implications for Market Knowledge in B2B Marketing [J]. Journal of Business and Industrial Marketing, 2019, 34 (7): 1410 – 1419.

[213] 彭兆荣. 好客的食物: 餐桌伦理结构中的张力叙事 [J]. 广西民族大学学报 (哲学社会科学版), 2012, 34 (5): 16 – 22.

[214] Peterson N A, Reid R J. Paths to Psychological Empowerment in an Urban Community: Sense of Community and Citizen Participation in Substance Abuse Prevention Activities [J]. Journal of Community Psychology, 2003, 31 (1): 25 – 38.

[215] Pijls R, Groen B H, Galetzka M, Pruyn A T. Measuring the Experience of Hospitality: Scale Development and Validation [J]. International Journal of Hospitality Management, 2017, 67: 125 – 133.

[216] Podsakoff P M, MacKenzie S B, Lee J Y, Podsakoff N P. Common Method Biases in Behavioral Research: a Critical Review of the Literature and Recommended Remedies [J]. Journal of applied psychology, 2003, 88 (5): 879 – 903.

[217] Prentice C, Lopes S D, Wang X. The Impact of Artificial Intelligence and Employee Service Quality on Customer Satisfaction and Loyalty [J]. Journal of Hospitality Marketing and Management, 2020, 29 (7): 739 – 756.

[218] Prentice C, Nguyen M. Engaging and Retaining Customers with AI and Employee Service [J]. Journal of Retailing and Consumer Services, 2020, 56 (4): 1 – 13.

[219] Qiu H, Li M, Shu B, Bai B. Enhancing Hospitality Experience with Service Robots: The Mediating Role of Rapport Building [J]. Journal of Hospitality Marketing & Management, 2020, 29 (3): 247 – 268.

[220] Qiu H, Li M, Wang N, Bai B, Li Y. The Impact of AI-enabled Service Attributes on Service Hospitableness: The Role of Employee Physical and Psychological Workload [J]. International Journal of Contemporary Hospitality Management, 2022, 34 (4): 1374 – 1398.

［221］Ramdhony A, D'Annunzio – Green N. A Dialogic Reframing of Talent Management as a Lever for Hospitableness ［J］. Worldwide Hospitality and Tourism Themes, 2018, 10 (1): 14 – 27.

［222］Reeves B, Nass C. The Media Equation: How People Treat Computers, Television, and New Media Like Real People and Places ［M］. CSLI Publications and Cambridge University Press, 1996.

［223］Reynolds T J, Olson J C. Understanding Consumer Decision Making: The Means – End Approach to Marketing and Advertising Strategy ［M］. London: Psychology Press, 2001.

［224］Richardson K M, Thompson C A. High Tech Tethers and Work – Family Conflict: A Conservation of Resources Approach ［J］. Engineering Management Research, 2012, 1 (1): 29 – 43.

［225］Rieder T N, Hutler B, Mathews D J H. Artificial Intelligence in Service of Human Needs: Pragmatic First Steps Toward an Ethics for Semi – Autonomous Agents ［J］. AJOB neuroscience, 2020, 11 (2): 120 – 127.

［226］Riley M. Role Interpretation During Service Encounters: A Critical Review of Modern Approaches to Service Quality Management ［J］. International Journal of Hospitality Management, 2007, 26 (2): 409 – 420.

［227］Robinson S, Orsingher C, Alkire L, De Keyser A, Giebelhausen M, Papamichail K N, Temerak M S. Frontline Encounters of the AI Kind: An Evolved Service Encounter Framework ［J］. Journal of Business Research, 2020, 116 (8): 366 – 376.

［228］Roy R, Rabbanee F K. Antecedents and Consequences of Self – Congruity ［J］. European Journal of Marketing, 2015, 49 (3): 444 – 466.

［229］Rudin – Brown C M, Harris S, Rosberg A. How Shift Scheduling Practices Contribute to Fatigue Amongst Freight Rail Operating Employees: Findings from Canadian Accident Investigations ［J］. Accident Analysis & Prevention, 2019, 126 (5): 64 – 69.

［230］Russell S J, Norvig P. Artificial Intelligence: A Modern Approach ［M］. Harlow: Pearson Education Limited, 2016.

［231］Rodríguez – Antón J M, Alonso – Almeida M M. Quality Certification Systems and Their Impact on Employee Satisfaction in Services with High Levels of Customer Contact ［J］. Total Quality Management, 2011, 22 (2): 145 – 157.

［232］Ruyter B D. Social Interactions in Ambient Intelligent Environments ［J］. Journal of Ambient Intelligence and Smart Environments, 2011, 3 (2): 175 – 177.

［233］Salazar N B. Tourism Imaginaries: A Conceptual Approach ［J］. Annals of Tourism Research, 2012, 39 (2): 863 – 882.

［234］Salimon M G, Yusoff R Z B, Mokhtar S S M. The Mediating Role of Hedonic Motivation on the Relationship Between Adoption of E – Banking and Its Determinants ［J］. International Journal of Bank Marketing, 2017, 35 (4): 558 – 582.

［235］Samala N, Katkam B S, Bellamkonda R S, Rodriguez R V. Impact of AI and Robotics in the Tourism Sector: A Critical Insight ［J］. Journal of Tourism Futures, 2020, 8 (1): 73 – 87.

［236］Santofimia M J, Moya F, Villanueva F J, Villa D, Lopez J C. An Agent – Based Approach Towards Automatic Service Composition in Ambient Intelligence ［J］. Artificial Intelligence Review, 2008, 29 (11): 265 – 276.

［237］Schwab K. The Fourth Industrial Revolution ［M］. New York: Currency Books, 2017.

［238］Schwartz S H. An Overview of the Schwartz Theory of Basic Values ［J］. Online Readings in Psychology and Culture, 2012, 2 (1): 1 – 11.

［239］Sedighi M Z, Yazdi M A, Cavuoto L A, Megahed F M. A Data – Driven Approach to Modeling Physical Fatigue in the Workplace Using Wearable Sensors ［J］. Applied Ergonomics, 2017, 65 (11): 515 – 529.

［240］Semuels A. Robots Will Transform Fast Food That Might Not Be a Bad Thing ［J］. International Journal of Contemporary Hospitality Management, 2018, 29 (10): 2498 – 2513.

［241］Shamdasani P, Mukherjee A, Malhotra N. Antecedents and Consequences of Service Quality in Consumer Evaluation of Self – Service Internet Technologies [J]. The Service Industries Journal, 2008, 28 (1): 117 - 138.

[242] Shani A, Pizam A. Work - Related Depression Among Hotel Employees [J]. Cornell Hospitality Quarterly, 2009, 50 (4): 446 - 459.

[243] Shani A, Uriely N, Reichel A, Ginsburg L. Emotional Labor in the Hospitality Industry: The Influence of Contextual Factors [J]. International Journal of Hospitality Management, 2014, 37: 150 - 158.

[244] 单宇, 许晖, 周连喜, 周琪. 数智赋能: 危机情境下组织韧性如何形成? ——基于林清轩转危为机的探索性案例研究 [J]. 管理世界, 2021, 37 (03): 84 - 104, 7.

[245] Shaw R, Kim Y, Hua J. Governance, Technology and Citizen Behavior in Pandemic: Lessons from COVID - 19 in East Asia [J]. Progress in Disaster Science, 2020, 6 (4).

[246] Shin H H, Jeong M. Guests' Perceptions of Robot Concierge and Their Adoption Intentions [J]. International Journal of Contemporary Hospitality Management, 2020, 32 (8): 2613 - 2633.

[247] 舒伯阳, 邱海莲, 李明龙. 社会化视角下接待业服务机器人对顾客体验的影响研究 [J]. 旅游导刊, 2020, 4 (02): 9 - 25.

[248] Sigala M. Tourism and COVID - 19: Impacts and Implications for Advancing and Resetting Industry and Research [J]. Journal of Business Research, 2020, 117 (9): 312 - 321.

[249] Sigala M, Sigala M. Mass Customisation Implementation Models and Customer Value in Mobile Phones Services: Preliminary Findings from Greece [J]. Managing Service Quality: An International Journal, 2006, 66 (4): 395 - 420.

[250] Sim J, Mak B, Jones D. A Model of Customer Satisfaction and Retention for hotels [J]. Journal of Quality Assurance in Hospitality & Tourism, 2006, 7 (3): 1 - 23.

[251] Simon J P. Artificial Intelligence: Scope, Players, Markets and Geography [J]. Digital Policy, Regulation and Governance, 2019, 21 (3): 208 - 237.

[252] Singh S K, Rathore S, Park J H. Blockiotintelligence: A Blockchain -

Enabled Intelligent IoT Architecture with Artificial Intelligence [J]. Future Generation Computer Systems, 2020, 110 (11): 721 – 743.

[253] Sirgy M J, Grewal D, Mangleburg T. Retail Environment, Self – Congruity, and Retail Patronage [J]. Journal of Business Research, 2000, 49 (2): 127 – 138.

[254] Slimani M, Bragazzi N L. Data Concerning the Impact of Mental Fatigue on Vigor as Measured with the Brunel Mood Scale (BRUMS) in Both Physically Active and Trained Subjects: A Mini Meta – Analysis [J]. Data in Brief, 2017, 13 (8): 655 – 660.

[255] Smets E, Garssen B, Cull A, de Haes J. Application of the Multidimensional Fatigue Inventory (MFI – 20) in Cancer Patients Receiving Radiotherapy [J]. British Journal of Cancer, 1996, 73 (2): 241 – 245.

[256] Solnet D, Subramony M, Ford R C, Golubovskaya M, Kang H J A, Hancer M. Leveraging Human Touch in Service Interactions: Lessons from Hospitality [J]. Journal of Service Management, 2019, 30 (3): 392 – 409.

[257] Solomon M R, Surprenant C, Czepiel J A, Gutman E G. A Role Theory Perspective on Dyadic Interactions: The Service Encounter [J]. Journal of Marketing, 1985, 49 (1): 99 – 111.

[258] Sreejesh S, Paul J, Strong C, Pius J. Consumer Response Towards Social Media Advertising: Effect of Media Interactivity, Its Conditions and the Underlying Mechanism [J]. International Journal of Information Management, 2020, 54 (10).

[259] Steensma H K, Corley K G. On the Performance of Technology – Sourcing Partnerships: The Interaction Between Partner Interdependence and Technology Attributes [J]. Academy of Management Journal, 2000, 43 (6): 1045 – 1067.

[260] Sun J, Chen P J, Ren L. Place Attachment to Pseudo Establishments: An Application of the Stimulus – Organism – Response Paradigm to Themed Hotels [J]. Journal of Business Research, 2021, 129 (5): 484 – 494.

[261] Szczygiel D, Mikolajczak M. Why are People High in Emotional Intel-

ligence Happier? They Make the Most of Their Positive Emotions [J]. Personality and Individual Differences, 2017, 117 (15): 177 – 181.

[262] Tasci D, Semrad J. Developing a Scale of Hospitableness: A Tale of Two Worlds [J]. International Journal of Hospitality Management, 2016, 53: 30 – 41.

[263] Teoh M W, Wang Y, Kwek A. Coping with Emotional Labor in High Stress Hospitality Work Environments [J]. Journal of Hospitality Marketing & Management, 2019, 28 (8): 883 – 904.

[264] Theodosiou M, Katsikea E, Samiee S, Makri K. A Comparison of Formative Versus Reflective Approaches for the Measurement of Electronic Service Quality [J]. Journal of Interactive Marketing, 2019, 47 (8): 53 – 67.

[265] Tian J, Hong J S. Validation of the Chinese Version of Multidimensional Fatigue Inventory – 20 in Chinese Patients with Cancer [J]. Supportive Care in Cancer, 2011, 20 (10): 2379 – 2383.

[266] Tsao L, Chang J, Ma L. Fatigue of Chinese Railway Employees and Its Influential Factors: Structural Equation Modelling [J]. Applied Ergonomics, 2017, 62 (7): 131 – 141.

[267] Tsaur S H, Ku1 P S. The Effect of Tour Leaders Emotional Intelligence on Tourists Consequences [J]. Journal of Travel Research, 2019, 58 (1): 63 – 76.

[268] Tung V W S, Au N. Exploring Customer Experiences with Robotics in Hospitality [J]. International Journal of Contemporary Hospitality Management, 2018, 30 (7): 2680 – 2697.

[269] Tung V W S, Law R. The Potential for Tourism and Hospitality Experience Research in Human – Robot Interactions [J]. International Journal of Contemporary Hospitality Management, 2017, 29 (10): 2498 – 2513.

[270] Turner F, Merle A, Gotteland D. Enhancing Consumer Value of the Co – Design Experience in Mass [J]. Journal of Business Research, 2020, 117 (9): 473 – 483.

[271] Tussyadiah I. A Review of Research into Automation in Tourism:

Launching the Annals of Tourism Research Curated Collection on Artificial Intelligence and Robotics in Tourism [J]. Annals of Tourism Research, 2020, 81: doi. org/10. 1016/j. annals. 2020. 102883.

[272] Tussyadiah I P, Wang D, Jung T H, tom Dieck M C. Virtual Reality, Presence, and Attitude Change: Empirical Evidence from Tourism [J]. Tourism Management, 2018, 66: 140 – 154.

[273] Tussyadiah I P, Zach F J, Wang J. Do Travelers Trust Intelligent Service Robots? [J]. Annals of Tourism Research, 2020, 81.

[274] van Doorn J, Mende M, Noble M, Hulland J, Ostrom L, Grewal D, Petersen A. Domo Arigato Mr. Roboto: Emergence of Automated Social Presence in Organizational Frontlines and Customers' Service Experiences [J]. Journal of Service Research, 2017, 20 (1): 43 – 58.

[275] Vauth R, Kleim B, Wirtz M, Corrigan P W. Self – Efficacy and Empowerment as Outcomes of Self – Stigmatizing and Coping in Schizophrenia [J]. Psychiatry Research, 2007, 150 (1): 71 – 80.

[276] Viglia G, Dolnicar S. A Review of Experiments in Tourism and Hospitality [J]. Annals of Tourism Research, 2020, 80.

[277] Wang C J. From Emotional Labor to Customer Loyalty in Hospitality: A Three – Level Investigation with the JD – R Model and COR Theory [J]. International Journal of Contemporary Hospitality Management, 2019, 31 (9): 3742 – 3760.

[278] Wang D, Park S, Fesenmaier D R. 2012, The Role of Smartphones in Mediating the Touristic Experience [J]. Journal of Travel Research, 51 (4): 371 – 387.

[279] Wang J, Liu – Lastres B, Ritchie B W, Mills D J. Travellers' Self – Protections Against Health Risks: An Application of the Full Protection Motivation Theory [J]. Annals of Tourism Research, 2019.

[280] Wang J, Liu – lastres B, Ritchie B W, Pan D. Risk Reduction and Adventure Tourism Safety: An Extension of the Risk Perception Attitude Tramework (RPAF) [J]. Tourism Management, 2019, 74: 247 – 257.

［281］王鑫. 企业员工心理幸福感的影响因素的实证研究 ［J］. 中国人力资源开发，2014，17（13）：71 - 77.

［282］王宁. 旅游中的互动本真性：好客旅游研究 ［J］. 广西民族大学学报（哲学社会科学版），2007（6）：18 - 24.

［283］Wang S, Hung K, Li M, Qiu H. Developing a Customer Loyalty Model for Guest Houses in China：A Congruity - Based Perspective ［J］. Tourism Review, 2021, 76（2）：411 - 426.

［284］Warhurst C, Nickson D. Employee Experience of Aesthetic Labour in Retail and Hospitality ［J］. Work, employment and society, 2007, 21（1）：103 - 120.

［285］Watson D, Clark L A, Tellegen A. Development and Validation of Brief Measures of Positive and Negative Affect：The PANAS Scales ［J］. Journal of Personality and Social Psychology, 1988, 54（6）：1063 - 1070.

［286］Waytz A, Heafner J, Epley N. The Mind in the Machine：Anthropomorphism Increases Trust in an Autonomous Vehicle ［J］. Journal of Experimental Social Psychology, 2014, 52（5）：113 - 117.

［287］Wen J, Kozak M, Yang S, Liu F. COVID - 19：Potential Effects on Chinese Citizens' Lifestyle and Travel ［J］. Tourism Review, 2020, 76（1）：74 - 87.

［288］Wen J, Liu X, Yu C. Exploring the Roles of Smart Services in Chinese Senior Tourists' Travel Experiences：An Application of Psychological Reactance Theory ［J］. Anatolia, 2020, 31（4）：666 - 669.

［289］魏华飞，刘欣欣，李岩潞. 仁慈领导对员工创新绩效的影响：员工情绪状态和组织支持感的作用 ［J］. 东北农业大学学报（社会科学版），2018，16（1）：12 - 20.

［290］Wei M, Bai C, Li C, Wang H. The Effect of Host - Guest Interaction in Tourist Co-creation in Public Services：Evidence from Hangzhou ［J］. Asia Pacific Journal of Tourism Research, 2020, 25（4）：457 - 472.

［291］Wirtz J, Patterson P G, Kunz W H, Gruber T, Lu V N, Paluch S, et al. Brave New World：Service Robots in the Frontline World ［J］. Journal of

Service Management，2018，29（5）：907 –931.

［292］Wu J，Chang S. Exploring Customer Sentiment Regarding Online Retail Services：A Topic – Based Approach ［J］. Journal of Retailing and Consumer Services，2020，55：102145.

［293］吴健，郭雅楠. 生态补偿：概念演进、辨析与几点思考 ［J］. 环境保护，2018，46（5）：51 –55.

［294］Wu H，Cheng C. Relationships Between Technology Attachment，Experiential Relationship Quality，Experiential Risk and Experiential Sharing Intentions in a Smart Hotel ［J］. Journal of Hospitality and Tourism Management，2018，37（4）：42 –58.

［295］Wykowska A，Chaminade T，Cheng G. Embodied Artificial Agents for Understanding Human Social Cognition ［J］. Philos Trans R Soc Lond B Biol，2016，371（1693）.

［296］习近平. 不断做强做优做大我国数字经济 ［J］. 中国民政，2022（2）：4 –5.

［297］谢礼珊、彭家敏、关新华. 服务管理 ［M］. 北京：清华大学出版社，2016.

［298］谢萌萌，夏炎，潘教峰，郭剑锋. 人工智能、技术进步与低技能就业——基于中国制造业企业的实证研究 ［J］. 中国管理科学，2020，28（12）：54 –66.

［299］Xu S T，Zheng C C，Huo Y. Antecedents and Outcomes of Emotional Labour in Hospitality and Tourism：A Meta – Analysis ［J］. Tourism Management，2020，29.

［300］徐林强. 互联网思维开启智慧酒店建设新路 ［J］. 旅游学刊，2016，31（6）：7 –8.

［301］Yang B，Xiao W，Liu X，Wu S，Miao D. Mental Fatigue Impairs Pre – Attentive Processing：A MMN Study ［J］. Neuroscience Letters，2013，532（4）：12 –16.

［302］Yang H，Ma J. How an Epidemic Outbreak Impacts Happiness：Factors that Worsen（vs. Protect）Emotional Well-being during the Coronavirus Pandemic [J]. Psychiatry Research, 2020, 289 (1).

[303] Yang J, Wang R, Guan X, Hassan M M, Almogren A, Alsanad A. AI – Enabled Emotion – Aware Robot: The Fusion of Smart Clothing, Edge Clouds and Robotics [J]. Future Generation Computer Systems, 2020, 102 (1): 701 – 709.

[304] Yang L, Cropanzano R, Daus C S, Martínez – Tur V. The Cambridge Handbook of Workplace Affect [M]. Cambridge University Press, 2020.

[305] 杨钦钦, 谢朝武. 冲突情景下旅游安全感知的作用机制: 好客度的前因影响与旅游经验的调节效应 [J]. 南开管理评论, 2019, 22 (3): 148 – 158.

[306] Yeh C H, Wang Y S, Li H T, Lin S Y. The Effect of Information Presentation Modes on Tourists'Responses in Internet Marketing: The Moderating Role of Emotions [J]. Journal of Travel and Tourism Marketing, 2017, 34 (8): 1018 – 1032.

[307] Yıldırım M, Güler A. Positivity Explains How COVID – 19 Perceived Risk Increases Death Distress and Reduces Happiness [J]. Personality and Individual Differences, 2020: 110347.

[308] Yim M Y, Chu S, Sauer P L. Is Augmented Reality Technology an Effective Tool for E-commerce? An Interactivity and Vividness Perspective [J]. Journal of Interactive Marketing, 2017, 39 (1), 89 – 103.

[309] Yin D, Li M, Qiu H, Bai B, Zhou L. When the Servicescape Becomes Intelligent: Conceptualization, Assessment, and Implications for Hospitableness [J]. Journal of Hospitality and Tourism Management, 2023a, 54 (3): 290 – 299.

[310] Yin D, Li M, Qiu H. Do Customers Exhibit Engagement Behaviors in AI Environments? The Role of Psychological Benefits and Technology Readiness [J]. Tourism Management, 2023b, 97 (8).

[311] Yoo W S, Back K J, Park J. Analysing Emotional Labor in the Service Industries: Consumer and Business Perspectives [J]. Frontiers in Psychology, 2019, 10 (10).

[312] Yoon S N, Lee D H. Artificial Intelligence and Robots in Healthcare：What are the Success Factors for Technology – Based Service Encounters？［J］. International Journal of Healthcare Management, 2019, 12（3）：218 –225.

[313] Yrjölä M, Rintamäki T, Saarijärvi H, Joensuu J, Kulkarni G. A Customer Value Perspective to Service Experiences in Restaurants［J］. Journal of Retailing and Consumer Services, 2019, 51（11）, 91 –101.

[314] Yung M. Fatigue at the Workplace：Measurement and Temporal Development［D］. UWSpace, 2016.

[315] Yung R, Khoo – Lattimore C. New Realities：A Systematic Literature Review on Virtual Reality and Augmented Reality in Tourism Research［J］. Current Issues in Tourism, 2019, 22（17）：2056 –2081.

[316] Zeng Z, Chen P, Lew A A. From High-touch to High-tech：COVID – 19 Drives Robotics Adoption［J］. Tourism Geographies, 2020, 22（3）：724 –734.

[317] 张钰鋆, 陈洋. 基于感官代偿的特殊教育学校公共空间无障碍设计策略研究［J］. 建筑学报, 2017（2）：56 –62.

[318] 张辉, 陈雅清. 展会服务场景对参展商感知价值、满意度和行为意向的影响［J］. 旅游学刊, 2020, 35（7）：86 –98.

[319] 张萍, 丁晓敏. 代偿机制下适老智慧产品交互设计研究［J］. 图学学报, 2018, 39（4）：700 –705.

[320] Zhang Y, Li G, Muskat B, Law R, Yang Y. Group Pooling for Deep Tourism Demand Forecasting［J］. Annals of Tourism Research, 2020, 82.

[321] 张征, 闫春. 团队学习氛围对员工积极情绪和创新绩效的跨层次影响：集体主义导向的调节作用［J］. 预测, 2020, 39（2）：27 –33.

[322] Zhao Y, Bacao F. What Factors Determining Customer Continuingly Using Food Delivery Apps During 2019 Novel Coronavirus Pandemic Period？［J］. International Journal of Hospitality Management, 2020, 91：102683.

[323] 郑向春. 主随客便：天堂的想象与制作——旅游中的好客性与符号视角［J］. 广西民族大学学报（哲学社会科学版）, 2012, 34（5）：34 –38.

[324] Zhou G, Chu G, Li L, Meng L. The Effect of Artificial Intelligence

on China's Labor Market [J]. China Economic Journal, 2020, 13 (1): 24 –41.

[325] Zhu Z, Liu Y, Kapucu N, Peng Z. Online Media and Trust in Government During Crisis: The Moderating Role of Sense of Security [J]. International Journal of Disaster Risk Reduction, 2020, 50 (11).

[326] Złotowski J, Sumioka H, Eyssel F, Nishio S, Bartneck C, Ishiguro H. Model of Dual Anthropomorphism: The Relationship Between the Media Equation Effect and Implicit Anthropomorphism [J]. International Journal of Social Robotics, 2018, 10 (5): 701 –714.

[327] 邹益民, 林佑贞. 饭店快乐工作环境氛围的营造策略 [J]. 旅游科学, 2008, 22 (6): 32 –37.

[328] Bagozzi R P, Brady M K, Huang M H. AI Service and Emotion [J]. Journal of Service Research, 2022, 25 (4): 499 –504.

[329] Carvalho I, Ivanov S. ChatGPT for tourism: applications, benefits and risks [J]. Tourism Review, 2023, 4.

[330] Dwivedi Y K, Kshetri N, Hughes L, et al. "So what if ChatGPT wrote it?" Multidisciplinary perspectives on opportunities, challenges and implications of generative conversational AI for research, practice and policy [J]. International Journal of Information Management, 2023, 71 (8).

[331] Goel P, Kaushik N, Sivathanu B, Pillai R, Vikas J. Consumers'adoption of artificial intelligence and robotics in hospitality and tourism sector: literature review and future research agenda [J]. Tourism Review, 2022, 77 (4): 1081 –1096.

[332] Grundner L, Neuhofer B. The bright and dark sides of artificial intelligence: A futures perspective on tourist destination experiences [J]. Journal of Destination Marketing & Management, 2021, 19 (3).

[333] Hou Y, Zhang K, Li G. Service robots or human staff: How social crowding shapes tourist preferences [J]. Tourism Management, 2021, 83.

[334] Knani M, Echchakoui S, Ladhari R. Artificial intelligence in tourism and hospitality: Bibliometric analysis and research agenda [J]. International Journal of Hospitality Management, 2022, 107.

［335］Malik A，Kumar S，Basu S，Bebenroth R. Managing disruptive technologies for innovative healthcare solutions：The role of high-involvement work systems and technologically-mediated relational coordination ［J］. Journal of Business Research，2023，161.

［336］Song M，Du J，Xing X，Mou J. Should the chatbot "save itself" or "be helped by others"? The influence of service recovery types on consumer perceptions of recovery satisfaction ［J］. Electronic Commerce Research and Applications，2022，55.

［337］习近平. 不断做强做优做大我国数字经济 ［J］. 中国信息安全，2022（1）：16 – 20.

［338］Xiang Z，Stienmetz J，Fesenmaier D R. Smart Tourism Design：Launching the annals of tourism research curated collection on designing tourism places ［J］. Annals of Tourism Research，2021，86.

后　记

2017年7月8日，国务院印发《新一代人工智能发展规划》的通知，正式将人工智能列入政府未来发展规划中，这是AI技术发展到一定程度后，我们要占领新技术革命高地的必然之举。AI技术在旅游接待业中的众多应用也开始受到关注，逐渐成为研究课题。2017年8月，新疆财经大学由亚男教授给我们（我和湖北大学邱海莲）分享她在入住上海某酒店接触服务机器人后的经历和体会。我们觉得这是一个非常有意思的话题，便开始收集相关资料。

2017年11月，在对相关资料有了一定了解后，我们开始对行业管理人员和对应的顾客进行访谈（包含使用过和未使用AI技术的旅游企业、人员），前期均在武汉进行，包括中南财经政法大学舒伯阳教授、纽宾凯酒店集团赵建明总裁和他的同事们、保利大酒店王茜总经理、尹冰总监、湖北广之旅李雪原总裁和他的同事们、武汉金盾酒店集团余欢总监、葛洲坝美爵酒店的文刚书记、华侨城集团武汉欢乐谷冯雪、一些旅游企业的客人，等等。2018年7月20至23日，我们在成都（作为西部城市代表）进行了4天的集中访谈，其间得到了成都倍智科技有限公司王洋总裁（现北清环能集团）、思博睿科技车谊主管、罗盘酒店管理系统西南区李燕总监、成都高新技术产业开发区电子信息产业发展局武文琦、摩登S酒店集团李兵总裁、张红彦店长、瑞城名人酒店冯莉总监、张立科经理的大力支持。2018年8月17日至19日在北京（作为东部城市代表）进行了3天的访谈，其间得到了全国政协委员、中国旅游研究院院长戴斌院长/教授（本书作者的硕导）、北京第二外国语学院校长助理邹统钎教授、谷慧敏教授、李彬教授、蓝豆云王兴顺总裁、什刹海皮影文化主题酒店殷珊总经理、北京丽苑华亭酒店胡明正经理的支持和帮助。尤其是自动化专业出身的王兴顺总裁与我进行了长时间而又深入的讨论，我从中得到了很多启发。此后根据访谈资料，确定了我们研究的思路，即解决 AI 技术应用下的温情服务问题——人工智能背景下服务好客性的技术补偿与赋能机制研究，在思路完善过程中又得到中南财经政法大学工商管理学院费显政教授/副院长、汤一鹏主任/副教授、冉雅璇副教授、王新刚副教授的建议，并在 2019 年获批社科立项。

从 2019 年起，我们开始了数据收集和分析过程，这其中涉及观察、深度访谈、专家小组、问卷调研、网络文本抓取、扎根理论、模拟情景实验等众多方式获得的数据（见专著内容），这是一项持续三年的工作，在此过程中，除得到了上一段所提多数人士的帮助之外，也得到了众多同行的大力支持，包括北京景里酒店集团张婉竺总监、中石油阳光酒店集团刘晓燕（现华油集团法律企改部副主任）、葛洲坝集团文刚书记、徐亮经理、中免集团酒店管理部常俊娜经理、厦门特房波特曼七星湾酒店何茜经理、北京国贸大酒店林思雨经理、香港理工大学的徐惠群（Cathy Hsu）讲席教授（本书作者的博导）、新疆财经大学由亚男教授、中山大学曾国军教授、陈钢华教授和黎耀奇教授、东南大学顾秋实副教授、韦鸣秋博士、中南财经政法大学张大鹏副教授、王子超博士、四川旅游学院冉杰副教授、桂林旅游学院唐颖院长、郑州大学的任斐博士、武汉工商学院刘苏衡副教授、恩施职业技术学院沈炜博士、首都经济贸易大学陈海沐讲师、江西师范大学卢俊阳博士、沈阳城市学院宋玲讲师（原沈阳时光餐饮总监）、湖北科技职业学院杨国丽讲师、云迹科技的贾文莉总裁、国务院国有资产监督管理委员会干部教育培训中心安宁高级工程师等，感谢他们在调研期间给予的无私帮助。以相关数据为基础，我们在 Tourism Management、International Journal of Hospitality Management、International Journal of Contemporary Hospitality Management、Journal of Hospitality Marketing & Management 等顶级学术期刊（SSCI 一区）上发表论文 9 篇，当然更重要的是完成了此专著，希望对行业有所启发。

作为课题的参与人，我的团队成员们在资料收集、数据分析、部分内容的撰写与校对等方面也付出了努力，使我有材料、有精力最终完成本专著，他们是湖北大学旅游学院邱海莲讲师、南开大学殷德香博士、快手集团王宁经理、美国内华达拉斯维加斯大学白秀成（Billy Bai）教授、中南财经政法大学孙晓洋、恩施市六角亭朱羽、中南财经政法大学赵梦阳等。

　　感谢以上所有在本后记中提及的人士！还有很多其他未知名的热心人、游客等，或许还有遗漏的，在此一并致谢！

李明龙

2023 年 7 月于武汉南湖畔